A verdadeira história da
Bibliotecária de Auschwitz

Dita Kraus

A verdadeira história da Bibliotecária de Auschwitz

Tradução: Isadora Sinay

GLOBOLIVROS

Copyright © 2022 by Editora Globo para a presente edição
Copyright © 2020 by Dita Kraus

Publicado originalmente pela Ebury Publishing, parte do grupo Penguin Random House.

Todos os direitos reservados. Nenhuma parte desta edição pode ser utilizada ou reproduzida
— em qualquer meio ou forma, seja mecânico ou eletrônico, fotocópia, gravação etc. — nem
apropriada ou estocada em sistema de banco de dados sem a expressa autorização da editora.

Texto fixado conforme as regras do Acordo Ortográfico da
Língua Portuguesa (Decreto Legislativo nº 54, de 1995).

Título original: *A Delayed Life – The True Story of the Librarian of Auschwitz*

Editora responsável: Amanda Orlando
Assistente editorial: Isis Batista
Preparação de texto: Mariana Donner
Revisão: Wendy Campos, Thamiris Leiroza e Carolina Rodrigues
Diagramação: Alfredo Rodrigues
Capa: Equatorium Design
Imagens de capa: ursem.cs.au.dk e dogandcat/Depositphotos; arquivo pessoal Dita Kraus

1ª edição, 2022

CIP-BRASIL. CATALOGAÇÃO NA PUBLICAÇÃO
SINDICATO NACIONAL DOS EDITORES DE LIVROS, RJ

K91v
    Kraus, Dita, 1929-
       A verdadeira história da bibliotecária de Auschwitz / Dita
Kraus ; tradução Isadora Sinay. - 1. ed. - Rio de Janeiro : Globo
Livros, 2022.

       Tradução de: A delayed life : the true story of the Librarian
of Auschwitz
       ISBN 978-65-5987-034-9

       1. Kraus, Dita, 1929-. 2. Auschwitz (Campo de concentração).
3. Bibliotecárias - Checoslováquia - Biografia. 4. Holocausto -
Sobreviventes - Biografia. I. Sinay, Isadora. II. Título.

22-76150   CDD: 940.5318092
                      CDU: 929:94(100)"1939-1945"

Meri Gleice Rodrigues de Souza - Bibliotecária - CRB-7/6439

Direitos exclusivos de edição em língua portuguesa para o Brasil
adquiridos por Editora Globo S. A.
Rua Marquês de Pombal, 25 — 20230-240 — Rio de Janeiro — RJ
www.globolivros.com.br

SUMÁRIO

PARTE I: 1929–1942 9

1 Por que uma vida adiada? 11
2 Infância 13
3 Anita 27
4 Gerta 31
5 Vovô 51
6 A operação 57
7 Žd'ár 63
8 Amadurecendo 71
9 Ludvík e Manya...73
10 Medo 77

PARTE II: 1942–1945 95

11 Os anos da guerra, Terezín 97
12 Auschwitz-Birkenau, Campo BIIb................................107
13 Latrina 113
14 A vida no campo 115
15 Hamburgo 127
16 Ataques aéreos 135

17 Meu namorado italiano 139
18 Neugraben 143
19 Tiefstack 149
20 Bergen-Belsen, perto de morrer de fome 155
21 Libertação 165
22 Bubi 171
23 Depois da libertação 177
24 Túmulo 187
25 Retorno a Praga 191

Parte iii: 1945 — Século xxi 195

26 Primeiras semanas em Praga 197
27 Encontrando Otto 205
28 Mausi 209
29 Teplice 211
30 O casamento 217
31 A fábrica Kraus 225
32 Uma nova realidade política 233
33 Jornada para Israel 245
34 Na vila 255
35 Givat Chaim 261
36 Minha carreira de sapateira 273
37 Refeitório 289
38 Um novo trabalho para Otto 295
39 Gafanhotos 299
40 Hadassim 305
41 Rosh Pinna 311
42 Sobre os amigos 315
43 Os últimos anos 317
44 Os escritos de Otto 323
45 No Museu Imperial 325
46 Viagens e retornos: jornada para o Japão 329
47 Uma jornada nostálgica 339

48 Peter — Shimon 343
49 Ronny 347
50 Michaela...................351
51 Stolperstein 365
52 Onde me sinto em casa? 369
53 Não preciso mais adiar 371

Agradecimentos 373

PARTE I
1929–1942

I

POR QUE UMA VIDA ADIADA?

MINHA VIDA NÃO É A vida real. É algo antes do início da "vida real", uma espécie de prefácio para uma narrativa. Ainda não conta, é apenas um ensaio. E alguém está assistindo de trás do palco, ou talvez do balcão, julgando. Há um ser que controla e julga meu comportamento. Talvez esse ser não esteja lá fora, mas dentro de mim. Poderia ser minha mãe? Ou minha avó? Ou algo mais interno... meu *id*? Eu não tenho ideia. Mas é uma presença constante, erguendo um espelho invisível diante de mim.

Posso sentir sua aprovação ou desaprovação, e esta última faz eu me contorcer por dentro e tentar suprimir minha consciência irritante, ou encontrar uma desculpa para mim mesma, embora o sentimento negativo seja muito perspicaz e não possa ser enxotado. Eu me esforço para encontrar motivos para ter dito ou feito aquilo que meu controlador considera insatisfatório, mas ao mesmo tempo sei que estou apenas tentando justificar meus erros.

Ainda não sei como isso se conecta à percepção de que minha vida foi adiada. Pelo que me lembro, sempre fui mais focada no amanhã do que consciente a respeito do que estou sentindo nesse momento particular. Mesmo hoje, quando estou em um concerto, meus pensamentos estão na jornada de volta e no cronograma de amanhã e não na música que eu vim ouvir. Quando eu como, minha mente está na louça a ser lavada, e, quando me deito, já estou planejando o que preciso fazer quando acordar. Nunca estou no aqui e agora e sinto que estou perdendo o prazer do presente. Há controle demais: nunca me soltar, nunca relaxar totalmente. Há sempre a presença do "Observador", eternamente me julgando.

Eu devia ser muito pequena quando comecei a adiar a minha vida. Era uma forma de procrastinação indefinida, uma satisfação atrasada. Como eu a "adiava"? Eu aceitava o amargo fato de que não teria o que queria, com certeza não logo e provavelmente nunca. Dizia a mim mesma que precisava esperar com paciência, talvez a realização viesse mais tarde. Ou nunca. Pensei que talvez, se eu reprimisse minha esperança e não pensasse nela, um dia as coisas poderiam dar certo.

Em algum lugar profundo eu seguia acreditando que o círculo se fecharia e as coisas se arrumariam em uma ordem adequada, tudo em seu lugar normal. Eu só precisava adiar.

Mas, de alguma forma estranha, essas passagens adiadas da minha vida — esses espaços vazios — criaram vãos, e assim o mosaico dela tem pontos cegos, lugares em que a imagem ficou incompleta.

Há muitos desses vãos. Como eu poderia completá-los? O tempo está acabando, sabe-se lá quanto ainda viverei. Já tenho quatro netos e quatro bisnetos. A maior parte das pessoas dos meus primeiros anos já não está viva e não pode responder as minhas perguntas. Eu devo tentar juntar os fragmentos e escrevê-los; talvez apareça um padrão que preencha os espaços vazios do mosaico...

2

Infância

Minhas primeiras recordações emergem do vazio que precede a memória consciente. Elas se parecem com uma imagem que brilha por um instante na tela e então desaparece de volta na escuridão. Ainda assim, cada uma dessas imagens fugidias é plena de emoção.

Fui colocada na balança para bebês posta em cima da mesa coberta com uma toalha plástica branca no consultório médico. Estou nua e o metal é gelado e duro nas minhas costas. Eu tenho dois anos ou dois anos e meio. Minha mãe e a médica de jaleco branco me observam. Não tenho medo porque elas estão sorrindo.

A dra. Desensy-Bill era nossa pediatra. Eu me lembro de consultas posteriores, quando ela punha a mão sobre o meu peito, dava batidinhas com o dedo do meio e escutava, apertando o ouvido contra a minha pele. O consultório era conectado ao seu apartamento por uma porta de couro marrom com rebites de latão.

Às vezes mamãe ficava para conversar com a médica e me mandavam passar pela grande porta — que, embora pesada, se movia com facilidade e sem barulho — para brincar com a filha dela, Lucy. A menina tinha mais ou menos minha idade, mas eu não gostava dela. Ela era chata.

Outra memória. É de noite e estou em pé na minha cama, chorando apavorada. Eu devo ser muito pequena porque estou segurando a barra protetora do berço com as mãos. Mamãe e Mitzi, a empregada da casa, estão comigo, tentando me acalmar. Mas é impossível me apaziguar porque, apenas alguns momentos antes, uma mão passou pela parede e tentou me agarrar. Mamãe me tira do berço e me leva até o outro lado da parede, onde está o banheiro, para me mostrar que não há nenhum buraco. Tanto ela quanto Mitzi me dizem que nenhuma mão pode passar por uma parede sólida. Mas elas não sabem, elas não viram a mão. Eu vi. Quando paro de chorar, me colocam de volta no berço, acreditando que fui convencida. Elas me cobrem e apagam a luz. Porém o terror permanece, e por muitas semanas depois disso só consigo dormir quando o berço é afastado da parede.

Da escuridão do desconhecido outra cena emerge. É mais perturbadora. Estou na banheira e mamãe está sentada na borda. De repente, vejo lágrimas escorrendo silenciosamente dos olhos dela. Mamãe está chorando em silêncio. Isso me assusta e eu começo a chorar também. "O que eu fiz?", pergunto. "O que eu fiz?", mas ela só sacode a cabeça e não responde. Não sei por que mamãe chorou. Alguém a tinha machucado? Era culpa minha? Eu me comportei mal? Não tenho nenhuma pista, nenhuma ideia. Mesmo agora, quando me lembro desse evento, sinto arrependimento, culpa e dor.

O nome de solteira da minha mãe era Elisabeth "Liesl" Adler. Ela tinha um irmão chamado Hugo, que era dez anos mais velho. A mãe deles morreu quando Liesl era bebê, e o pai, um juiz, se casou novamente. Mamãe me contou que sua madrasta era justa e cuidadosa, mas lhe faltava ternura e amor maternal. Não me lembro do vovô Adler, ele morreu logo depois que nasci. Hugo também se tornou juiz. Ele se casou, mas não teve filhos. Só o vi duas vezes na vida.

Wilhelm Adler com sua filha Elisabeth Adler-Polach

Quando eu tinha uns seis ou sete anos, mamãe e eu paramos em Brno por dois ou três dias a caminho de nossas férias nas montanhas Tatra. Eu me lembro vivamente de duas cenas dessa viagem. Mamãe caiu no choro quando entramos no apartamento do tio Hugo. Era o mesmo apartamento em que ela havia crescido; quando ela se casou, Hugo permaneceu morando lá. A mobília ainda era a mesma, o que trouxe a ela antigas memórias.

A outra cena de que me lembro foi do fórum. Hugo, vestindo a capa violeta de juiz, presidia um julgamento enquanto assistíamos do fundo da sala. Quando acabou, mamãe comentou que foi tranquilo e entediante, e Hugo respondeu: "Não faço divórcios, é por isso que meus julgamentos são chatos".

Meus pais se mudaram de sua cidade natal, Brno, para Praga assim que se casaram. Alugaram um pequeno apartamento no térreo de uma mansão. Havia um jardim com gramado, canteiros de flores e arbustos de groselha em volta da cerca. Eu podia colher as frutas, mas não gostava delas porque eram peludas e azedas. O sr. Hackenberg, o proprietário, era amigo e colega de partido do meu avô Johann.

Os Hackenberg tinham um enorme pastor-alemão chamado Putzi, que era tão bonzinho que me deixava cavalgar nas suas costas. Há uma foto em que estou nua, com uns dois anos, em pé ao lado do cachorro, e nós dois temos a mesma altura.

Uma memória vem à tona: o sr. Hackenberg e minha mãe estão sentados em um banco no jardim enquanto brinco na caixa de areia. Estou cavando com as mãos, fazendo um túnel. De repente, uma coisa aterrorizante, rosa, gosmenta, se sacode para fora do buraco na minha direção. Eu grito em pânico e corro para os braços protetores da minha mãe. Quando entende o que me assustou, ela cai na gargalhada. O sr. Hackenberg também ri. Eu me sinto envergonhada, humilhada. Como eles conseguiam rir quando eu estava tão assustada? Minha mãe se alia ao sr. Hackenberg, e eles zombam de mim. Ela me decepcionou, me traiu. Como eu poderia saber que era apenas uma inocente minhoca? Era a primeira vez na vida que eu via uma criatura horrenda daquelas.

Eu tinha uns três ou quatro anos quando nos mudamos para outro apartamento em Praga-Holešovice, e nessa época nossa criada, Mitzi, nos deixou. Hoje em dia apenas os ricos têm uma empregada que mora em casa, mas na Europa do pré-guerra era uma prática comum. As filhas jovens de camponeses pobres vinham para a cidade em busca de emprego, para aprender a cozinhar e a ter boas maneiras e, se tivessem sorte, encontrar um marido. Elas ocupavam um pequeno quarto de empregada que existia em quase todo apartamento, recebiam um pequeno salário, tinham uma tarde e uma noite livres por semana. Normalmente elas não duravam muito com a família, por serem muito lentas ou serem pegas roubando; algumas ficavam grávidas e precisavam ser dispensadas.

Minha mãe tinha orgulho porque Mitzi estava nos deixando para se casar. Seu futuro marido era sapateiro e tinha uma loja virando a esquina na rua principal, perto da parada do bonde número 6. Logo depois que se casou, Mitzi me convidou para um café da manhã de domingo. Mamãe me permitiu ir sozinha; nas manhãs de domingo, as ruas ficavam vazias, e eu estava muito orgulhosa de caminhar desacompanhada. Mitzi e seu marido viviam atrás da loja, em um quarto que cheirava a cola e couro. A loja estava fechada, e Mitzi fez com que me sentisse uma convidada de honra. Ela me serviu um grande pedaço de seu *Gugelhupf*, o mesmo que minha mãe fazia, mas de alguma forma o dela tinha um gosto mais festivo. Eu estava muito feliz e orgulhosa de ser tratada como adulta.

Houve mais cafés da manhã como esse, mas eles foram se tornando mais raros e, depois de um tempo, Mitzi e seu sapateiro se mudaram. Acho que ele precisou fechar a loja porque não lhes dava sustento suficiente. Nunca mais soube de Mitzi.

Enquanto ela ainda estava conosco, minha mãe e eu fomos passar férias em seu vilarejo natal. Era na região de Böhmerwald, onde se falava alemão, também conhecida como Floresta da Boêmia. Mitzi ficou lá conosco por alguns dias, então voltou a Praga para supervisionar os pintores que estavam reformando o apartamento durante a nossa ausência. Eu me lembro disso porque quando voltamos para casa havia cheiro de tinta fresca e do chão recém-encerado.

Havia um rio raso atrás da casa de fazenda em que estávamos hospedadas. Outra memória vem à superfície: eu e várias outras crianças locais estamos no riacho com água até os joelhos. A água que cascateava era cristalina e recolhíamos ouro. Sim, ouro de verdade: os grãos não eram maiores que sementes de papoula, mas brilhavam em meio às pedrinhas na água transparente.

Nós os segurávamos nas mãos e deixávamos que o sol brincasse com eles. Era muito empolgante. Hoje, quando vejo um filme sobre a corrida do ouro, sorrio e me lembro de como eu também fui garimpeira um dia.

Foi nessa vila que eu encontrei a morte pela primeira vez.

Havia uma estrada que contornava o pé da colina, na margem oposta do rio. Um cavalo estava deitado na estrada, com a cabeça e o pescoço pendurados sobre o penhasco. Atrás do cavalo havia uma carroça virada. O cavalo não se movia. Fiquei parada, observando por um bom tempo, esperando que o cavalo se levantasse. Várias pessoas estavam em volta. Elas também esperavam. Mas o cavalo não se moveu, e eu comecei a entender o fato assustador e terrível de que o animal nunca mais se levantaria... que estava morto. Fiquei muito perturbada e assustada. Ainda assim, como em outras descobertas que fiz mais tarde na vida, não era como se eu estivesse encontrando um fenômeno novo, mas como se algum conhecimento dormente dentro de mim viesse à tona. Como Platão escreveu: "Muito do nosso conhecimento é inerente à psique, em uma forma latente". Foi o primeiro recado de que o mundo não era um lugar tão radiante e feliz como tinha sido até então.

Meu encontro seguinte com a morte ocorreu alguns anos mais tarde, aos oito anos. Certa manhã, perto da escola, vi um bando de crianças espremidas contra a cerca que fechava o pátio. Atrás da cerca havia uma ladeira íngreme e, no fim dela, uma linha de trem. Lá, nos trilhos, havia uma figura: alguém morto, parecendo mais um fardo de roupas do que um corpo. As crianças olhavam para baixo, quietas e imóveis. Foi um momento de profunda tristeza. Eu sabia que era um suicídio; alguém que já não queria viver havia pulado embaixo do trem. Esse lugar ficou para sempre associado à tragédia na minha memória. Mesmo quando, quase sessenta anos depois, estive de novo perto da minha antiga escola, fui atraída para o mesmo ponto da cerca, como se a figura lastimável ainda estivesse deitada ali.

Uma visita frequente em nossa casa era a tia Lori (uma parente distante da minha avó), de quem eu gostava muito. Ela sempre me trazia bons presentes. Não era casada nem tinha filhos, mas simplesmente sabia o que agradaria a uma garotinha.

Certa vez ela me trouxe um bassê de pelúcia. Eu o chamei de Waldi. Ele era preto, aveludado e macio e tinha uma coleira vermelha com guia. Eu podia "levá-lo para passear", como via as pessoas fazendo com cachorros de verdade.

Um dia, eu estava sentada com meu cachorro sobre um banquinho na frente do nosso prédio quando precisei subir. Amarrei a guia ao parapeito da janela e disse a Waldi para ser bonzinho e me esperar. Eu costumava ver cachorros amarrados a postes na frente das lojas, esperando seus donos.

Quando voltei, o cachorro havia sumido. Fiquei terrivelmente infeliz. Não conseguia aceitar que alguém tivesse sido tão mau e cruel para levar o meu cachorro e que eu jamais veria Waldi de novo. Chorei com amargura, cheia de dor e decepção.

* * *

Enquanto Mitzi vinha da região de fronteira que falava alemão, nossa segunda empregada, Maria, era de uma vila tcheca. Meus pais haviam sido educados em alemão, como a maior parte dos judeus de Brno naquela época. Eles falavam bem o tcheco, mas meu pai perfeccionista não queria que eu adquirisse suas imprecisões ocasionais. Então ficou decidido que contratariam uma garota tcheca, com quem eu aprenderia o sotaque nativo.

Eu passei por Maria nas escadas no dia que ela veio se apresentar. Ela voava escada abaixo, com o casaco aberto flutuando atrás. Nossos olhos se encontraram e me apaixonei por ela. Eu não sabia que ela estava vindo do nosso apartamento, mas, quando ela voltou alguns dias mais tarde para morar conosco, fiquei muito feliz. Ela devia ter uns dezesseis anos, era muito bonita, alegre e cheia de vida. Ela também gostava de mim e eu preferia sair para caminhar com ela do que com meus pais. Lembro-me de ela me contar sobre seus antigos empregadores, que eram muito rígidos. Ela apontou a casa deles e me contou sobre a ditatorial sra. Brod. Eu a imaginei como a madrasta malvada da Branca de Neve.

Maria e eu nos tornamos cúmplices. Minha mãe nunca me comprava limonada colorida nem picolés dos vendedores de rua, mas a própria Maria era louca por eles e às vezes presenteava a nós duas, pagando com seu próprio dinheiro e me fazendo jurar segredo.

Nosso apartamento tinha dois cômodos grandes e um pequeno. O quarto pequeno era meu e os outros eram o quarto dos meus pais e a sala de estar, onde a mesa de jantar redonda ficava bem no meio. Nossa Maria, portanto, passava suas noites em uma cama de armar na cozinha, que ela toda manhã desmontava e escondia atrás de uma cortina. Ela tinha um guarda-roupa particular na cozinha, com um espelho de corpo inteiro do lado de dentro. Ela ficava em pé atrás da porta aberta enquanto se vestia antes de sair para sua tarde de folga semanal.

Uma vez espiei por trás da porta e vi seus seios. "Seus *brunslíky* são maiores que os da minha mãe", falei. Ela caiu na risada e, quando repeti isso para minha mãe, ela também achou graça. *Brunslíky* era uma palavra sem sentido, que eu devo ter inventado ou misturado com outras, mas desde então se tornou o termo oficial da nossa família para essa parte da anatomia feminina.

O trabalho de Maria não era difícil: o piso de taco era coberto com tapetes que precisavam ser aspirados; de vez em quando as janelas duplas precisavam ser lavadas; o chão de pedra da cozinha precisava ser polido. Uma das características que impressionavam nossos visitantes era a máquina de lavar roupas no porão. Como havia cerca de dezesseis apartamentos em cada uma das duas alas da Casa Elétrica, nós precisávamos agendar a lavagem com o zelador com antecedência.

Eu adorava acompanhar Maria quando ela levava os dois grandes cestos cheios de roupa suja elevador abaixo. O ar no porão era seco e quente e tinha cheiro de sabão e limpeza. Os dois enormes tambores das máquinas de lavar rodavam com um zumbido baixo. Havia duas cabines para secagem com ar quente. Eu gostava de ouvir o sino que anunciava o fim da secagem, e então Maria girava as polias, puxava os lençóis engomados e os prensava. Algumas horas depois, nós subíamos para o quarto andar com a roupa de cama lindamente dobrada e perfumada.

Eu acordava com o som do moedor de café. Mamãe comprava cem gramas de café recém-torrado toda semana. Eu também bebia café de manhã, mas era uma parte de café para três partes de leite. Maria sacudia os travesseiros e colchas e os colocava na janela para arejar. Quando mamãe e eu íamos fazer compras, íamos primeiro ao açougueiro comprar a carne do jantar e então ao leiteiro para o leite e a manteiga. Eu sempre implorava a ela para me levar à loja de doces Pilař, mas isso só acontecia raramente porque precisávamos economizar. A loja tinha carpete de parede a parede e um maravilhoso cheiro de baunilha e chocolate. Eu sabia que podia escolher duas coisas: normalmente escolhia um *Indianerkrapfen* com base de chocolate e um merengue, ambos recheados com chantilly. O sr. Pilař tinha um saco de pano triangular marrom com um bico branco na ponta do qual ele espremia uma espiral de creme fresco. Ele colocava os dois delicados doces em um prato de papelão e os embrulhava com todo cuidado para não amassar. Mamãe me deixava carregar o pacote, mas eu só podia comê-los depois do jantar, senão tirariam meu apetite.

Eu era chata para comer. Eu simplesmente não comia alimentos dos quais não gostava, e, como eu era magra, a família ficava ansiosa para que eu colocasse algo com sustância para dentro. Eu ficava enjoada quando um minúsculo pedaço de nata flutuava na superfície do meu café. A carne precisava ser absolutamente magra, sem nenhum traço de gordura; caso contrário, eu deixava a refeição inteira no prato, mesmo depois que mamãe tivesse removido a parte repulsiva. Ela tentou vários métodos educacionais, me dizendo que milhões de crianças no mundo todo passavam fome e ficariam felizes de receber uma comida tão boa quanto a minha. Ela convidou uma amiga para o jantar, para que eu visse como outras crianças comiam direito. Todos os dias eu precisava engolir uma colherada de um fedorento óleo de fígado de bacalhau para prevenir o raquitismo. Nada ajudava. No fim, mamãe desistiu e passou a cozinhar separado para mim: espaguete com queijo parmesão ou schnitzel com batatas fritas.

Uma vez meus pais tiveram uma ideia brilhante. O movimento juvenil dos Sociais-Democratas mandaria os filhos de seus membros para férias de inverno nas montanhas Jizera. Era para crianças em idade escolar, enquanto eu tinha só cinco anos e ainda estava no jardim de infância. Mas um dos adultos que acompanhariam a viagem era Giesl, um amigo nosso e vizinho de cima, e então fui aceita e colocada sob cuidado especial. Todas as crianças eram mais velhas do que eu, mas não me importei. Andamos de trenó e esquiamos e nos divertimos com jogos no albergue rústico em que ficamos hospedados.

A equipe deve ter sido informada do meu problema com comida.

Ainda me vejo sentada no refeitório, diante de um prato cheio de algo impossível de identificar e muito suspeito. Nem toquei. Ninguém ficou bravo e me permitiram deixar a mesa com os outros. Mas, na refeição seguinte, todo mundo recebeu um prato diferente, enquanto no meu havia a mesma coisa que eu tinha deixado no almoço. Mais uma vez nem toquei.

No dia seguinte nos vestimos com roupas quentes e fomos para o bosque. Andamos por neve alta e chegamos a um pequeno riacho, todo congelado, com apenas uma pequena abertura no meio, pela qual podíamos ver a água corrente. Havia uma tábua de madeira cruzando o riacho, com um corrimão de um dos lados. Nós começamos a cruzá-la, um a um, e subitamente minha memória se apaga.

Acordei em uma cama grande e estranha, coberta por um enorme edredom. Vários adultos estavam à minha volta, e Giesl se debruçava sobre mim. Não entendi o que estava acontecendo. Mais tarde as crianças me contaram com animação que eu havia desmaiado perto do riacho e fui levada de volta

A verdadeira história da Bibliotecária de Auschwitz 21

inconsciente. Eles me deram chá e coisas boas para comer, e me tornei o centro das atenções.

Pelo resto dessas maravilhosas férias ninguém tentou me fazer comer o que eu não gostava. Meu problema para comer seguiu como antes.

Quando voltávamos das compras, mamãe e Maria começavam a cozinhar. Hoje não consigo entender o que aquelas duas faziam na cozinha por pelo menos duas horas toda manhã. Sempre havia várias panelas fumegando no fogão elétrico, e as duas mulheres, com seus aventais e rostos corados, mexendo, picando, descascando. Às vezes elas faziam macarrão, a massa era aberta em folhas finas que eram postas para secar em toalhas de mesa brancas espalhadas por todas as mesas e camas do apartamento. Depois, elas as cortavam em fios finos para a sopa, mais grossos ou quadradinhos para o maravilhoso *Schinkenfleckerln*. Mamãe usava os fios grossos para fazer um prato em que eram polvilhados com açúcar e sementes de papoula ou canela.

No verão, mamãe fazia conservas e geleias para o inverno. Damascos, morangos ou cerejas eram cozidos com açúcar e então colocados em potes de vidro com tampas bem fechadas. Por sua vez, os potes eram colocados em uma enorme panela com um termômetro no meio. Quando esfriavam, mamãe escrevia a data em adesivos e guardava os potes em fileiras nas prateleiras da despensa. No outono, quando as ameixas estavam maduras, ela fazia uma maravilhosa geleia preta chamada de *powidel*, que era usada como recheio de pasteizinhos ou no *butchy*, uma espécie de bolinho assado, muito amado pelos tchecos.

No dia de lavar roupa, o jantar era simples. Com frequência era *Wurstgoulash*, feito com batatas, cubos de salame e molho. Mas a refeição mais comum era ensopado, que meu pai adorava. Mamãe sempre guardava um pouco para ele e à noite ele mergulhava pedaços de pão para raspar o molho. O que eu mais gostava era a sobremesa que mamãe fazia às vezes aos domingos, especialmente quando o irmão mais novo do papai, Ernst-Benjamin, vinha jantar. Era chamada de *Dukatenbuchteln*, bolinhos quadrados cobertos com uma deliciosa calda quente e doce de baunilha.

As refeições eram servidas na mesa verde e oval que ficava no meu pequeno quarto. A cozinha era estreita demais para mesas e cadeiras. Era incomum que a criada se sentasse à mesa com a família, mas, quando Maria trazia a sopeira, ela se sentava e comia com a gente. Meus pais, como socialistas, acreditavam na eliminação das distinções de classe. Maria era uma empregada, mas nunca era tratada como inferior.

Depois do jantar, Maria lavava a louça e mamãe ia se deitar no sofá do quarto para fumar um cigarro. Eu normalmente me ajoelhava ao lado dela e implorava para que ela "deixasse uma cinza longa". Ela segurava o cigarro com muito cuidado sobre o cinzeiro apoiado em seu abdômen, sem bater a cinza, deixando-a ficar cada vez mais longa, até que ela quase queimava os dedos. Quando a cinza finalmente se soltava e caía, eu sempre deixava escapar um suspiro de decepção.

Mamãe descansava por pouco tempo e então íamos ao parque. Havia dois parques perto de onde morávamos: um chamado Stromovka; o outro era o Letná. O Letná era um pouco mais longe e menor, enquanto o Stromovka era o antigo Parque Real, que ia até o rio Vltava. Havia uma espécie de ponte feita de vários barcos de fundo chato amarrados uns aos outros, e eu adorava andar sobre ela porque flutuava suavemente com as ondas. Na outra margem ficava o zoológico de Praga. Nos dois parques havia brinquedos para crianças e tanques de areia, mas eu preferia o Letná, enquanto mamãe sempre queria ir ao Stromovka. É verdade que no Stromovka havia pequenos lagos com patos e fofos patinhos nadando freneticamente atrás de suas mães, formando um V na superfície. Podíamos alimentá-los com pedaços de pão velho. Havia também uma boa quantidade de esquilos marrons, saltitando bem perto dos nossos pés. Por uma koruna (o dinheiro tcheco), mamãe às vezes comprava amendoins em cones feitos de jornal de um homem que os carregava em uma bandeja pendurada em volta do pescoço. Eu podia compartilhar os amendoins com o esquilo. Ele se sentava sobre as patas traseiras, segurando o amendoim com as pequenas patinhas e mordiscando-o delicadamente com os dois longos dentes da frente. Às vezes ele corria e enterrava o amendoim para o inverno. Eu adorava observar as criaturinhas com seus rabos felpudos, que ondula como um arco.

Mamãe gostava do Stromovka por causa do seu magnífico jardim com fileiras de rosas de todas as cores e tamanhos, algumas quase chegando ao chão, outras em guirlandas, ou subindo por treliças, mas elas me entediavam.

Eu queria ir ao Letná, onde conhecia várias crianças e homens vendiam balões. Mamãe às vezes cedia e me comprava um. Certa vez, enquanto eu passava o balão de uma mão para outra, ele escapou e voou para o céu. Eu esperava que ele descesse de volta, assim como todas as coisas que eram jogadas para cima, e fiquei aflita a ponto de chorar quando meu balão novo se perdeu.

As crianças que brincavam no parque Letná eram bem-vestidas; algumas vinham acompanhadas de governantas com véus azul-escuros descendo pelas costas. Outras tinham patinetes de metal brilhantes — ou *corquinets* em hebraico — com pneus de borracha, enquanto a minha era do tipo barato de madeira, com rodas irregulares. Minha mãe a ganhara no Konsum, onde fazia compras. Às vezes eu podia pegar emprestadas essas maravilhas, especialmente de uma garotinha com cachos definidos como os de Shirley Temple. Ela me deixava dar duas voltas no caminho ladeira abaixo, que era o melhor porque eu podia só ficar parada e guiar enquanto a patinete tomava impulso e eu não precisava empurrá-la com o pé.

Entretanto, quando minha mãe tinha outros compromissos, era Maria que me levava ao parque. Era mais divertido. Maria não parecia me educar, ela mesma era como uma criança grande.

No caminho para o Stromovka várias vezes víamos o "Frantík Maneta": um homem amputado que ganhava a vida demonstrando suas habilidades, escrevendo em uma máquina de escrever com os dedos dos pés. Sentado no seu carrinho, ele era uma visão familiar nas ruas de Praga, as pessoas se reuniam em torno dele e jogavam moedas em seu chapéu. Mas ver pessoas ou animais sofrendo sempre me causava pontadas de dó.

Certa vez, quando Maria e eu estávamos voltando do parque, encontramos uma mulher com uma menina mais ou menos da minha idade, cujo braço estava engessado. Parecia que o braço da menina terminava no cotovelo e a coisa branca estava presa ao cotoco, no lugar da mão dela. Eu nunca tinha visto uma coisa assim antes e, horrorizada, perguntei o que era. Em um lampejo de inspiração, Maria disse: "Isso aconteceu com a menina porque ela cutucava o nariz". Fiquei aterrorizada. Eu sabia que tinha esse péssimo hábito. Tentava evitar, mas não conseguia superar o impulso, meu dedo simplesmente ia para minha narina contra minha vontade. Mas depois desse dia eu pelo menos consegui cutucar o nariz apenas quando achava que ninguém estava vendo.

Quando eu era pequena, não tinha consciência de distinções de classe. As famílias que eu conhecia viviam no geral como a nossa. Éramos o que normalmente é considerado como classe média, mas o salário do papai não era alto e precisávamos calcular as despesas com cuidado. Por exemplo, meus pais passavam o ano todo economizando uma quantia para as férias de verão.

Mais tarde, no primeiro ano, conheci um garoto rico. O nome dele era Fredy Petschek. Fredy era levado para a escola todos os dias em um carro com motorista, e ao meio-dia o automóvel estava à sua espera na entrada. Ele morava em uma grande mansão com um parque, cercada por um muro alto. O pai era dono de minas de carvão e bancos. Um dos bancos ficava em um enorme palácio no centro da cidade, que mais tarde se tornou famoso quando os ocupantes alemães o transformaram no quartel-general da Gestapo.

A mãe de Fredy era uma bela dama, que às vezes víamos dentro do carro. Ouvi adultos comentando que ela sentia tanto medo de micróbios que, quando saía para comprar material para vestidos, ela sempre levava uma criada junto para sentir os tecidos e evitar que pegasse uma infecção.

O pequeno Fredy era uma criança magrela com a cabeça um pouco torta. Ele normalmente esquecia de tirar a lancheira do pescoço e a carregava de um lado para outro a manhã toda. As crianças da sala riam dele com frequência; ele andava de um jeito esquisito, com os joelhos juntos. Mas, de alguma forma, Fredy não notava ou não se importava, era como se estivesse sempre alheio. Ele era um cutucador de nariz. Uma vez, disseram que nós, alunos do primeiro ano, deveríamos dar pequenos presentes uns para os outros; não me lembro qual era a ocasião. Um dos garotos deu a Fredy uma caixa enorme. Todos observamos ansiosos para ver qual era o grande presente. Quando ele a abriu, encontrou uma caixa menor, e então outra caixa menor, até que, na última, descobriu o minúsculo presente. Era um palito de dente com uma ponta de algodão. "É para te ajudar a cutucar o nariz", disse o pequeno piadista, explicando o presente.

A história de Fredy Petschek não termina aí. Quando eu estava nos Estados Unidos anos atrás, por volta de 2010, conheci uma senhora chamada Nancy Petschek. *Ela deve ser da mesma família*, pensei. Perguntei se ela era parente de Fredy Petschek. Ela pensou por um tempo e então disse: "Pode ser o tio Alfred". *Que engraçado!*, pensei. O pequeno Fredy agora era o tio

Alfred! "Vou perguntar se ele estudou na mesma escola que você", disse ela. Mas, infelizmente, antes que ela tivesse a chance de fazê-lo, tio Alfred Petschek morreu.

Outra criança rica era minha colega Annemarie Brösslerová. No aniversário dela acontecia uma festa cheia de doces maravilhosos e sorvete, e cada uma das convidadas ganhava um presente. A festa era vigiada por uma governanta, e, quando perguntamos onde estava a mãe dela, Annemarie explicou que a casa tinha oito quartos e ela com frequência não sabia em qual deles a mãe estava.

Eu tinha inveja de Annemarie — não pelos muitos quartos ou por seus livros e brinquedos, mas porque ela tinha um irmão mais velho. Entre minhas amigas de infância mais próximas, ela era a única que tinha um irmão. As outras — Raja, Gerta e Anita — eram todas filhas únicas como eu. O irmão de Annemarie era bonito, colecionava selos e andava de bicicleta. Eu o admirava tanto! Queria ter um irmão mais velho como ele.

Pobre Annemarie. Quando os alemães começaram a deportar judeus, ela e sua família foram mandados para o gueto de Łódź em um dos primeiros transportes a sair de Praga. Nunca mais soube dela. Antes da partida deles, fui me despedir e ela apontou para seus livros, que eu costumava pegar emprestado, e disse: "Pegue quantos quiser. Vão todos ficar para trás".

Peguei um que já havia lido diversas vezes, um romance para meninas bobo e sentimental. Mas, enquanto escolhia, eu já sabia que logo eu também teria que o deixar para trás, junto com meus próprios livros e brinquedos, quando chegasse nossa vez de sermos deportados.

3

Anita

Anita Steiner

Não FAZIA MUITO TEMPO QUE vivíamos na Casa Elétrica quando, um dia, vi um grande caminhão de mudança na entrada. Trabalhadores carregavam a mobília para dentro do prédio sob o comando de uma senhora. Quando me viu, ela perguntou se eu morava ali, qual era meu nome e quantos anos eu tinha. Então ela disse que também tinha uma menina da minha idade e que devíamos ficar amigas.

Anita se tornou minha amiga por muitos anos, ainda que nosso relacionamento fosse estranho e assimétrico. Anita era muito mais alta do que eu, embora fosse só seis meses mais velha. Era sempre ela que decidia do que iríamos brincar e às vezes tinha ideias esquisitas.

Os Steiner moravam no segundo andar, dois abaixo de nós. A mãe de Anita, Hilde, gostava de mim e me chamava de *Shpuntl*, um termo carinhoso e engraçado usado para seres pequeninos. Era conveniente que eles morassem no mesmo prédio que nós; minhas outras amigas, Gerta e Raja, com quem eu preferia brincar, moravam a algumas ruas de distância.

Anita teve a ideia de um grande projeto: criaríamos um show de marionetes. Ela tinha um palco dobrável com cortina na frente e vários cenários: um bosque, um quarto em um castelo com um trono para o rei, uma rua de cidadezinha. Havia várias marionetes de corda: uma bruxa, uma linda donzela, um palhaço, um cavaleiro, uma rainha e um rei. Anita decidiu que precisávamos pintar outro cenário em papelão para sua peça. Qual era a história eu nunca entendi. Ela mudava de ideia a cada poucos dias e toda vez começávamos um novo cenário. Nós passamos semanas ocupadas pintando, costurando roupas para as marionetes e preparando o palco. O show nunca se materializou. Quando eu perguntava a ela sobre o que era a peça, ela simplesmente mudava de assunto. Anita era a líder, e eu, sua relutante mas obediente seguidora.

Um dia ela resolveu que eu deveria dormir na casa dela. Mas não pediu permissão e falou que precisava ser em segredo, caso contrário nossas mães não consentiriam. Ela levou travesseiros e cobertores para seu quarto e os espalhou pelo chão. Então trancou a porta. Quando chegou a hora de dormir, Maria veio me buscar, mas Anita sussurrou que deveríamos fingir que estávamos dormindo e não responder. Maria bateu na porta, depois a mãe de Anita se juntou a ela, e, quando isso não funcionou, chamaram minha mãe. Eu me senti péssima, não queria dormir no chão duro do quarto de Anita, e da minha parte não havia motivo para agir de forma tão rebelde. Mas obedeci às instruções de Anita e fiquei quieta. No fim, as três mulheres deram um jeito de entrar no quarto e Anita teve um acesso de raiva. Fui levada para casa, dois andares acima, sentindo culpa e vergonha, já que eu mesma não conseguia explicar por que havíamos feito aquilo.

Ainda assim, apesar de sua concepção estranha do que era uma brincadeira, Anita era uma amiga leal. Ela provou isso mais tarde, durante a ocupação alemã, quando já precisávamos usar a estrela de Davi amarela com a palavra "Jude",* e a população ariana era proibida de ter qualquer contato com judeus. Como o pai dela era alemão e a mãe era judia, eles consideraram urgente que Anita se juntasse à organização BDM — *Bund Deutscher Mädel* ... A Liga das Garotas Alemãs —, uma seção da juventude hitlerista. O sr. Steiner fazia parte da minoria alemã de cerca de três milhões de pessoas que vivia há séculos na Boêmia — uma região histórica onde hoje é a República Tcheca —, quase todas na região da fronteira, os Sudetos. Ele trabalhava em um banco e, até onde eu sabia, não era engajado politicamente.

Anita vinha me visitar com frequência no quarto apertado em que vivíamos antes de nossa deportação. Ela me contava sobre as atividades nas reuniões da BDM, que pareciam as dos escoteiros. Sempre trazia algo que nós, judeus, não podíamos mais comprar, como um pedaço de fruta fresca ou um pouco de mel.

Quando voltei dos campos, depois da guerra, visitei Anita diversas vezes. Ela me contou como a mãe havia sido deportada para Terezín durante os últimos meses da ocupação, e o pai dela, sendo marido de uma judia, fora mandado para um campo de trabalho. Anita foi deixada sozinha em Praga e ficou extremamente preocupada com os pais. Quando a visitei em julho de 1945, os dois já haviam voltado, e Anita cuidava deles como uma galinha cuidava de seus pintinhos. A sra. Steiner viu que eu não tinha nada para vestir, recém-chegada de Bergen-Belsen, e me deu um par de meias e mais algumas roupas que tinha sobrando.

---

* Judeu em alemão. (N. T.)

Certo dia cheguei lá e encontrei a porta do apartamento deles lacrada pela polícia. Eu não tinha ideia do que havia acontecido e desci para encontrar o zelador, talvez ele pudesse explicar.

"Você não sabe", disse ele. "Eles eram alemães e fugiram antes de serem expulsos pelo governo."

Toda a minoria alemã da Tchecoslováquia foi expulsa para a Alemanha alguns meses depois do fim da guerra. Os Steiner, no entanto, não poderiam estar entre eles, já que eles mesmos haviam sido perseguidos pelos alemães. Contudo, Anita desapareceu da minha vida, e eu nunca mais soube dela.

4

GERTA

DE TODAS AS MINHAS AMIGAS, a mais próxima era Gerta Altschul.

Eu também a invejava. Ela não tinha um irmão, mas tinha dois vestidos de patinação que a mãe dela havia feito para o dia em que ela tivesse habilidade suficiente para dançar no gelo. Os dois vestidos eram curtos e giravam lindamente quando ela dava uma pirueta; um era de veludo azul-marinho, o outro, cor de vinho.

Nós costumávamos patinar juntas no Estádio de Inverno, a algumas paradas de bonde da nossa rua. Eu era obrigada a usar uma calça grossa por cima da roupa de baixo de lã, um gorro e luvas com forro de pele, que ficavam cobertas de gelo por causa das minhas muitas quedas. Gerta não podia usar seus vestidos leves. Ela também se agasalhava em roupas quentes, mas as dela eram mais elegantes que as minhas.

Gerta fez aulas de patinação artística para se tornar uma segunda Sonja Henie, a quem sua mãe admirava. Nesse meio-tempo, nós usávamos os vestidos de veludo na casa dela, onde brincávamos quase todas as tardes, dançando na ponta dos pés, cantarolando valsas para substituir a música de verdade. Nem a família dela nem a minha tinha rádio ou gramofone. Às vezes também brincávamos na minha casa, mas eu preferia ir até a dela. A mãe de

Gerta entendia o desejo que garotinhas têm por roupas chiques, fitas, xales e sapatos de salto alto. E eu adorava o lanche que ela fazia para a gente: uma pequena tigela de queijo cottage caseiro polvilhado com sal.

O pai de Gerta era judeu, mas a mãe não. Naquela época isso não era importante, mas mais tarde, quando os alemães perseguiram judeus, Gerta foi poupada porque os filhos de casamentos mistos que não haviam sido registrados como judeus não foram deportados. No entanto, o pai dela morreu na Pequena Fortaleza de Theresienstadt.

Eu queria ser como Gerta em vários aspectos. Ela não só aprendia patinação artística, como tinha aulas de inglês com uma senhora que a levava para passeios no parque — no Letná, é claro — e só falava com ela em inglês. Quando nos encontrávamos, ela nem sequer parava, seguia em frente, conversando com a professora.

Gerta e eu decidimos que pareceríamos irmãs. A mãe dela sugeriu à minha que sua costureira fizesse vestidos idênticos para nós. Senti que minha mãe não ficou muito entusiasmada com a ideia — talvez ela não tivesse o mesmo gosto que a sra. Altschul —, mas concordou. Cada uma de nós ganhou dois vestidos, e um deles eu amava demais. Ele era feito de uma lã macia em um tom de vermelho vivo, com um corpo justo, uma saia rodada e uma gola de renda branca. O que minha mãe não conseguia entender era por que um vestido tão quente tinha mangas curtas: ele era quente demais para o verão e inapropriado para o inverno. Nós também fomos juntas à loja de sapatos Bata, onde compramos sapatos idênticos, dois pares. Dois pares de sapatos de uma vez! Eu fiquei tão impressionada com essa extravagância inédita que nunca a esqueci. Mas isso jamais aconteceu de novo: minha mãe sensata não estava disposta a jogar fora dois pares de sapato de uma vez, porque é claro que eles ficaram pequenos em menos de um ano.

Queríamos que nossos pais fossem tão bons amigos quanto nós. Os Altschul estavam mais do que dispostos e convidaram meus pais para passar o Ano-Novo na casa deles. Gerta e eu preparamos a diversão. Tínhamos cerca de oito anos. Ensaiamos um ballet e, depois da refeição festiva que a mãe de Gerta havia preparado, nós o apresentamos, vestidas com as roupas de patinação de Gerta e acompanhadas por música que nós mesmas cantamos. Os adultos ficaram sentados em volta da mesa e bateram palmas, fizemos uma longa reverência e jogamos beijos como bailarinas de verdade. Depois disso, o sr. Altschul, que era caixeiro-viajante, contou algumas piadas, uma delas nojenta. Tinha algo a ver com um homem que estava dormindo em uma casa estranha e não conseguia encontrar o banheiro. As mães estavam conversando, mas meu pai estava sentado imóvel, e eu sentia seu desconforto com o parceiro incompatível. Enfim, a meia-noite chegou, celebramos o Ano Novo e fomos embora, para alívio dos meus pais. Mas eu sabia que a festa não tinha sido um sucesso.

Todos os anos, em março, no dia de são Matias, acontece uma feira em Praga chamada *Matějská Pout'*. Ela ocorria em um grande terreno circular em Dejvice, um dos subúrbios da cidade. Maria e eu íamos até lá de bonde e mesmo de longe conseguíamos ouvir a música alta. Havia carrosséis com cavalos brancos empinados sobre as patas traseiras e balanços com assentos em formato de barco, nos quais as crianças mais corajosas ficavam de pé e faziam o barco voar alto, de forma que seus corpos ficavam na horizontal. Havia estandes de tiro, onde os prêmios variavam de um bicho de pelúcia a uma estatueta de gesso do Cupido com seus lábios vermelhos e asas azuis, havia carrinhos com algodão-doce cor-de-rosa ou a dura e grudenta Delícia Turca. Entretanto, o mais interessante de tudo era o chapéu mexicano com suas cadeiras penduradas por correntes.

A primeira volta começou devagar, as cadeiras balançando suavemente para a frente e para trás, mas a cada volta a velocidade aumentava, éramos empurrados para fora pela força centrífuga, e senti meu estômago revirar. Meu medo virou um terror paralisante e então um estado de entrega. Quando paramos, deslizei para fora da cadeira de metal com as pernas trêmulas e tentei controlar minha náusea. Mas eu devia estar tão pálida que Maria me consolou dizendo: "Esse carrossel não foi tão agradável quanto achei que seria, não vamos nele de novo". Protestei, porque, de certa forma, eu havia gostado da sensação; algo sensual brotou em minhas entranhas.

O nome do meu pai era Hans — em tcheco, Hanuš ou Jan. Ele tinha boas proporções, de altura média, com ombros retos e um corpo esguio. Tinha cabelos curtos, escuros e ondulados, um nariz judeu e olhos verdes-acinzentados iguais aos meus, que mamãe costumava chamar de "olhos do papai". Ele sempre se vestia com cuidado, mantinha as unhas perfeitamente limpas, e quando se despia na hora de dormir, dobrava as roupas meticulosamente e as pendurava em uma cadeira. Tirava as chaves, o pente e a carteira dos bolsos e os colocava na mesa. No guarda-roupa havia golas removíveis engomadas, organizadas na mesma ordem que a pilha de camisas passadas. A gola era trocada diariamente e a camisa a cada dois dias. Vejo meu pai parado em frente ao espelho, decidindo qual gravata combinaria com a cor da camisa e colocando um lenço limpo no bolso. A cama ainda está desfeita porque só depois do café da manhã é que Maria entraria no quarto para arejar os cobertores e travesseiros na janela aberta. Quando eu voltava do jardim de infância — e mais tarde, da escola — a cama estava lisa e arrumada, coberta com a colcha bege e o quarto tinha um cheiro fresco e limpo.

Certo dia eu e mamãe fomos ver onde papai trabalhava. Pegamos o bonde até os arredores da cidade. Lá, na montanha sobre o Vltava, ficava o impressionante Instituto de Seguridade Social, um prédio enorme com uma grande cúpula no meio. No grande hall de entrada, havia dois maravilhosos elevadores sem porta que se moviam lentamente, um para cima e o outro para baixo, sem parar. Mamãe disse que eles se chamavam Paternoster (as primeiras palavras da oração católica) porque as pessoas tinham medo de andar neles e rezavam a Deus para ficarem seguras. Eu também tinha medo e perguntei ansiosa o que aconteceria se não saíssemos no último andar, o elevador giraria e voltaria para baixo de ponta-cabeça?

Fiquei muito impressionada com o escritório de papai e orgulhosa por ele ser um homem tão importante. Ele era o dr. Hans Polach, advogado. No Instituto de Seguridade Social ele defendia os interesses dos trabalhadores, uma tarefa alinhada com sua visão política. Ele havia sido treinado no escritório do dr. Ludwig Czech, que mais tarde se tornaria ministro do Bem-Estar Social no governo tchecoslovaco. Já na época ele havia decidido não entrar para um escritório particular, porque isso o teria obrigado a defender criminosos sabendo que eram culpados, algo que sua consciência não podia suportar. Então ele escolheu se tornar um funcionário assalariado do Estado e nunca ficou rico, como muitos outros advogados judeus.

Perto do escritório de papai, nas margens do Vltava, ficava uma área de banho onde costumávamos nadar no verão. Mamãe e eu chegávamos de bonde e papai se juntava a nós de tarde, depois do trabalho. Havia gramados e cabines para se trocar, além de trampolins de madeira dos quais os nadadores podiam pular no rio. Para as crianças e os que não sabiam nadar havia espaços de flutuação, com um deque e grades em volta. O salva-vidas era também o professor de natação. Ele segurava um longo bastão com uma corda por cima da grade e o aprendiz era preso a ela por um cinto de lona em volta da cintura. O salva-vidas entoava "e um e dois e um e dois" enquanto a vítima se debatia tentando mover os braços e as pernas no ritmo.

Depois de vestirmos nossos trajes de banho — de lã, é claro, porque tecidos sintéticos ainda não haviam sido inventados — mamãe esfregava nossas costas e ombros com manteiga de cacau, a loção bronzeadora daquela época. Parecia uma grande barra de sabão marrom e tinha um cheiro muito específico do qual lembro até hoje. Mamãe e papai normalmente nadavam até a margem oposta e voltavam, enquanto eu brincava na piscina rasa.

Foi lá onde — aos três ou quatro anos — tomei consciência da minha nudez pela primeira vez, como Adão e Eva depois da queda. Mamãe havia tirado minhas roupas para colocar o traje de banho e de repente senti que meu "popô" estava exposto. Envergonhada, rapidamente me sentei na toalha e cobri minha virilha com as mãos. Eu havia passado por uma daquelas inevitáveis transições da inocência para a sabedoria. A partir desse dia não deixei mais que mamãe me despisse em público.

Papai amava livros, lia os clássicos latinos e gregos, literatura alemã e france-sa, mas, mais do que tudo, ele gostava de história e geografia. Passava quase todo o tempo livre lendo, sentado no sofá verde sob a lâmpada de leitura. Havia uma quietude nele, como se estivesse envolvido por um casulo de tranquilidade. Ele se movia silenciosamente e fechava as portas sem fazer barulho; não se ouvia nenhum estalo quando ele apoiava a xícara no pires. Com o Atlas do Mundo no colo, ele viajava com o dedo pelos continentes.

Mamãe uma vez me contou que quando eles estavam viajando em lua de mel de trem pela Suíça e pela Itália, papai apontava cada montanha que passava, dizia seu nome e altura. Ele sabia o nome e a extensão de cada rio e o número de habitantes das cidades em que paravam, até que ela ficou envergonhada na frente dos outros passageiros, que deviam achá-lo um exibido e um chato.

Papai queria me iniciar na boa literatura e, quando eu tinha uns dez anos, ele concluiu que eu já podia ler *Peer Gynt*, de Ibsen. É claro que era demais para mim e não me interessou nem um pouco. Depois disso passei a evitar qualquer livro que meu pai recomendasse, acreditando que deviam ser todos chatos. Assim passei anos sem ler *A maravilhosa viagem de Nils Holgersson através da Suécia*, de Selma Lagerlöf, porque papai tinha dito que era uma boa história. Quando finalmente o abri, um dia que não tinha mais nada para ler, fiquei tão cativada que não o larguei até terminar e logo tornei a lê-lo.

Meus pais amavam música e costumavam ir a óperas e concertos. Ambos tocavam piano muito bem e às vezes tocavam um dueto a quatro mãos que eu adorava. As peças de que mais gostava eu marcava com letra de forma no pequeno caderno de música de capa verde, com vários erros de ortografia, em minha caligrafia da pré-escola. Minhas favoritas eram "Serenade", de Schubert, e uma canção sobre uma rosa que um garoto malvado queria colher, mas a rosa se vingava e furava o dedo dele com seu espinho.

Meu pai havia sido soldado na Primeira Guerra Mundial. Fora convocado perto do fim da guerra, logo depois dos seus exames para a faculdade, aos dezoito anos. Ele foi ferido no front italiano. Eu me lembro das quatro marcas profundas, uma em cada lado das coxas. Uma única bala havia penetrado as duas pernas, felizmente pegando a primeira na frente do osso, e a segunda, atrás. Eu sempre implorava ao papai para me contar mais uma vez como fora seu resgate.

Ele havia sido atingido enquanto sua unidade recuava e acabou ficando para trás, jogado no chão sangrando; podem ter achado que estivesse morto. Ele deve ter ficado inconsciente por um bom tempo. Quando abriu os olhos, viu dois soldados italianos debruçados sobre ele. Quando notaram que estava vivo, se prepararam para atirar nele. Nesse momento, ele lembrou do latim que aprendera na escola e implorou *"aqua, aqua"*. Os dois soldados ficaram com pena e lhe deram água de seus cantis.

Por muitas semanas e meses os pais dele ficaram sem notícias. Ele havia sido feito prisioneiro de guerra e estava em um hospital militar de Nápoles, de onde dava para ver o monte Vesúvio pela janela. Seus pais receberam a notificação de que Hans estava desaparecido e só muito mais tarde receberam um cartão-postal dele.

Eu não tenho esse cartão-postal em particular, mas tenho diversos outros que meu pai mandou do front para seu tio Adolf, que também estava no exército. Eles estão desbotados, foram escritos a lápis e têm o carimbo de "Feldpost" com o retrato do Kaiser. Só anos mais tarde, quando eu mesma já era mãe, consegui imaginar a terrível ansiedade que meus avós devem ter sentido sem saber se seu filho mais velho estava vivo ou morto.

Que casal bonito meus pais formavam! Uma foto de papai de calção de banho mostra seu corpo bem-proporcionado. Mamãe não era bonita, mas tinha uma pele delicada, boas proporções e pernas torneadas. Os cabelos eram castanho-claros e ela o prendia na nuca, como era moda na época. Seus olhos eram azul-claros, seu nariz talvez um pouco comprido demais. Ela era dolorosamente consciente de seus dentes da frente protuberantes e, portanto, nunca sorria em fotos, exceto em uma, quando o fotógrafo a pegou de surpresa.

Papai e mamãe eram bons em outros esportes além da natação. No inverno, eles costumavam patinar no gelo comigo no Letná, quando as quadras de tênis eram transformadas em rinques. Papai usava uma calça curta verde que terminava com uma fivela abaixo do joelho, uma jaqueta corta-vento e luvas de lã. Ele patinava em movimentos lentos e regulares, as mãos atrás das costas, dando voltas no rinque. Mamãe cobria as orelhas com uma faixa de tricô. Era mais divertido quando ela ia junto; papai era sempre sério e didático demais.

Os dois também eram bons esquiadores, mas o que mais amavam era alpinismo. No depósito do nosso apartamento havia prateleiras repletas de botas com cravos, picaretas curtas e cordas que eles usavam em suas expedições de escalada nos Alpes ou nas Dolomitas. Eles faziam trilhas bem difíceis com guias de montanha, Tenho fotos em que eles aparecem bronzeados, sentados no topo de um pico nevado na Suíça, que descobri mais tarde que era o Matterhorn.

Hans e Liesl Polach (à direita) no Matterhorn, 1933 ou 1934.

Esse depósito, chamado de Kammer, tinha outro propósito. Quando eu me comportava mal (até hoje não consigo acreditar que isso acontecia; na minha memória sou uma garotinha obediente...), eles me trancavam lá até que eu me arrependesse e prometesse ser uma boa menina. No escuro eu tateava até achar uma bota com cravos. A parte de dentro da porta ficou marcada pelas travas até a altura que eu alcançava, de quando eu batia na porta, gritando e chorando.

Quais erros exigiram tamanha punição, eu não lembro. Uma vez pode ter sido por molhar o chão do banheiro. Eu tinha visto meninos fazendo xixi de pé e também queria conquistar esse feito. Tentei várias vezes ficar de pernas abertas sobre o vaso, mas eu era baixa demais, e, embora tenha chegado a barriga o mais para a frente possível, ainda assim foi tudo para o chão.

Tenho outra lembrança que envolve o banheiro. Eu tinha uns três anos e meio talvez, havia acabado de passar do troninho para a privada dos adultos, quando uma noite escorreguei para dentro do vaso e meu corpo dobrou como um canivete, com minha cabeça tocando os joelhos. Eu não conseguia me soltar. Minha mãe estava na sala, recebendo alguns amigos; dava para ouvir a conversa deles. Chamei e chamei, o mais alto que podia.

"Mamãe", implorei quando ela me puxou para fora, me lavou, secou e me carregou de volta para a cama, "não diga aos convidados que eu caí no vaso."

Ofegante, eu ouvia os sons que vinham da sala. Houve silêncio por um momento e então uma grande explosão de risadas. Eu sabia que ela tinha contado a eles. Envergonhada, chorei até dormir.

Dita Polach com seus pais, 1932.

O apartamento na Casa Elétrica em Praga-Holešovice foi nosso lar de 1932 até os alemães nos expulsarem no começo da guerra, em 1939. Era um prédio recente com inovações sem precedentes que foram o assunto da cidade.

Eu me lembro perfeitamente do apartamento. No hall de entrada havia várias portas, a porta de vidro para a sala de estar e portas simples para o banheiro e a área de serviço, que chamávamos de "gonk", ao fim da qual ficava a geladeira, que vinha com o apartamento. Geladeiras ainda eram muito raras; as cozinhas tinham uma despensa para estocar comida. E, claro, uma das portas pertencia ao famoso depósito. Do hall um pequeno corredor levava à cozinha, ao meu quarto e ao banheiro. Dava para chegar ao quarto dos meus pais tanto pelo banheiro quanto pela sala. Os quartos tinham grandes janelas de painéis duplos com persianas de baixar que se chamavam Rollo. O piso era de taco de madeira, exceto na cozinha, que tinha um chão de pedra avermelhada.

Em uma parede do hall de entrada havia um armário para casacos e chapéus. Nas prateleiras superiores, mamãe guardava todos os artigos de lã durante o verão; pulôveres, xales e luvas, cada peça enrolada separadamente em um jornal, com naftalina para evitar traças. Eu ficava muito animada quando elas eram desembrulhadas e arejadas no início do inverno porque eu havia esquecido delas desde o ano anterior e recebia cada gorro e suéter como um amigo perdido.

Era a mesma alegria que eu sentia quando me permitiam usar meias três quartos no primeiro dia quente de primavera. No inverno eu usava meias longas e grossas como todas as outras crianças, com meu casaco azul-marinho quente e botas de cano longo, e ficava maravilhada com a leveza dos meus joelhos nus e a liberdade de movimento dos sapatos finos.

Ah, os anos da infância, quando não há consciência da passagem do tempo, quando um dia não tem fim e o verão parece durar para sempre. Que alegria ganhar um novo par de sandálias porque as antigas haviam ficado muito pequenas. De repente, meus vestidos leves e floridos apareciam no guarda-roupa na companhia de mais um ou dois novos. Mamãe costumava confecioná-los, geralmente com a ajuda da minha avó. Então meu quarto era transformado em uma sala de costura, e nos dias que se seguiam as duas produziam não apenas vestidos para mim, mas também aventais, pijamas e saias. Mamãe cortava o tecido com moldes de papel, e vovó alinhavava as peças à mão. Eu precisava ficar em pé sobre uma cadeira e as quatro mãos puxavam aqui, colocavam um alfinete ali e me faziam erguer os braços. Elas se afastavam e me diziam para virar para a esquerda e então para a direita e por fim puxavam lentamente o vestido por cima da minha cabeça, tomando cuidado para que os alfinetes não me arranhassem. A máquina de costura ficava perto da janela e mamãe costurava nela, movendo o pedal com o pé, já que não havia motor.

Certa vez eu pedi a ela que fizesse um "vestido de tênis" para mim, com a saia curta como aqueles que as jovens que jogavam tênis nas quadras do parque Letná usavam.

Mamãe comprou o material, mas não era totalmente branco; ele tinha listras coloridas, e fiquei decepcionada. "Isso não é um vestido de tênis de verdade", reclamei. Mas, quando ficou pronto, gostei dele mesmo assim.

Não se comprava casacos e ternos prontos naquela época. Eles eram considerados de baixa qualidade e feitos com uma técnica ruim. As pessoas recorriam ao alfaiate para ter a roupa feita sob medida. Na nossa família, tínhamos um procedimento diferente.

Primeiro, uma carta era enviada ao meu tio, Hans Bass, em Brno, que tinha uma loja de tecidos e, claro, nos daria um desconto. Alguns dias depois um pacote chegava com amostras dos tecidos de melhor qualidade. Mamãe, vovó e papai (vovô não se dignava a lidar com assuntos tão mundanos) sentavam-se em volta da mesa de jantar, passando as amostras em tons de marrom, cinza e preto entre os dedos, decidindo qual tecido era adequado para um novo casaco de inverno para vovô, um terno para papai ou uma saia e um blazer para mamãe.

Quando o pacote pesado com o material chegava de Brno, nosso alfaiate era chamado. Ele vivia em Pilsen e vinha de trem, trazendo uma pilha de revistas de moda. Tirava as medidas, tomava notas, desenhava os modelos e voltava para Pilsen. Ele vinha uma segunda vez para a primeira prova, cheio de sorrisos e gentilezas, carregando uma pasta. Eu adorava ver como ele desenhava linhas com giz branco diretamente no tecido. Às vezes uma segunda prova era necessária. E então, finalmente, as roupas chegavam, novas e bonitas, feitas para durar, senão uma vida, ao menos muitas, muitas estações.

Nossa família era muito econômica. Nada que ainda pudesse ser usado era jogado fora. Vestidos para mim eram feitos com bainhas largas, que seriam soltas conforme eu crescesse, e os sapatos eram normalmente um tamanho maior, para que pudessem ser usados no ano seguinte.

Até hoje, guardo sobras de material, pedaços de lã e restos de comida. Era, e de certa forma ainda é, um costume dos europeus: não desperdiçar. É parte de uma tradição e não tem nada a ver com pobreza ou afluência. Minha avó era a campeã da frugalidade. Ela desfazia suéteres antigos e tricotava novos com a lã, que ela antes lavava e esticava para tornar lisa de novo. Ela cortava tiras em espirais das meias velhas que já não podiam ser remendadas. Com uma enorme agulha de crochê ela fazia tapetes com essas faixas, uns muito bonitos, marrom, bege e preto, agradáveis e macios sob os pés. Outro hábito dela era guardar fósforos usados. Havia uma caixa para eles na borda do fogão e ela os usava para transferir a chama de uma boca para a outra.

Quando fiquei mais velha, vovó me explicou o motivo para sua frugalidade extrema. Eles tiveram um filho que nasceu depois do meu pai, Hans, e antes do meu tio, Ernst-Benjamin. Seu nome era Fritz e ele morreu antes de eu nascer. Ele precisou ser mantido em uma instituição para pessoas com doenças mentais. Qual era sua moléstia eu não sei dizer. Ele foi hospitalizado quando criança e desde então vovó começou a economizar para que os irmãos tivessem dinheiro para mantê-lo depois que os pais morressem. Fritz morreu aos vinte anos, mas vovó não conseguia mais mudar os hábitos econômicos que havia se imposto tantos anos atrás.

Foi muito estranho que nossa filha, Michaela, também tenha morrido aos vinte anos. Ela ficou doente aos oito. Sua doença era incurável e nos disseram que ela não viveria muito. Ninguém podia dizer o quanto. Nós começamos a economizar rigorosamente, de forma quase tão extrema quanto a minha avó, para garantir que seus irmãos pudessem pagar seus cuidados se morrêssemos antes dela.

Eu amava minha avó mais do que qualquer pessoa. Mesmo hoje, quase setenta anos depois da sua morte, um calor reconfortante me envolve quando penso nela. Ela era uma mulher pequena com um nariz grande e olhos castanhos, calorosos e semíticos. Usava roupas escuras e sem forma que pertenciam à moda de muito tempo atrás. Seu cabelo grisalho era arrumado em um coque e preso com grampos na nuca. Acho que ela nunca pisou em um salão de cabeleireiro. Sua própria pessoa não era interessante para ela;

sua atenção era completamente voltada para outras pessoas. Ela era a pessoa mais altruísta que já conheci, e eu queria ter herdado essa qualidade dela. Tento ser altruísta e luto com meu egoísmo, mas meus esforços são conscientes, enquanto para vovó era natural.

Ela nunca ficava brava comigo; mesmo quando eu me comportava mal e ela me dava uma bronca, eu me sentia totalmente aceita. Ela dizia *"Das macht man nicht"* (isso não se faz) e eu protestava alegremente *"Das macht Frau ja"* (isso é o que as mulheres fazem) — é um jogo de palavras com man = qualquer um, Mann = homem e Frau = mulher.

Vovó nunca abraçava ou beijava, nem a mim nem demais membros da família. Ela respeitava os outros, mesmo que fossem seus filhos ou sua neta. Eu nunca a ouvi emitir uma opinião ou criticar alguém. Ela apenas aceitava as pessoas como eram; todo mundo era tratado com o mesmo respeito, fosse o ministro ou uma criada. Era a pessoa mais gentil e amorosa na minha vida. Ela me chamava de Edithlein, ninguém mais me chamava por esse nome.

Um dia, quando eu estava no jardim de infância, tive uma forte dor de barriga. A esposa do zelador foi chamada para me acompanhar até em casa. (Nota: ninguém tinha carro naquela época e poucas famílias tinham telefone.) No caminho, insisti que ela me levasse até minha avó, que morava muito mais perto. Quando vovó abriu a porta, a mulher gorda queria ter certeza de que não havia errado e perguntou: "Você é realmente a sra. Avó?". Vovó precisou confirmar duas vezes antes de ela se tranquilizar, e eu ri, apesar da minha dor de barriga.

Vovó me levou para a sala, me fez deitar no sofá e foi para a cozinha. Depois de um tempo, voltou com uma xícara de chá e uma tampa de panela quente envolta em uma toalha. Ela a colocou na minha barriga, e quando esfriava ela a trocava por outra, que esquentava no fogão enquanto isso. Depois de várias trocas, a dor milagrosamente sumiu.

Nós visitávamos bastante os meus avós. Eles haviam se mudado de Brno para Praga nos anos 1930, quando vovô se tornou membro do parlamento. Lembro-me do dia em que eles se mudaram para seu apartamento, quando eu tinha três anos e meio. Foi um grande evento, com os operários da mudança carregando grandes móveis, presos com tiras sobre os ombros. Vi duas pessoas velhas que eu não conhecia e mamãe disse que eram meu avô e minha avó.

Johann e Katharina Polach, 1932.

Eu me lembro do apartamento com detalhes. Havia um aquecedor alto de ladrilhos amarelos em um canto da sala de estar e era muito agradável aquecer as costas nele no inverno. Durante a noite, o fogo apagava e, de manhã, Liesl, a criada, raspava as cinzas e acendia um novo com gravetos finos e jornal. Pedaços maiores de madeira eram acrescentados e por fim vinha o carvão. O quarto era frio, o aquecedor ficava apagado, e eu raramente ia lá.

No meio da sala de estar havia uma grande mesa de jantar coberta com um tapete, e, quando tínhamos visitas, uma toalha branca era posta sobre ela. Todos se sentavam em volta da mesa, bebendo chá e comendo os biscoitos de gengibre da vovó. Esses biscoitos tinham uma propriedade estranha: quando frescos eram extremamente duros — dava para quebrar o dente com eles; mas, depois de algumas semanas em uma lata, eles se tornavam macios e muito saborosos.

Havia um piano de cauda preto com rodinhas brilhantes de metal, e eu gostava de "tocá-lo". Isso deixava vovô nervoso. Ele dizia para vovó: "Kathi, não deixe a criança perturbar o instrumento". Então vovó passava o braço pelos meus ombros, o que era fácil porque ela era pouco mais alta que eu, e me levava para a cozinha, onde preparava uma *topinka*. Ela abria o armário, liberando a fragrância das centenas de pães que haviam sido guardados ali durante uma vida, cortava um pedaço e colocava em uma panela escurecida, onde a gordura de ganso chiava. Ela o fritava dos dois lados e então cobria de alho. Minha mãe também fazia *topinkas* às vezes, mas elas nunca ficavam tão crocantes e saborosas como as de vovó. Provavelmente a panela precisava ter uma crosta preta; a nossa era impecável e brilhante. Todo mundo ficava feliz quando eu comia toda a *topinka*, porque eu me alimentava muito mal, e eles ficavam felizes por eu ter algum sustento no meu corpo magro.

Perto da janela ficava a escrivaninha do vovô. Às vezes, quando os adultos estavam sentados em torno da mesa falando de política, vovó me dava um pedaço de papel e giz de cera, e eu me ajoelhava na escrivaninha e fazia desenhos. Vovô não gostava, ele sempre achava que eu estragaria seu mata-borrão.

Em um lado da sala ficava o sofá, e na parede oposta uma enorme estante, quase tocando o teto, com entalhes decorativos e portas de vidro. Era lotada de livros cultos, mas havia alguns livros que eu também gostava. Havia os contos de fadas de Andersen e livros ilustrados de Wilhelm Busch que pertenceram ao meu pai e seus irmãos quando eram crianças. Eu podia pegá-los para olhar, ou vovó os lia para mim. Ela também sabia várias canções e poemas de cor. O que eu mais gostava era um poema de Friedrich Rückert, que falava sobre uma jovem árvore que queria se vestir com algo mais luxuoso do que os espinhos que cresciam em seus galhos. Seu desejo foi realizado, e na manhã seguinte ela estava coberta com lindas folhas verdes. Mas as cabras vieram e comeram as folhas. A pequena árvore pediu folhas novas, mas dessa vez a geada as queimou e novamente ela ficou nua. A cada vez algo acontecia com as folhas, até que a pequena árvore pediu humildemente para ter seus velhos espinhos de volta e nunca mais reclamou.

Vovó recitava o poema com emoção, alternando entre uma voz alta e sussurros, e eu suspirava de alívio no fim, quando tudo acabava bem.

Ela cantava, em uma voz um pouco trêmula, canções que eu pensava serem melodias populares. Só adulta descobri que uma era uma canção de ninar de Brahms e a outra, um *lied* de Mozart. Vovó havia recebido pouquíssima educação formal, mas tinha um conhecimento surpreendente de música clássica. Era a mais velha de quatro filhos e com frequência precisou cuidar dos irmãos quando a mãe ia trabalhar. A profissão da minha bisavó era algo como uma parteira: ela cuidava de jovens mães que haviam acabado de dar à luz. Naquele tempo era costume contratar uma mulher experiente para cuidar do bebê, pois a mãe não devia se levantar da cama por seis semanas. Meu bisavô estava no exterior, tentando fazer fortuna em terras estrangeiras. Vovó, por exemplo, nasceu na Hungria, onde o pai dela havia trabalhado por muitos anos como supervisor na propriedade de algum nobre. Então eles voltaram para Brno, onde a família ficou enquanto meu bisavô partiu de novo. Ele foi para os Estados Unidos trabalhar para o barão Hirsch, o construtor de ferrovias. No fim, ele desapareceu completamente, e ninguém sabe onde ele está enterrado.

Vovó Kathi cresceu pobre. Quando era adolescente, conheceu um tal de Alfred Fröhlich, que tocava algum instrumento na orquestra sinfônica, e ela costumava frequentar os ensaios. Ela me contou como se sentava no balcão e ouvia as instruções do maestro e assim se tornou bastante entendida em música clássica. Eu teria esquecido o nome do homem, é claro, se ela não tivesse me dado um diário com capa de couro e uma pequena fechadura com uma chave no meu aniversário de sete anos. Foi um presente de Fröhlich, e ela o guardara desde a juventude. Ela nunca escreveu nada nele, mas na primeira página está a dedicatória do amigo, datada de 27 de outubro de 1892. Quem sabe quais sentimentos existiram entre Kathi e Alfred? Talvez ela estivesse apaixonada por ele? Eu nunca saberei; mais de cento e vinte e cinco anos se passaram desde então.

Milagrosamente, o diário ainda está comigo, embora a chave tenha se perdido faz tempo. Uma amiga, Judith Lamplová, o guardou para mim, junto com algumas fotos e souvenirs quando fomos deportados para Terezín.

Como um dos pais dela não era judeu, ela não foi mandada para o gueto. Quando voltei dos campos depois da guerra, Judith me devolveu o diário. Há entradas que escrevi em 1941-1942, antes da deportação, descrições infantis do que eu fazia a cada dia, mas também nomes dos meus amigos que estariam no transporte seguinte. Uma entrada, contudo, contém a importante informação do meu primeiro beijo. Foi com um garoto chamado Erik. Aconteceu quando estávamos sentados sob uma árvore ao lado do túmulo de algum judeu havia muito esquecido, no Antigo Cemitério Judaico, no dia 8 de julho de 1942. Foi um beijo estranho, molhado e torto.

Mas isso foi mais tarde. Por enquanto minha vida ainda seguia seu curso normal.

Dita Polach, 1942.

Quando pequena, eu sofria de inflamações recorrentes no ouvido. Lembro de como doía e de como mamãe segurava minha cabeça no colo e aplicava gotas quentes no meu ouvido.

Certa noite, meus pais saíram e colocaram minha cama na sala para que Maria pudesse dormir no sofá verde, ao meu lado. Meu ouvido dolorido estava coberto com um grande chumaço de algodão, mantido no lugar por um gorro, e um travesseiro elétrico foi colocado sob minha cabeça.

No meio da noite Maria foi acordada por um estranho cheiro acre. Ela correu até mim e encontrou o travesseiro fumegando; o gorro já tinha um buraco e o algodão estava começando a pegar fogo. Deve ter acontecido um curto-circuito, mas eu não tinha sentido nada. Eu nem sequer tinha acordado. Foi um acontecimento aterrorizante; e ouvi essa história muitas vezes depois. É preciso confessar que mantenho certa desconfiança de travesseiros e cobertores elétricos até hoje.

Minhas inflamações de ouvido pararam quando a dra. Desensy-Bill, nossa pediatra, decidiu remover minhas amígdalas. Essa é uma das minhas memórias inesquecíveis da infância. Não por causa da operação, mas por causa do táxi. Foi a primeira vez na vida que andei de carro. Em Praga usávamos o bonde, e para sair da cidade, o trem. Ninguém tinha carro. As únicas pessoas que eu conhecia que tinham um carro eram nossos vizinhos de andar, o sr. e a sra. Moller. A sra. Moller, que mancava de leve, era uma jovem mulher sem filhos que sempre me convidava à casa dela. O nome dela também era Edith, o que nos tornava xarás. Ela tinha várias revistas ilustradas — algo que eu nunca via em casa — com fotos de lindas estrelas de cinema. Era uma dona de casa perfeccionista que sempre assava biscoitos e encerava os pisos de taco. Na cozinha ela usava pantufas vermelhas, mas, quando ia para a sala, as trocava na porta e vestia pantufas azuis. Ela entrava e saía e toda vez tirava e colocava pantufas azuis e pantufas vermelhas, pantufas azuis e pantufas vermelhas. Era para poupar os tapetes, Maria explicou rindo. Mas os Moller nunca me levaram para andar de carro.

Fiquei tão animada esperando pelo táxi que esqueci que meu destino era o médico que tiraria minhas amígdalas. Eu não me lembro da operação, apenas do fato de que ganhei uma porção dupla de sorvete para acalmar minha garganta dolorida. E mamãe me explicou que as amígdalas cresceriam de volta, elas só tinham sido aparadas, não removidas.

Foi um pensamento reconfortante. Pelos anos seguintes, acreditei que se alguém perdia um órgão, ele cresceria de volta. Quando via um inválido em uma cadeira de rodas era um alívio saber que cresceria uma perna nova no lugar da que faltava. Isso me ajudava a suportar a pena pela pessoa que sofria.

Eu me apaixonava por garotos desde que consigo me lembrar. No jardim de infância tcheco, havia um menino bonito cujo nome esqueci. Eu tinha uma queda por ele e sentia minhas bochechas corarem quando o encontrava de tarde no parque; ele com a mãe dele, e eu com Maria ou com a minha mãe. Um dia, quando o nariz dele sangrou no jardim de infância, emprestei-lhe meu lenço. Alguns dias depois, a mãe dele o devolveu, lavado e passado, e me senti orgulhosa e importante como se tivesse salvado a vida dele.

No primeiro ano havia Helmut, de novo o menino mais bonito da classe. Ele era popular entre outras garotas também, mas isso não me impediu de me apaixonar por ele. Era uma escola alemã, na esquina da minha casa, que eu frequentei do primeiro até o terceiro ano. Helmut, como o restante dos pupilos, pertencia à minoria alemã que era cidadã da Tchecoslováquia.

Gerta e eu nos apaixonamos pelo mesmo menino quando tínhamos uns nove anos. Ele morava na rua dela e nos mostrava todo tipo de truques com sua bicicleta. Ele sabia fazer uma volta se equilibrando apenas no pneu traseiro, pular da rua para a calçada e de volta, e nós o admirávamos imensamente. Ficávamos na porta da casa de Greta, ríamos e batíamos palmas. Gerta e eu éramos rivais na busca pela atenção dele, mas eu sentia que, secretamente, ele gostava mais de mim, porque uma vez me acompanhara com sua bicicleta da casa de Gerta até a minha, a três ruas de distância.

Outra paixonite que compartilhamos foi um jovem artista circense de catorze ou quinze anos. A tenda do circo ficava em um terreno baldio perto da casa de Gerta. Fomos duas vezes ao espetáculo, de verdade, com ingressos, só para ver o menino ágil e atlético, com o torso nu, se apresentando em uma escada sem apoios. O número dele era acompanhado por uma valsa que me traz essa memória sempre que a ouço. Nós nos demorávamos na cerca do circo quase diariamente para dar uma espiada nele e depois descrevíamos seus atributos uma para a outra infinitamente. Porém, quando o circo levantou acampamento semanas mais tarde e partiu, nosso jovem atleta foi esquecido sem nenhuma lágrima.

5

Vovô

Vovô JOHANN POLACH NASCEU NA pequena cidade de Velké Bílovice, na Morávia. Ele tinha três irmãos, Adolf, Arnold e Bernard, e duas irmãs, Johanna e Theresa. Meu avô foi o único cujo nome foi erroneamente registrado como Polach: seus irmãos e os descendentes deles têm o sobrenome Pollak.

Johann foi mandado para estudar no ginásio Schottenring em Viena. Lá ele entrou em contato com os Sociais-Democratas e se tornou um ativista do partido.

Minha avó uma vez me contou que a avó de Johann era muito religiosa. Ela era conhecida como a *Ofensetzerin*, a pessoa para quem as donas de casa do gueto levam suas panelas com o cholent do Shabat, na sexta-feira, para que seja aquecido em um enorme forno até o dia seguinte, porque os judeus não podem acender fogo no Shabat. Certa vez, quando era um jovem estudante, vovô Johann teve uma discussão com a avó sobre a existência de Deus. Ele era descrente, um socialista ardoroso, e tentou convencê-la de que não há um Deus. Mas ela argumentou que tinha provas absolutas da existência Dele.

Segundo vovó, em uma tarde de sexta-feira: "Eu estava voltando de uma vila distante, caminhando com uma cesta pesada nas costas. Escurecia, e eu estava tão cansada que mal podia andar. Fiquei com medo de não chegar em casa antes do início do Shabat. Então, me sentei na beira da estrada e rezei a Deus para me dar forças. E, veja só, naquele instante eu não estava mais cansada e voltei para casa antes que a primeira estrela aparecesse no céu. Agora, sr. Estudante, isso é prova suficiente para você?".

Anos atrás, encontrei uma passagem sobre vovô na autobiografia de Friedrich Stampfer (1874–1957), um dos líderes do Partido Social-Democrata e famoso jornalista. Eis o que ele escreveu:

> Naqueles dias de entusiasmo juvenil, conheci um estranho colega de escola. Apesar de estar na mesma classe que eu, ele era três anos mais velho, mas, a julgar por sua aparência, poderia ser dez anos mais velho. Ele era magro, malvestido e tinha um rosto feio e interessante. O nome dele era Johann Polach. Conheci o pai dele, um carregador em uma das estações de trem de Viena, alguns anos depois. Aconteceu quando eu estava indo de um alojamento de estudantes para outro e o contratei por intermédio de Johann — "para manter o dinheiro na família" —, a fim de me ajudar com a mudança. Mas, quando o velho homem veio e ergueu meu pesado baú em suas costas curvadas, enquanto eu andava ao lado dele com uma mala leve, tive a sensação de estar cometendo uma injustiça. E, quando ele tirou seu quepe vermelho de carregador para me agradecer pelo mísero pagamento — e eu não ousei lhe pagar mais que o padrão —, fiquei profundamente envergonhado.
>
> Johann vinha de Viena também. Sua pobreza abjeta o havia forçado a ganhar um salário, era por isso que ele estava três anos atrasado. Como eu, ele era admirador entusiasmado da Grécia; como eu, ele era socialista ardoroso, mas também era algo a mais: um marxista.
>
> Até então eu nunca tinha ouvido falar de Marx e preciso confessar que o primeiro encontro com ele não me atraiu de forma alguma. A maneira depreciativa que Johann me olhava, como um mero "socialista de caridade" e "utópico", me feriu.
>
> Logo Johann voltou a Brno. Se nossos caminhos tivessem então se separado para sempre, ele teria ficado na minha memória como um jovem presunçoso. No entanto, nosso encontro mais tarde se transformou em uma amizade, e eu vim a conhecê-lo como uma das pessoas mais gentis e amáveis que já encontrei na vida. Ele trabalhou como professor de grego e latim e era muito estimado por seus alunos. Mais tarde se tornou senador pelos Sociais-Democratas em Praga.

Fiquei surpresa ao descobrir que o pai de Johann havia sido carregador em Viena. O tio Ernst-Benjamin, em um artigo para uma publicação alemã, escreveu que "Johann era o filho mais velho de um fazendeiro pobre em Velké Bílovice, perto de Kostel (Morávia), o único judeu da cidade".

Talvez sua pobreza o tenha feito tentar a sorte em Viena?

Johann conheceu Kathi quando ela estava visitando a irmã mais nova, Sophie, em Viena. Ela precisou se casar rapidamente quando era muito jovem, talvez com dezesseis anos. Seu marido era pintor de casas e primo distante de Johann. Kathi tinha ido ajudar a irmã com o bebê. Depois de um tempo de cortejos, Johann e Kathi se casaram, e seu primogênito foi Hans, meu pai. Por acaso, ele nasceu em Viena, durante uma visita de meus avós à cidade. Os outros dois filhos nasceram em Brno.

Vovô era um homem bem alto, um pouco curvado quando eu o conheci. Ele tinha um cavanhaque grisalho, mas seu cabelo, embora ralo, ainda era preto. Ele usava uns óculos chamados de *zwicker* em alemão, ou pincenê, que eram presos apertando o nariz.

Ele sofria de uma estranha doença. Tinha convulsões que lembravam epilepsia, mas foram diagnosticadas como algo diferente. Segundos antes de um ataque ele ficava subitamente rígido, encarava fixamente à frente e soltava um grito estrangulado. Eles me mandavam sair às pressas enquanto vovó e a criada Liesl, minha mãe ou meu pai, o deitavam de costas. Por alguns minutos seu corpo se sacudia e então ele pegava no sono. Quando acordava, não se lembrava do ataque, e eu era incluída na conspiração para não lhe contar o que tinha acontecido. Às vezes, ele passava meses sem um ataque, e então tinha dois ou três seguidos. Em certa ocasião, quando estava sozinho no quarto, ele caiu da cadeira e quebrou a clavícula. Depois disso, nunca mais foi deixado sem vigilância.

Vovô era um homem muito estimado e respeitado. Seus colegas e amigos eram políticos de primeira linha. Os nomes que eu ouvia quando criança eram de membros do parlamento, jornalistas e escritores, tais como os senadores Holitscher e Jaksch, Erich Ollenhauer, Friedrich Stampfer, o editor-chefe do *Neuer Vorwärts*, ou Ludwig Czech, ministro do Bem-Estar Social. Depois da Segunda Guerra, quando vovô já tinha falecido, cruzei com o nome de alguns desses homens, que então eram ministros ou líderes de partidos na Tchecoslováquia, Áustria e Alemanha.

Em uma ocasião, fui testemunha da reverência conferida a meu avô. A Ópera Alemã de Praga organizou uma apresentação de gala das *Bodas de Fígaro*, de Mozart, em honra ao Dia do Trabalho, em 1º de maio. Todo o teatro foi reservado para membros do Partido Social-Democrata e seus líderes. Meus pais e eu fomos convidados a acompanhar meus avós em um camarote do térreo, os melhores lugares da ópera.

Eu ainda era muito pequena e nunca havia saído à noite. Mamãe me fez cochilar de tarde, mas não consegui pegar no sono de tão animada. Fingi que estava dormindo, com medo de que eles não me levassem à noite. Mas, embora soubesse que eu estava fingindo, mamãe me contou a história de Fígaro. Era complicada demais para que eu entendesse, mas não importava.

Nós nos sentamos antes de a cortina subir, com vovô sentado na frente, e nós atrás. E, conforme as pessoas entravam, elas paravam diante de vovô, o cumprimentavam com reverência, algumas fazendo uma mesura, outras apertando sua mão. Ele era tratado com tanto respeito que eu consegui sentir o quanto ele era proeminente. Ainda tenho dois recortes de jornal com fotos dele. A ocasião era o sexagésimo aniversário do senador Johann Polach.

Todos os dias meus avós andavam até o Café Continental, na rua Příkopy. Vovô se sentava à mesa de sempre e os garçons traziam os jornais do dia para ele. Vovó tricotava ou lia algo, e Liesl era liberada até que eles voltassem. Se alguém quisesse encontrar vovô, bastava ir ao Café Continental de tarde.

Quando mamãe precisava fazer algo "na cidade", nós às vezes subíamos até o primeiro andar do Continental para dar um oi. Eu gostava de ver como os garçons se curvavam respeitosamente, se dirigindo ao Herr Senator, ou Herr Professor, e então perguntavam o que a madame e a mocinha desejavam. Eu podia escolher um pedaço de bolo da redoma de vidro. Era uma vitrine engenhosa, com seis ou oito compartimentos, em cada um havia um tipo de bolo diferente, um de fruta, outro com cobertura de chocolate ou geleia, um *Mozartkugel*, um strudel ou marzipã. Você colocava uma moeda de uma coroa e então podia girar a redoma até liberar o bolo de sua preferência.

Quando o tempo estava bom, meus avós iam até o café no jardim do Stromovka. Os garçons de lá também se dirigiam ao meu avô com reverência e lhe traziam os jornais do dia, presos a uma moldura de bambu com uma alça, mas eles não tinham tanta variedade quanto o Continental. Quando mamãe me levava ao parque de tarde, nós dávamos uma olhada para ver se vovô e vovó estavam no café. Então nos juntávamos a eles, e mamãe pedia morangos com chantilly para mim. Era uma sobremesa de que eu gostava. Eles vinham em uma taça alta e as duas mulheres me observavam satisfeitas; tenho certeza de que pensavam: pelo menos essa criança está comendo algo nutritivo para fortalecê-la.

6

A OPERAÇÃO

UM IMPORTANTE EVENTO DA MINHA jovem vida foi minha operação. Eu estava no segundo ano do ensino fundamental, e logo depois das férias de meio do ano fiquei doente. Eu tinha dor de barriga, e a dra. Desensy-Bill, que veio à nossa casa, disse que eu devia ficar de cama por um ou dois dias. Mas passou mais tempo e eu não estava melhor. Finalmente, eu não podia sequer me sentar, e os adultos pareceram preocupados. Outro médico foi chamado para uma consulta: o professor Růžička, um especialista. A decisão dele: eu precisava ser levada para o hospital imediatamente.

Naquela mesma tarde meu apêndice foi removido, mas durante a operação ele estourou e o pus se espalhou pela cavidade abdominal. A incisão foi então deixada aberta, com um dreno, que precisava ser limpo e coberto com um curativo toda manhã. Dias se passaram e eu não melhorava.

Mamãe esteve ao meu lado o tempo todo. Ela molhava meus lábios com um pano úmido, que eu sugava porque tinha uma sede terrível, mas não podia beber nada. Ela me contava histórias e lia livros. Às vezes ela cochilava na poltrona do canto. Uma vez, eu me lembro, ela estava lendo um livro de contos de fadas e notei que lágrimas escorriam pelo seu rosto. Não tinha ideia de por que ela estava chorando e me senti culpada, pensando que eu era cruel por fazê-la ler para mim por tanto tempo, quando ela provavelmente estava muito cansada.

Algo estava errado, mas o quê? Tudo que eu engolia eu vomitava, até mesmo uma colher de água. Fiquei mais magra e mais fraca. O consenso dos adultos era que minha mãe me deixava nervosa, dia e noite ao lado da minha cama. Ela foi banida para o corredor e só uma enfermeira podia entrar no meu quarto. A equipe do hospital era composta de freiras. Elas eram simpáticas, mas eu queria minha mãe. Eu via o rosto dela espiando sempre que a porta era aberta.

No décimo segundo dia após a operação, eu vomitei o conteúdo dos meus intestinos. Agora eles sabiam o que estava errado: uma obstrução na parte do intestino chamada íleo. A segunda operação foi mais séria que a primeira, fui levada de volta para minha cama quase morta. Claro que não me lembro de nada, mas ouvi a história toda depois. Eles colocaram oito bolsas de água quente em volta do meu corpo e me deram oxigênio. Toda a família estava reunida no corredor — meus pais, avós, nossa Maria e Liesl, a criada dos meus avós — temendo pelo pior.

Lentamente, voltei à vida. Na maior parte do tempo eu dormi, e quando acordei vi um tubo saindo do meu braço até uma bolsa cheia de líquido pendurada acima da minha cabeça. Eu fiquei mais forte, conseguia me sentar por um tempo. Todos os dias havia visitas, todos trazendo algum presente. Parecia que o mundo todo tinha ficado sabendo da minha doença, todos os nossos parentes, todos os meus amigos, os colegas de vovô e os vizinhos. Recebi cartas de melhoras de todos os meus amigos e até mesmo da professora e do diretor. Havia montanhas de presentes. Meus pais os levavam para casa todos os dias. Bonecas, jogos e livros. Não havia espaço para tudo.

Mas, surpresa! A glicose intravenosa se solidificou e causou trombose. Meu braço ficou inchado e azul e uma terceira operação foi necessária. Como eu odiava o cheiro do éter que eles usavam para me anestesiar! Mais uma vez aquele sentimento terrível de cair no nada... Abri os olhos e vi médicos e enfermeiras puxando um longo pedaço de gaze de um corte no meu braço. E ouvi alguém dizer "ela acordou", e depois mais nada...

Tenho duas cicatrizes no braço direito. Na primeira incisão eles não acharam o coágulo, então cortaram de novo mais para cima. As feridas na minha barriga sararam muito lentamente por causa do dreno e deixaram cicatrizes largas e feias para a vida toda. Mas na época minha mãe, feliz por eu estar viva, me disse: "É só você não virar dançarina do ventre".

Quando eu tinha uns doze anos, abandonei a literatura infantil e comecei a ler livros de adulto. Em alguns deles encontrei a palavra "dote" e entendi que é um valor que a noiva ganha dos pais quando se casa. Um dia, perguntei à mamãe: "Mamãe, quando me casar eu também vou receber um dote?".

Mamãe suspirou, mas então ela riu e disse: "Seu dote está na sua barriga".

Durante o segundo ano, os alunos deviam aprender a nadar. A filha do diretor, uma jovem bonita, nos ensinava na piscina fechada, Axa, na rua Na Poříčí. Foram cerca de dez aulas e eu fui a todas. Mas, no fim do curso, todas as crianças sabiam nadar, menos eu. Eu me sentia culpada porque meus pais tinham pagado as aulas à toa.

Depois das minhas três operações, o professor Růžička me proibiu de pular, correr e, sobretudo, nadar. (Ele não sabia que eu não sabia nadar.) Ele tinha quase certeza de que surgiria uma hérnia na minha barriga cortada. Naquele verão, mamãe, eu e uma amiga dela, uma jovem mãe e seu garotinho, viajamos de férias para Senohraby, perto de Praga. Papai se juntaria a nós mais tarde, por duas semanas, como ele fazia todos os anos. Havia um rio, o Sázava, e quando o tempo estava quente, nós íamos nadar. Eu podia mergulhar na água rasa, mas só podia fazer movimentos lentos e cuidadosos. De vez em quando, mamãe saía para nadar de verdade, e eu usava o tempo sozinha para praticar o que a srta. Scholz tinha nos ensinado. De repente não era mais difícil e eu nadei feliz da vida.

No entanto, mamãe me viu e foi o fim da felicidade, porque no dia seguinte ela correu comigo de volta para Praga para consultar o médico. Ele examinou minha barriga, pressionando os dedos por toda parte e declarou, com surpresa, que não havia encontrado nenhuma hérnia.

Tive permissão para nadar e nós voltamos para continuar as férias em Senohraby.

Enquanto estávamos hospedadas nesse balneário, aconteceu um evento festivo do qual todas as garotinhas locais participaram. Elas usavam lindos vestidos brancos, novinhos, e coroas de flores na cabeça. Carregavam cestas cheias de pétalas de flores e, enquanto andavam pela rua principal na direção da igreja, elas as lançavam no chão. Eu também queria me tornar uma *drûžička* como a pequena Vera, a filha das pessoas em cuja casa estávamos hospedadas naquele verão, mas mamãe me proibiu terminantemente. Eu não sabia o porquê, e ninguém me explicou.

Restrições semelhantes já haviam acontecido antes. Quando outras crianças penduravam meias vazias em suas janelas no dia 5 de dezembro, esperando que são Nicolau as enchesse durante a noite com doces e nozes, minha meia ficava vazia. Nós tivemos uma árvore de Natal na sala umas três ou quatro vezes, quando eu era bem pequena, mas não mais depois que comecei a escola. Mamãe me disse que aquilo era só para crianças pequenas e agora eu era grande — uma estudante. Mas Anita e Gerta também eram grandes e elas sempre tinham árvores de Natal, e meus outros colegas também...

Em meus passeios com Maria costumávamos entrar na igreja na praça Strossmayer, e ela colocava o dedo em uma pia de mármore na entrada e então fazia gestos com ele sobre a testa e o peito. Eu também queria fazer, mas ela não deixava.

"O que há na pia?", perguntei.

"É água benta."

"Por que é benta?"

"Porque o padre a abençoou."

"Por que eu não posso ajoelhar e rezar para Jesus também?"

"Não é para você."

Entretanto, não havia outras festas ou rituais na minha família. Meu avô, sendo um jovem socialista, havia abandonado a comunidade judaica e seus filhos eram *konfessionslos* (que não pertenciam a nenhuma fé), assim como eu. Na escola, eu tinha uma aula livre durante a educação religiosa. Eu não era católica nem protestante, nem nenhuma outra coisa. Eu nunca tinha visto uma chanukiá nem ouvido as palavras "Pessach" ou "Yom Kippur".

Eu vi a palavra "judeu" pela primeira vez quando estava no terceiro ano.

O ano era 1938. Hitler havia ocupado a região dos Sudetos. Meus pais estavam preocupados; eu os ouvia discutindo a possibilidade de emigrarem.

Nomes como Chile, Bolívia e Brasil eram mencionados. Uma correspondência ativa foi iniciada com o tio do meu pai, Adolf Pollak, em Tel Aviv, a respeito de uma mudança para a Palestina. O que impediu meu pai de tomar uma decisão não foi apenas a dificuldade de obter vistos de entrada, mas as dúvidas sobre sua capacidade de sustentar a família. Muitas pessoas começaram a aprender alguma atividade manual para ganhar dinheiro em outros países. Mas meu pai não era uma pessoa habilidosa e sabia que não poderia exercer sua profissão de advogado. Enquanto meus pais hesitavam, o desenrolar dos acontecimentos logo tornou a emigração impossível.

Depois da anexação dos Sudetos, a minoria alemã da Tchecoslováquia se tornou opressiva e violenta. Em certa manhã, na escola, encontrei um pedaço de papel na minha mesa com as palavras "Você é judia". Eu não sabia o que isso significava e o levei para casa para mostrar aos meus pais. Eles ficaram muito sérios, e eu sabia que algo importante estava acontecendo.

"O que é um judeu?", perguntei.

"Um tipo especial de pessoa."

Eu continuava fazendo perguntas, mas não ficava satisfeita com as explicações.

"Nós somos judeus?"

"Sim, segundo as Leis de Nuremberg."

"O que são essas leis?"

Papai me contou que judeus estavam sendo perseguidos e atormentados; contudo, isso estava acontecendo na Alemanha, não no nosso país. Mas eu sentia as implicações sombrias do que ele dizia. Em pouco tempo, fui transferida para uma escola tcheca.

Só havia meninas na minha classe; os meninos estudavam em uma ala separada. Não gostei da professora desde o primeiro momento. Ela era baixa, velha e ríspida. Mas eu não era a única menina nova, Annemarie também estava lá. A transição não foi tão difícil porque eu falava tcheco muito bem e só precisei de algumas aulas particulares de ortografia. Minha professora era uma jovem cujo nome começava com a letra D, que ela escrevia com um floreio, sem erguer a caneta. Isso me impressionou tanto que adotei o traço na minha assinatura e o uso até hoje. No fim do ano letivo, eu já estava totalmente integrada e tirava as melhores notas em todas as matérias.

Gerta também foi transferida para uma escola tcheca, mas diferente da minha. Entretanto, nos encontrávamos quase toda tarde, como antes, na casa dela ou na minha.

7

Žd'ár

A GUERRA ESTOUROU QUANDO EU tinha dez anos. Naquele verão, em 1939, meus pais não saíram de férias como nos outros anos. A Tchecoslováquia era agora ocupada pelos alemães. Por ser judeu, meu pai foi demitido do emprego. Meus pais se preocupavam com os perigos; eles se lembravam da Primeira Guerra Mundial. Queriam que pelo menos eu tivesse férias no campo, longe da cidade. Assim, fui mandada para a casa de um amigo do meu pai, que vivia com a família em uma pequena cidade mercantil chamada Žd'ár. Ele tinha duas filhas que eram um pouco mais novas do que eu, e as duas famílias esperavam que eu ficasse feliz com eles. Em Praga poderia haver ataques aéreos; a filha com certeza estaria mais segura no campo, meus pais pensaram.

O sr. Weinreb foi até nossa casa me buscar. Viajamos de trem, falamos muito pouco e, embora eu sentisse que ele era gentil, fiquei tímida. Chegamos no início da noite. A sra. Weinreb havia preparado uma refeição, e todos nos sentamos em volta de uma grande mesa na cozinha. As duas filhinhas deles me encararam com seus grandes olhos castanhos e redondos, e me senti desconfortável. Mas no dia seguinte elas já tinham me aceitado, mostraram animadas todos os seus brinquedos, me levaram para conhecer seus amigos e me exibiram como a visita de Praga. Hanna, a mais nova, tinha seis anos e começaria a escola no fim das férias. Ela tinha a personalidade mais forte. Eva, de sete anos, fazia tudo que a irmã mandava; nunca tinha ideias próprias. Ela ainda não lia com fluência depois do primeiro ano, enquanto Hanna já sabia ler mesmo antes de entrar na escola.

Foi um verão realmente maravilhoso. As duas meninas se tornaram minhas companheiras devotadas. Com a mãe delas, nadamos nos lagos próximos e colhemos avelãs dos arbustos que ladeavam os caminhos. Nas florestas que cercavam a pequena cidade, enchemos latas com mirtilos e voltamos para casa com os dentes e a língua azuis. Fomos à feira rural e ganhamos prêmios: anjos de gesso com asas pintadas de dourado. Colhemos cerejas no jardim do proprietário, o que ele tolerou em silêncio. Ouvimos boquiabertas as histórias da sra. Weinreb sobre suas aventuras na escola de enfermagem. Ela e suas colegas enfermeiras espiavam as atividades dos jovens médicos de uma janela em frente. Alguns dos relatos devem ter sido bastante exagerados, mas isso só os tornava mais fascinantes. Na maior parte do tempo, eu me esquecia da minha casa, dos meus pais e meus avós, da guerra e do perigo.

No primeiro dia do novo ano letivo, em 1º de setembro de 1939, estourou a Segunda Guerra Mundial. Em Praga, os alemães exigiram o apartamento dos meus pais; e eles precisaram sair às pressas. Embora tenham encontrado outro apartamento, ficava em Smíchov, longe demais dos meus avós. Meus pais decidiram que eles morariam conosco. Disso tudo eu soube apenas pelas cartas que eles me escreveram.

Dita Polach (centro) com as irmãs Weinreb em Žd'ár, 1939.

Meus pais fizeram um acordo com os Weinreb para que eles me mantivessem em Žd'ár por um tempo, mediante pagamento, eu imagino. A primeira fase de minha vida adiada começava. Em vez de continuar a escola com meus antigos colegas em Praga, fui temporariamente removida do meu mundo habitual e colocada em suspensão até que as coisas melhorassem.

Comecei a frequentar o quinto ano na escola local. Eu gostava de lá. As meninas na minha sala eram legais e algumas se tornaram boas amigas. Na verdade, eu me tornei o modelo delas — eu era a menina da capital, Praga. Se eu colocasse um laço no cabelo ou puxasse um cacho para o meio da testa, elas me copiavam, acreditando que devia ser a última tendência na cidade grande. A professora era gentil, e me senti aceita e bem tratada. Elas nunca me fizeram sentir diferente por ser judia.

Uma vez por semana havia educação religiosa. O padre, chamado de *katecheta*, ensinava o Novo Testamento e falava sobre Jesus Cristo. Eu era liberada, é claro, mas podia ficar na sala. E então me sentava no fundo e desenhava no meu caderno. Mas, cada vez que erguia os olhos, via o padre me olhando, como se falasse por cima da cabeça das outras crianças diretamente comigo. Acredito que ele quisesse me converter, me tornar cristã.

Nós tínhamos um professor de desenho, o sr. Večeřa. Eu gostava dele. Em uma ocasião ele ficou ao meu lado, me dando conselhos sobre meu desenho e acariciou meu cabelo. Foi muito agradável. Mas, em casa, eu disse a sra. Weinreb que o professor havia puxado meu cabelo. Ela foi até a diretoria reclamar. Não me lembro qual foi o resultado. Mas, quando eu mesma me tornei professora, testemunhei outros casos assim, quando meninas fazem acusações falsas contra homens adultos completamente inocentes.

Eu me lembro do ano em Žd'ár como um tempo tranquilo e adorável. Mas de alguma forma eu não poderia ter estado completamente feliz.

Certa noite, acordei com um barulho estranho. Ouvi uma batida no telhado sobre a minha cabeça, como se algum objeto pesado tivesse caído do céu. "Um avião", concluí.

Saltei para fora da minha cama na cozinha e me arrastei até o quarto do sr. e da sra. Weinreb, passando pelo quarto onde as duas meninas dormiam tranquilamente. Sem fôlego, sussurrei: "Um avião caiu na nossa casa".

"Não é nada", disse a sra. Weinreb sem se preocupar. "Talvez o sr. Marek lá embaixo tenha batido a porta ao sair para trabalhar."

No entanto, não acreditei nela. Meu coração estava batendo na garganta; eu estava com medo de voltar para a cama. E fiquei ali, mas nenhuma ajuda me foi oferecida. Percebi que o assunto estava encerrado para ela, que queria voltar a dormir. Eu me senti envergonhada, humilhada. As costas do sr. Weinreb estavam viradas para mim; ele dormia profundamente. Agarrando meu cobertor e esperando que o teto desabasse sobre a minha cabeça, fiquei acordada até de manhã.

Pouco depois desse incidente, minha mãe veio fazer uma visita. Para ela eu confessei que sentia dores de estômago; às vezes elas viravam cólicas bem fortes. Junto com a sra. Weinreb, que era uma enfermeira experiente, elas decidiram que eu deveria seguir uma dieta leve e, depois de um tempo, melhorei. Foi reconfortante ter minha mãe comigo, mas ela só ficou alguns dias. Ela voltou para Praga, e eu fui deixada em Žd'ár.

Meus problemas de estômago voltaram algumas vezes, mas eu gostava de estar em Žd'ár. Eu me acostumei com as dores e as aceitei como uma parte inevitável da minha vida. Lá, eu tinha muitos amigos e, como de hábito, estava apaixonada por um dos garotos locais, Pepík Pelikán. Não importava que ele basicamente me ignorasse. Eu escrevia bilhetinhos para ele, que eu enfiava em uma rachadura num muro perto da nossa casa. Às vezes eu encontrava uma resposta lá e isso me deixava feliz. Hanna e Eva sabiam da minha paixão e sempre relatavam quando o encontravam, me contavam o que ele estava vestindo ou se estava chutando sua bola de futebol. No entanto, elas tinham um segredo, que só me revelaram anos mais tarde, quando fui fazer uma visita depois da guerra.

"Você sabe", contaram elas, rindo, "quem escrevia os bilhetinhos que você encontrava na fresta do muro? Não era Pepík Pelikán, mas Zdeněk Šiler."

Zdeněk era o irmão mais velho de uma garota da nossa rua, com quem costumávamos brincar. Ele gostava de mim em segredo. A irmã dele era uma moleca, extremamente ousada e destemida. Havia uma casa semiconstruída na nossa rua; dizia-se que os proprietários tinham ficado sem dinheiro. Era nosso lugar favorito para brincar de esconde-esconde. Corríamos para o andar de cima sobre tábuas de madeira, já que não havia escada.

Um dia, a menina pisou em um prego espetado em uma tábua, que atravessou completamente o pé dela, até o outro lado. Ela ficou literalmente pregada na tábua. Nós ficamos horrorizadas e queríamos chamar a mãe dela. Mas Zdeněk soltou o pé da garota e ordenou que não contasse nada em casa. Ele sabia que a rígida mãe deles os puniria por estarem brincando onde era proibido. Ele lavou o pé ensanguentado da irmã com a mangueira e ela não derramou sequer uma lágrima.

No inverno, meu pai também veio me visitar. Ele amava a natureza e me levava para longas caminhadas. Uma vez, em um dia de muita neve, ele e eu ficamos na janela. Na rua lá embaixo eu vi Pepík andando e disse ao meu pai que eu era louca por aquele menino. Ele o inspecionou enquanto passava e então disse: "Sujeito forte". E ele era de fato — Pepík tinha ombros largos e um peitoral grande já na avançada idade de dez ou onze anos —, mas senti que meu pai, embora tentasse, não me entendia realmente.

Certo dia em Žd'ár tive uma experiência maravilhosa, que nunca esqueci. No caminho para a escola, eu havia parado perto de um canteiro de flores. O sol brilhava, não havia ninguém em volta, e eu estava sozinha com toda aquela maravilhosa glória. De repente, fui tomada por um sentimento de que o mundo era absolutamente perfeito; era pura felicidade. Eu estava cercada de uma beleza que enchia todo meu ser de alegria. Foi um momento de graça, de felicidade indescritível.

Mais tarde, houve um segundo momento assim, quando eu estava de volta a Praga. Mas dessa vez não foi tão profundo. Eu estava parada perto da janela da nossa sala de estar. Era inverno, a rua lá fora estava coberta de neve fresca e intocada, a sala encontrava-se agradavelmente quente e exalava o cheiro da madeira que queimava no fogo. O vidro na janela tinha sido semicoberto por uma linda padronagem de estrelas formada pela geada e não se ouvia um único som; tudo à minha volta era silêncio. E me senti feliz, apenas feliz.

Esses dois momentos duraram apenas alguns segundos, mas tiveram uma qualidade especial. Foram como gotas separadas da corrente da vida, fixadas permanentemente e atemporais, inesquecíveis.

* * *

Žd'ár era uma cidade mercantil muito pequena, cercada por fazendas e vilas espalhadas pelo platô montanhoso chamado Českomoravská Vysočina. No centro da cidade ficava uma grande praça, com a igreja na ponta mais baixa e no meio uma fonte com figuras de pedra, enegrecidas pelo tempo, rememorando a Grande Praga do século XVII. Três lados da praça eram compostos por antigos casarões térreos pertencentes a famílias abastadas. Mas, se você passasse pelas entradas largas das casas, subitamente adentrava no jardim cheio de gansos e galinhas, um porco em um cercado e, mais além, campos e prados que se estendiam ao longe.

Fiquei amiga de vários dos meus colegas e brincava com eles à tarde. Uma era Věra Šlerková, cuja mãe viúva tinha uma loja perto da praça, onde vendia utensílios domésticos e ferramentas agrícolas. Věra e eu gostávamos de subir até o sótão do apartamento dela e observar as pessoas lá embaixo. A mãe dela tinha cabras em um cercadinho no jardim e com frequência mandava Věra ao pasto para cortar capim fresca para elas. O caminho passava pelos trilhos do trem e pelos campos. Quando Věra terminava de cortar o capim com a foice, nós nos deitávamos em meio às margaridas e papoulas e observávamos as nuvens flutuarem no céu. Às vezes, o trem passava e acenávamos para os passageiros nas janelas. Então eu a ajudava a prender a cesta nas costas e voltávamos para casa.

Outra amiga vivia bem longe da cidade. Alunos assim eram chamados de *přespolní*, o que significava que eles moravam além dos campos. Ela era tão pobre que não tinha sapatos e ia descalça para a escola, sempre usando o mesmo vestido largo. Uma vez ela me convidou para ir à casa dela. Era uma longa caminhada, talvez três quartos de hora. A pequena casa ficava isolada e consistia em apenas um cômodo. Não havia ninguém em casa. A menina estava muito animada com a minha visita e queria me fazer sentir como uma convidada de honra. Em uma prateleira acima da mesa nua havia um pedaço de pão embrulhado em tecido branco. Ela cortou uma grande fatia e a serviu para mim em um prato. Eles não tinham manteiga nem geleia, só o pão. Pela primeira vez entendi o sentido da palavra pobreza. Eu me senti culpada e quis me desculpar. Em Žd'ár eu também vi uma fazenda rica. Certo dia nossa classe foi com a professora de botânica colher ervas ao longo dos caminhos nos campos. Ela nos mostrou como colher camomila, tomilho selvagem, lavanda e outras plantas, que desidratamos na aula e depois aprendemos sobre suas propriedades medicinais. Quando já estávamos bem longe da cidade, vimos nuvens negras se erguendo no horizonte. Em um campo ali perto, várias pessoas corriam para colocar os fardos de feno seco nas carroças. Gritamos para eles a benção local: "Que Deus te ajude", e eles responderam "Que o Senhor conceda". As nuvens se aproximavam rapidamente, e nós vimos que eles não terminariam antes que a chuva começasse e perderiam a comida de seus animais para o ano seguinte. Toda a classe de quarenta e duas meninas, mais a professora, se juntou aos trabalhadores, e tínhamos acabado de entrar na grande fazenda quando as primeiras gotas gordas começaram a cair. Havia um prédio principal com uma cozinha espaçosa embaixo e diversos quartos no andar de cima, acompanhado de um celeiro e um estábulo com vários depósitos. A grata esposa do fazendeiro nos convidou a sentar à grande mesa da cozinha, serviu para cada uma de nós uma caneca com leitelho gelado e serviu pratos cheios de *koláče*, os bolinhos chatos assados e recheados com sementes de papoula e uvas-passas. Do lado de fora, a tempestade rugia com raios, e a cada estrondo de trovão as meninas abaixavam a cabeça e faziam o sinal da cruz. Mas logo passou, e nós fomos embora. Todo o episódio provavelmente não foi significativo para as crianças locais, mas em mim deixou uma memória indelével.

Um ano mais tarde, a guerra ainda não tinha acabado e a situação se deteriorava. Eu precisava voltar a Praga, para o bairro desconhecido e ruas pouco familiares de Smíchov, para o apartamento estranho e muito mais antigo para o qual meus pais tinham se mudado na minha ausência. Agora tínhamos um apartamento grande, com teto alto de estuque. Dois quartos eram ocupados pelos meus avós e dois eram nossos. O prédio não tinha aquecimento central e precisávamos usar os aquecedores de alvenaria em cada quarto, enchê-los de carvão e raspar as cinzas toda manhã. O carvão era guardado no porão e o pegávamos com baldes, subindo com ele no elevador. Meus avós ainda mantinham uma criada, Bláža, que fazia as tarefas pesadas. Desde o acidente de vovô, alguns anos antes, ele nunca ficava sozinho. Contudo, logo os alemães proibiram que gentios trabalhassem para judeus, e Bláža precisou ir embora.

* * *

Eu sentia uma falta terrível de Žd'ár. Sentia tanta saudade que diversas vezes sonhei que estava lá e era tomada por uma onda de felicidade. Então eu acordava e via que estava na minha cama, no cômodo ao lado do quarto dos meus pais, encarando o padrão floral no estuque do teto acima de mim. A decepção me fazia chorar. Várias vezes o sonho voltou, cada vez um pouco diferente, e cada vez o despertar fortalecia a dor. Então, uma noite, sonhei de novo e ao acordar, era verdade; eu estava em Žd'ár! Fiquei tão, mas tão feliz; finalmente não era apenas um sonho, eu realmente estava em Žd'ár. Mas então abri os olhos e entendi que o primeiro despertar tinha sido apenas parte do primeiro sonho, que veio em resposta ao meu fervoroso desejo de não acordar para mais uma decepção. Eu não veria Žd'ár novamente até o fim da guerra.

8

AMADURECENDO

EU TINHA ONZE ANOS e comecei a sentir mudanças corporais. Gerta estava desenvolvendo pequenas colinas na frente de seu corpo, e eu observava meu peito em busca de sinais parecidos. Achei que havia duas saliências, mas Gerta as classificou como invisíveis. Na época, nos víamos menos porque Smíchov era bem longe da casa dela. Antes, nos encontrávamos quase todas as tardes, já que ela morava na esquina. Agora, eu levava uma hora de bonde, porque eles também tinham se mudado para outro subúrbio chamado Břevnov. Nessa época, judeus ainda podiam usar o transporte público.

Nossas brincadeiras também mudaram. Não fingíamos mais que estávamos dançando no gelo ou que éramos bailarinas no palco. Gerta agora adorava vestir as meias de seda e os saltos altos da mãe, passar pó no rosto e pintar os lábios de vermelho, e falava bastante sobre garotos. Segundo ela, muitos meninos mais velhos andavam atrás dela e queriam namorá-la. Quando me acompanhava até a parada do bonde, ela apontava um ou outro, andando de bicicleta e olhando na sua direção. Mas eu não tinha certeza se algumas de suas afirmações não eram apenas fantasias; ainda assim, eu sempre ficava com um pouco de inveja.

Eu mesma fico incrédula quando me lembro do quão ignorante eu era. Eu sabia que mulheres davam à luz a bebês, mas não tinha ideia de como elas ficavam grávidas. Anos antes, minha mãe tinha me dito que se um homem e uma mulher se amassem muito eles teriam um filho se quisessem. Até então, eu tinha estado satisfeita com esse conhecimento bastante vago.

Certa manhã de domingo, quando meus pais ainda estavam na cama lendo os jornais, entrei no quarto deles e disparei: "Mamãe, como uma mulher fica grávida e de onde exatamente sai o bebê?".

Minha mãe olhou para o meu pai, e então me disse: "Volte para a cama, e eu vou te explicar".

"Mas por que você não pode me dizer aqui?"

"Vai levar um tempo e é melhor nós mulheres falarmos disso sozinhas."

E assim aprendi como o órgão de um homem fica ereto e entra na vagina de uma mulher para deixar lá dentro uma semente, que se combina com um minúsculo óvulo no útero. O óvulo começa a crescer dentro do útero da mãe por nove meses e então o bebê está pronto para nascer. Pareceu bem nojento que o apêndice com que os homens urinavam entrasse em um contato tão íntimo com essa parte mais particular da mulher. Não me lembro se minha mãe mencionou algum elemento de prazer nesse ato. Pelo menos por um bom tempo eu acreditei que fazer bebês era uma coisa única, só para deixar a mulher grávida. Nunca me ocorreu que eu deveria ter surgido da mesma forma. Fiquei deitada na cama por um bom tempo, pensando nessa informação recém-adquirida. Eu tinha uma noção de que, em algum lugar no fundo de mim, eu sempre soube disso.

Naquela tarde, Gerta foi me ver. Eu estava animada e ansiosa para compartilhar meu novo conhecimento. O tempo todo uma frase ficava se repetindo na minha cabeça: "Eu sei o segredo do mundo. Eu sei o segredo do mundo".

Eu contei a Gerta tudo que minha mãe havia dito. Eu tinha certeza de que ela ficaria surpresa e chocada, mas ela permaneceu impassível e disse: "Você não sabia disso até agora? Eu sabia há séculos".

9

LUDVÍK E MANYA

NÃO MORAMOS EM SMÍCHOV por muito tempo, só um ano, ou talvez um ano e meio. Durante esse tempo, um tio e uma tia antes desconhecidos entraram em cena. O tio Ludvík, primo do meu pai, era professor de ensino médio, e a tia Manya era professora especializada em crianças com problemas de audição. Amei os dois instantaneamente. O tio Ludvík usava óculos grossos e tinha um nariz que parecia uma batata pequena. Ele era definitivamente feio, mas tinha uma personalidade adorável, estava sempre de bom humor, fazendo piadas inteligentes, cheio de gentileza. Tenho certeza de que ele era amado pelos alunos. Manya, que não era judia, era uma mulher loira muito bonita. Era tímida e falava pouco. Ela costumava se sentar e observar Ludvík em silêncio quando estávamos reunidos em volta da mesa de jantar, com uma expressão afetuosa nos olhos. Os dois deveriam ter trinta e poucos anos na época.

O motivo para eu não os ter conhecido antes é que eles viviam em uma área remota na fronteira oriental da Tchecoslováquia, em uma cidade chamada Užhorod. Eles precisaram fugir de lá quando a área foi cedida para a Hungria no começo da guerra e por fim se instalaram em Praga. Ludvík e Manya eram comunistas, e aconteciam discussões acaloradas entre eles e meus pais e avós, que eram social-democratas. Eu queria entender sobre o que eram as discussões, já que todos queriam uma sociedade mais igualitária e mais justiça para a classe operária. Meu pai me explicou que os comunistas queriam uma revolução imediatamente, enquanto os sociais-democratas queriam conquistar a mesma coisa, mas de forma gradual. Para mim o plano socialista parecia mais humano, mas no geral eu não gostava de política.

Eu me lembro do dia em que um perturbado tio Ludvík anunciou que ele e Manya tinham decidido se divorciar. Segundo ele, os dois eram membros do partido, e isso em si já era perigoso: os alemães haviam proibido o Partido Comunista e prendido vários de seus membros conhecidos. O fato de ele ser judeu o tornava duplamente vulnerável, e Manya correria menos perigo sem um marido judeu. Que decisão importante foi essa!

Ludvík foi morar conosco. Havia um pequeno quarto de empregada ao lado da cozinha, antes ocupado pela criada dos meus avós. Então tio Ludvík se tornou um membro da nossa família, e tia Manya uma visita frequente. Ela dava um beijo tímido na bochecha dele sempre que chegava e eles se sentavam juntos de mãos dadas.

A precaução deles não funcionou. Alguém denunciou Manya aos alemães, e ela foi presa. Ludvík ficou devastado. Ele já não fazia piadas, se tornou reservado e quase nunca falava. Manya foi detida na famosa prisão chamada Čtyřka (Número Quatro), mas ela conseguia mandar mensagens para Ludvík. Eles a mantiveram lá por alguns meses, tentando sem sucesso fazê-la confessar e denunciar seus camaradas. No fim, foi solta. Ela imediatamente se mudou de seu antigo endereço, onde suspeitava que os vizinhos fossem informantes. Manya alugou um apartamento em Podoli, no outro extremo da cidade. Eu adorava ir visitá-la; ela tinha um quarto e uma aconchegante cozinha, que era mobiliada como uma sala de estar.

Tia Manya tinha muitos livros; muitos sobre a vida de operários ou mineradores, outros sobre viagens para países estrangeiros e ainda livros de poesia. Ela os emprestava para mim de bom grado e depois conversávamos sobre eles.

Um tempo depois Manya começou a adiar minhas visitas. Ela dava desculpas e chegou a me proibir de ir ao seu apartamento. Eu tentei repetidas vezes, e em cada uma ela tinha um novo motivo para me rejeitar. Eu não entendia; na nossa casa ela era gentil como sempre, mas definitivamente não me queria na dela. Certo dia, fui até lá e toquei a campainha. Quando me viu, ela ficou muito desconfortável, mas me deixou entrar. Havia outra visita, um homem, sentado no sofá, usando pantufas. Eu podia ver que estava sendo inconveniente e não fiquei muito tempo. Não falei sobre isso e também não me incomodou. Eu era tão absolutamente certa do afeto dela por Ludvík que não tive nem um pingo de suspeita.

Anos depois descobri que por muitas semanas Manya havia escondido um proeminente líder comunista, um dos irmãos Synek, que era o homem mais procurado pelos alemães, e por seu ato de coragem ela recebeu grandes honras depois da guerra. Por acaso, o homem mais tarde foi pego em outro esconderijo e executado.

Perto do inverno de 1941, os alemães começaram a colocar os judeus em transportes "para o Leste". Cinco desses transportes, cada um com mil pessoas, foram despachados para o gueto de Łódź.

Meu tio Ludvík esteve entre os primeiros a ser deportado. Por um tempo lhe enviamos pacotes de comida e cartões-postais. Mas um dia, meses depois, nosso cartão-postal voltou com as seguintes palavras impressas: "Destinatário falecido".

Se Ludvík e Manya não tivessem se divorciado, ele teria sobrevivido, porque cônjuges judeus de gentios foram deportados só muito mais tarde, apenas algumas semanas antes do fim da guerra, e todos sobreviveram.

Meu amado tio Ludvík foi a primeira das minhas dolorosas perdas.

10

MEDO

UM SINAL DE QUE EU estava amadurecendo foi minha percepção de que nem todos os adultos eram oniscientes, sábios e infalíveis. Comecei a ser crítica: uma pessoa falava demais, a outra era pão-dura, a outra gananciosa e, pior de tudo, algumas eram estúpidas. Mas o mais chocante foi quando percebi que meu próprio pai não era todo-poderoso e que ele era incapaz de me proteger quando eu precisava dele.

Muitos anos antes, quando tinha talvez cinco ou seis anos, eu já havia tido uma primeira intuição desconcertante. Em um fim de tarde, papai e eu estávamos voltando do parque Letná. Devia ser outono, escurecia cedo, e eu usava meias longas e um casaco. Enquanto conversávamos, subitamente senti algo molhado e quente na parte de trás das minhas pernas. Dei um pulo e nós dois nos viramos. Dois meninos, um pouco maiores do que eu, estavam andando atrás de nós e fazendo xixi em mim. Eles riram alto e saíram correndo. Papai ficou parado ali, indeciso e incapaz, enquanto eu chorava de frustração e vergonha. Ele não correu atrás dos meninos, não os alcançou nem os puniu; sequer gritou com eles. Ele só os deixou escapar, e eu fiquei envergonhada e humilhada. Isso foi muito antes da ocupação nazista.

Em outra ocasião, quando eu tinha uns onze anos e já vivíamos em Smíchov, eu e papai estávamos voltando para casa de algum lugar. Quando atravessamos uma rua, fui atingida por uma bicicleta. Papai me ajudou a levantar, meu joelho estava roxo e sangrando e a meia tinha um grande furo. As pessoas se reuniram à nossa volta, o ciclista parou e começou a pedir desculpas, mas papai me pegou pela mão e me puxou para longe da confusão a passos largos. Ele nem acusou o homem ou demonstrou raiva; só queria escapar da multidão. Talvez ele tenha percebido que não era inteligente para um judeu se tornar o centro das atenções. Talvez a polícia fosse chamada, nos envolvendo em interrogatórios e protocolos. Melhor sumir. Meu joelho dolorido era menos importante.

No começo da ocupação não senti tanto a perseguição aos judeus. Sim, nós tínhamos sido expulsos do apartamento na Casa Elétrica e papai havia perdido o emprego. A comida estava desaparecendo das lojas e recebemos cartões de racionamento. Era preciso ficar em filas no açougue e na peixaria, mas a falta de comida era compartilhada com os não judeus.

Porém, logo começaram todos os tipos de restrições antissemitas. A cada poucas semanas uma nova regulamentação era implementada. Aos poucos tivemos entregar nossos rádios e joias aos alemães. Lembro-me de mamãe dizendo que essa era uma coisa com a qual ela não se importava: ela não tinha ouro ou diamantes.

Então veio a ordem de que judeus deveriam entregar bicicletas, equipamentos esportivos, instrumentos musicais, câmeras, animais de estimação e casacos de pele. Não podíamos entrar em teatros, cinemas, cafés, restaurantes, parques, concertos, eventos esportivos ou qualquer tipo de entretenimento. Judeus não podiam ser tratados por médicos gentios nem sair dos limites da cidade. Nossas carteiras de identidade foram carimbadas com um J, e um toque de recolher foi imposto a partir das oito da noite.

Porém, o golpe mais duro para mim foi quando as crianças judias foram proibidas de ir à escola.

No dia 1º de setembro de 1940, o ano letivo começou como sempre. Começou para todos os alunos e estudantes da Tchecoslováquia, mas não para mim nem para as outras crianças judias.

Eu estava ansiosa para começar o ginásio, pois tinha terminado o quinto ano do ensino fundamental em Žd'ár. Os professores então chamavam os alunos pelo mais respeitoso *vy*, em vez do familiar *ty*, e as classes tinham nomes latinos: Prima, Secunda, Tertia. No fim da Octava, os alunos recebiam um diploma e podiam ir para a universidade. Mas por ordem dos governantes nazistas da Tchecoslováquia, agora chamada de *Protektorat Böhmen und Mähren*, os judeus foram proibidos de frequentar as escolas.

Nesse dia, fiquei na janela do nosso apartamento de Smíchov e olhei com inveja para as crianças com suas mochilas indo para a aula. Como todo estudante, eu tinha ficado feliz quando as férias de verão começaram. Mas agora as férias não haviam acabado, tinham se tornado permanentes. Eu não estava nada feliz. Eu me sentia perdida, excluída; o que eu faria o dia inteiro?

Meus pais também se preocuparam, é claro. Uma criança precisa continuar sua educação; não pode ficar em casa, talvez ajudando com tarefas domésticas,* mas permanecendo ignorante. Eles pediram ajuda aos meus amados tios Ludvík e Manya. Tio Ludvík me ensinou gramática tcheca, eu acho, e tia Manya, matemática e biologia, enquanto meu pai me dava aulas de geografia e história. Manya conseguiu livros didáticos do meu ano na escola dela, e eu tive aulas de verdade, incluindo tarefas que eu deveria realizar sozinha, como se fosse um dever de casa. Também tinha aulas de inglês com uma tal de srta. Pollak, que morava do outro lado da rua e adorava verbos irregulares. Eu precisava recitar *"do-did-done, go-went-gone, have-had-had, sing-sang-sung"*. Era uma casa com três solteironas, ríspidas, modestas e sem senso de humor: as duas senhoritas Pollak e a mãe delas. Eu odiava ir lá, mas de fato aprendi inglês.

Eu havia começado a aprender inglês antes, quando tinha dez anos. Meus pais queriam me mandar para a Inglaterra com um grupo de crianças judias. Eles compraram livros didáticos para iniciantes e começaram a me ensinar. Somente décadas mais tarde o mundo ficou sabendo do sr. Winton e seu projeto heroico para salvar crianças judias das garras assassinas de Hitler.

---

* De vez em quando eu ficava na fila da mercearia no lugar da mamãe. Havia um bar no nosso prédio, e, como os judeus não podiam sair de casa depois das oito, eu passava pelo porão para pegar uma cerveja para o jantar do vovô.

Por que no fim não fui mandada com eles, nunca soube, mas acho que foi porque mamãe não conseguia se separar de mim.

Contudo, o arranjo com meus professores particulares logo se desfez. Depois da prisão de Manya, tio Ludvík ficou tão perturbado e preocupado que não conseguiu mais me ensinar.

Outra solução precisava ser encontrada. Meus pais tinham ouvido que algumas famílias contratavam professores judeus desempregados, que organizavam círculos de estudos para muitas crianças em residências. Depois de um tempo, comecei a frequentar um desses círculos, junto com minha melhor amiga Raja e minha antiga colega de escola Annemarie Brösslerová e mais algumas crianças.

Era um empreendimento perigoso. Nós precisávamos tomar cuidado para não despertar a suspeita dos vizinhos, que poderiam delatar o ensino clandestino de crianças judias para as autoridades nazistas. Naquele tempo muitas famílias já tinham sido expulsas de seus apartamentos, que foram expropriados pelos alemães. Nós também tivemos que nos mudar de novo. Um oficial alemão nos ordenou a esvaziar o apartamento de Smíchov porque ele o queria para si. Os judeus já não podiam viver em qualquer parte da cidade. Eles eram limitados a Staré Město e Josefov que, em séculos passados, haviam sido locais do gueto judaico. Logo não havia mais apartamentos vagos, e as pessoas foram obrigadas a se juntar, um cômodo por família. A maior parte dos apartamentos tinha três ou quatro quartos, com uma cozinha, um banheiro e um lavabo. Agora um apartamento desses abrigava três ou quatro famílias, que precisavam se revezar com as instalações. Esse era um grande problema e causava muita irritação e disputas entre os inquilinos. Para nosso círculo de estudos, usávamos a casa de cada aluno em um revezamento preestabelecido.

Raja Engländer, 1941.

As quatro, cinco ou seis crianças chegavam uma por uma, com alguns minutos de diferença porque a reunião de mais de três pessoas era proibida. Elas precisavam ser o mais discretas possível, tomando cuidado para não fazer muito barulho nas escadas. Quando o professor chegava, nos sentávamos em volta da mesa na sala apertada e as aulas começavam. Claro que não havia lousa, mas isso não importava, nós aprendemos felizes e bem-dispostos. Nós nos divertíamos bastante e ríamos muito.

Tínhamos outro professor, que apelidamos de Jinovatka (geada) porque ele parecia muito frio e distante. Mas as demais matérias eram ensinadas pela dra. Lichtigová, uma pediatra de formação. Ela era pequena, mais baixa que os alunos, e tinha uma corcunda proeminente . Mas ela era tão gentil e afetuosa que todos nós a amávamos. Às vezes éramos convidados a ter aulas no apartamento dela, onde morava com a mãe. Estranhamente, eu não tenho ideia de como os pais pagavam os professores. Isso devia ser feito de forma delicada e discreta, pelas nossas costas.

Morar tão próximo de outras famílias era um grande problema. Todo mundo precisava compartilhar o único banheiro, o lavabo e a cozinha o que resultava em conflitos entre os inquilinos, que raramente chegavam a um consenso. Raja e os pais dela, por exemplo, moravam em um apartamento grande da rua Pařížská, com mais três famílias. Na porta de entrada havia o nome deles e o código da campainha: Kaufmann, dois toques curtos; Platschek, um longo e um curto; Lustig, um curto e dois longos; Engländer, três longos. Meus avós conseguiram um quarto perto de nós, na rua Kostečná. Eles o compartilhavam com mais dois casais idosos.

Meus pais tiveram mais sorte. Minha jovem professora de piano, Helena Hőlzlová, com quem eu tinha acabado de começar a ter aulas, sabia de um apartamento de dois quartos disponível na rua Waldhauserova e sugeriu que o dividíssemos. E assim fomos morar com Helena, seu encantador marido Arnošt e a mãe dela, a sra. Steiner.

Claro que não podíamos colocar toda a mobília em um único quarto. Só conseguimos enfiar a cama de casal, meu sofá, dois guarda-roupas, uma mesa e cadeiras. As outras peças foram doadas, exceto pelo aparador da sala de jantar, o sofá verde e a estante e a escrivaninha do meu pai. Uma conhecida da tia Lori se dispôs a guardá-los para nós até depois da guerra.

Preciso fazer uma pausa aqui para contar de um evento relacionado ao aparador. Ele era feito de carvalho marrom com um relógio em cima e muitas gavetas e compartimentos. Na parte de baixo, mamãe guardava as taças de cristal e o conjunto de porcelana (que eu ganharia quando me casasse); no centro ela mantinha os biscoitos que sempre assava, para ter algo pronto em caso de visitas inesperadas. Ela fazia dois tipos que duravam por meses sem ficarem velhos. Os dois eram chamados de "beijinhos": um era branco e crocante; o outro marrom, com chocolate e amêndoas.

Quando a guerra acabou e eu voltei dos campos de concentração, a amiga de Lori manteve sua promessa e devolveu os móveis. O antigo e familiar aparador me trouxe lembranças do tempo em que ainda estávamos todos juntos, mamãe, papai e eu. Quando abri a porta do compartimento do meio, ele estava vazio. Não havia mais nenhum "beijinho". Mas o cheiro doce deles havia permanecido lá dentro e flutuou até mim, como um aceno de tempos melhores.

Desde 1941 papai tinha um emprego de novo. Ele trabalhava no escritório da Comunidade Judaica, a chamada kille, de *kehila* (comunidade em hebraico). Ficava na rua Josefovská, perto de onde morávamos; hoje essa rua se chama Široká. Eu ia bastante à kille, principalmente porque meu outro tio trabalhava lá também. Seu nome era Julius Tutsch, um primo distante da minha mãe. Ele era fotógrafo e por anos fez nossas fotos de família. Eu tinha dois motivos para visitá-lo: eu sempre queria posar para mais fotos, mas, acima de tudo, queria ver o assistente do tio Julius, o belo Honza. Ele não estava interessado em mim, mas estava disposto a fazer um pacto comigo: fingir ser meu irmão. Eu sempre desejara um irmão e implorei à mamãe que ela tivesse um menino, se não um irmão mais velho como o de Annemarie, ao menos um mais novo. Mas ela disse que em tempos tão ruins seria irresponsabilidade ter um bebê. É claro que eu não podia dizer que tinha um irmão mais velho para as pessoas que me conheciam, mas, quando fazia novos amigos, eu me gabava de ter um irmão que trabalhava no departamento de fotografia da kille.

Certo dia, uma nova restrição foi imposta aos judeus. Nós precisávamos usar uma estrela amarela com a palavra "Jude" na parte de fora das nossas roupas. Ela tinha que ser costurada com firmeza, não apenas nas seis pontas, mas em toda a volta. No primeiro dia com a Magen David nos casacos, eu e Raja estávamos indo de bonde até um dos nossos professores — em pé na plataforma de trás, o único lugar permitido aos judeus. Estávamos com medo da reação das pessoas e tentamos ser o mais discretas possível. Mas um homem alto de casaco comprido olhou para nós e então disse algo, para que todo mundo pudesse ouvir: "Temos aqui duas princesas com estrelas douradas". Nós sorrimos, assim como todos os outros passageiros. Senti um grande alívio.

Dita Polach (esquerda) e Raja Engländer em Hagibor, 1941.

Um dos primos do meu pai era tio Leo. Eu admirava sua esposa, Verica, que eu considerava a mulher mais bonita que conhecia. Como tio Ludvík, tio Leo também apareceu em Praga em 1938 quando o casal fugiu de Berlim. Ele era um homem encantador, bonito como um astro de cinema. Quando ele e Verica andavam pela rua, as pessoas paravam para olhar de tão glamorosos que eram. Ela sempre estava impecavelmente vestida e maquiada, seus cabelos negros brilhantes escorriam até os ombros. Ela usava saltos muito altos para não parecer baixa demais ao lado de Leo. Como Verica não era judia, Leo foi poupado dos transportes até perto do fim da guerra. Mas não encontrou trabalho em Praga. Em Berlim era bancário, contudo, não falava uma palavra em tcheco, então aceitou o único emprego que lhe ofereceram e se tornou carregador. Trabalhava em uma empresa de mudanças, vestia roupas sujas e carregava móveis pesados, tudo com um sorriso no rosto e bom humor, o que o tornou enormemente popular entre seus colegas tchecos não judeus. Ele foi deportado para Theresienstadt apenas na primavera de 1945 e voltou para Praga depois da guerra, são e salvo. Ele também era muito gentil com minha avó; em questão de dias ele foi buscá-la no gueto e a abrigou.

Eu queria continuar aprendendo a tocar piano depois que fomos expulsos do apartamento da Smíchov. O problema era que agora eu não tinha um piano. Os pais de Gerta gentilmente se ofereceram para guardar o nosso quando nos mudamos para o quarto. A tia Verica, mesmo sem grande entusiasmo, concordou em me deixar praticar no piano dela, todos os dias por meia hora no almoço. Helena e eu também podíamos ter uma aula lá por semana. Então progredi por um tempo e fui elogiada, talvez excessivamente, pelo meu talento musical.

Durante todo esse tempo, os judeus seguiam sendo deportados, não mais para o gueto de Łódź, mas para Theresienstadt. Os transportes causavam rebuliços constantes nas nossas vidas. Amigos eram mandados embora; a cada poucas semanas havia uma despedida chorosa. Meu círculo de estudos se desintegrou, e mais uma vez eu não tinha o que fazer.

Embora os judeus fossem proibidos de frequentar as escolas públicas, uma escola judaica pôde continuar funcionando em Praga. Apesar de encher as salas ao máximo e dar aulas em dois turnos, manhã e tarde, e mesmo depois de acrescentar mais salas de aula em outro prédio, a escola não conseguia absorver todas as crianças judias. Mas, quando os transportes começaram em 1941 e a população judaica diminuiu, vagas tornaram a ficar disponíveis e alunos foram aceitos segundo uma lista de espera.

Enquanto isso, encontraram uma bem-vinda ocupação para mim. Eu me tornaria a assistente do assistente da dentista, dra. Wantochová. A clínica dela ficava em um prédio ao lado da sinagoga Espanhola, na rua Dušní (hoje o Museu Judaico). Eu ganhei um jaleco branco e, entre os meus deveres, estava chamar o próximo paciente da sala de espera. No cartão do paciente havia uma foto dos dentes inferiores e superiores, e eu marcava com um lápis colorido o dente que deveria ser tratado e escrevia a data da próxima consulta. Depois de algumas semanas fui promovida e me permitiram preparar o amálgama para as obturações. Era uma mistura de mercúrio e uns grãos de metal prateados, que precisavam ser esmagados vigorosamente com um pilão em um pequeno recipiente de vidro, até que se tornassem uma pasta lisa. Eu passava pequenos pedaços disso, colocados em um instrumento com ponta de algodão parecido com uma pirâmide em miniatura, para o assistente, que os entregava ao dentista. Eu gostava do trabalho e me sentia útil e importante, embora o assistente fosse uma pessoa mal-humorada e mandona.

Todo mundo tinha medo de ignorar as restrições impostas a nós, judeus. Ouvimos falar de pessoas sendo paradas na rua pelos ocupantes alemães, e, quando suas carteiras de identidade mostravam o grande J e elas não estavam com a estrela amarela no casaco, eram presas.

No começo da guerra, antes de precisarmos usá-la, meu pai levou Gerta e eu para ver um maravilhoso filme chamado *Com os braços abertos*, com Spencer Tracy e Mickey Rooney. Desde então eu não pude ver nenhum outro filme, porque todos os cinemas, teatros, restaurantes ou clubes esportivos haviam pendurado cartazes com as palavras *"Juden und Hunden Eintritt verboten"* (entrada proibida para judeus e cachorros).

Eu queria muito ver um filme do qual a cidade toda estava falando, com uma atriz famosa que eu admirava. Eu colecionava fotos dela que recortava de revistas. Porém, eu não ousava remover a estrela amarela do meu casaco e entrar em um cinema. Mas Zdenka, a irmã mais nova da tia Manya, era muito ousada e me convidou a ir com ela. Apesar da minha preocupação persistente de ser descoberta, fiquei encantada: era uma história tão romântica! Eu era terrivelmente romântica quando tinha doze e treze anos. Sonhava em correr por prados em flor, com meu vestido branco flutuando e um homem bonito e alto me tomando nos braços.

No meu aniversário de doze anos, me prometeram um agrado especial. Gerta e a mãe dela me convidaram para ir nadar no rio Vltava. Elas escolheram um lugar bem afastado dos locais de banho público, onde os prados abertos chegavam até as margens do rio. A mãe de Gerta tinha certeza de que não haveria alemães para checar a identidade de um punhado de banhistas.

Eu estava animada antes do passeio, ansiando por ele com empolgação. Contudo, na manhã do dia 12 de julho, algo inesperado aconteceu. Descobri sangue na camisola, o que acabou se relevando minha primeira menstruação. Eu estava bem orgulhosa por a partir de então ser uma mulher adulta. Mamãe me deu instruções sobre o que fazer, mas disse que eu não devia ir nadar.

Que decepção! Eu não poderia ir nadar! Quando Gerta e a mãe vieram me buscar, eu estava aos prantos. Mas a mãe dela salvou a situação. Ela declarou que eu deveria ir com elas de qualquer forma; se não podia nadar, eu poderia só molhar minhas pernas na água, até os joelhos. Com meu vestido de verão sem a Estrela de David e meu traje de banho por cima da calcinha com a proteção necessária, nós três fomos de bonde até a estação final de Podoli. Depois de uma pequena caminhada, escolhemos um lugar na sombra, abrimos uma toalha, fizemos um piquenique e tivemos um dia feliz ao sol. Eu nem invejei Gerta, que podia nadar, enquanto eu só pude brincar nas águas rasas na beira do rio.

Na primavera de 1942, uma vaga abriu na escola judaica e voltei a frequentar as aulas. O prédio principal ficava na rua Jáchymová e estava lotado. Mais salas foram alugadas no primeiro andar de um prédio residencial na rua Havelská. Mesmo isso não foi suficiente para dar conta de todos os alunos, e as aulas começaram a acontecer em dois turnos. Tenho memórias vívidas desse tempo. Havia salas de aula de verdade, com lousa e fileiras de carteiras e bancos. Um sino anunciava as pausas, e os alunos lotavam o corredor, até que ele tocasse de novo para a aula seguinte. Fiz novas amizades, especialmente com algumas crianças do orfanato judaico. Havia Lilly Flussová, que morreu de tifo em Terezín; Hana Radoková, Erik Polâk, que nos anos 1990 se tornou o primeiro diretor do Museu de Terezín e Zdeněk Ornstein (apelidado de Orče), que escreveu poemas em Terezín para a revista literária

Vedem e muitas outras. Orče estudou drama depois da guerra, e ele, Otto e eu éramos bons amigos. Eles tinham discussões animadas sobre política. Como muitos jovens que foram influenciados pelo seu instrutor, Walter Eisinger, em Terezín, Orče acreditava na doutrina marxista. Otto uma vez descreveu esses comunistas fanáticos como pessoas cujas cabeças estavam enfiadas em uma caixa de papelão, com dois buracos para os olhos, o que permitia que olhassem apenas em uma direção. Durante os quarenta anos de nosso afastamento, não mantivemos contato. Mas, quando nos encontramos de novo, em 1989, ele era um ator conhecido, não mais o ingênuo seguidor de Marx. Infelizmente, Orče morreu de forma trágica, atropelado por um trem com apenas 59 anos.

Na classe eu gostava de um menino, Zdeněk Lederer. Ele se sentava no fundo da sala, não prestava muita atenção na aula e parecia ficar devaneando. Fiquei fascinada por sua boca. Ele tinha um biquinho permanente e eu imaginava como seria ganhar um beijo daqueles lábios. Ele morava no orfanato judaico. Embora Zdeněk deva ter notado que eu o encarava, nunca me deu atenção e permaneceu alheio.

Ainda tenho a foto dele, que adquiri por meio de um subterfúgio com uma das meninas do orfanato. Quando fui para Terezín, a primeira coisa que me disseram foi que Zdeněk não estava mais vivo. Ele havia morrido de tifo, poucos meses depois de chegar.

Havia outro menino na minha sala, que por sua vez queria ser meu "namorado". O nome dele era Erik e eu não gostava muito dele. Mas era melhor que nada. Erik carregava minha bolsa quando voltávamos para casa. Às vezes parávamos no Velho Cemitério Judaico, um substituto de parque com árvores altas e verdes e caminhos tranquilos. Aqui e ali nós cruzávamos com uma mãe com um bebê no carrinho, mas havia cantos isolados onde podíamos nos sentar sobre uma lápide e conversar. Já mencionei o primeiro beijo, que ganhei dele, na sepultura de um judeu há muito esquecido.

Nós dois tínhamos treze anos.

Eu gostava dos professores e me lembro com carinho do pediatra, dr. Reich, que nos ensinou a respeito do corpo humano. Nós o adorávamos por seu maravilhoso senso de humor e sua atitude amável para conosco. Ele faleceu, com as crianças de Białystok, nas câmaras de gás de Auschwitz.

No fim do ano letivo, recebemos uma espécie de certificado com nossas notas.

No outono, não fui mais para a escola. Eu não sei se foi porque a escola havia fechado, ou porque meus pais esperavam que fôssemos deportados a qualquer momento.

Quando eu e meus pais chegamos a Terezín, encontrei alguns dos meus colegas de escola, mas muitos já haviam sido mandados para Auschwitz e outros campos de concentração. Apenas alguns deles sobreviveram e voltaram depois da guerra.

Durante o verão de 1942, tive meu primeiro encontro com o sionismo. Eu sabia que havia um lugar chamado Palestina — o tio Ernst-Benjamin havia emigrado para lá —, mas em casa nunca tinha ouvido a respeito de sionistas nem sobre Theodor Herzl, o visionário sionista do Estado de Israel.

Naquele verão, uma espécie de colônia de férias foi organizada nos parquinhos de Hagibor, e eu fui lá quase todos os dias com meus novos amigos da rua Bílkova (renomeada pelos nazistas de rua Waldhauser), com o cuidado, é claro, de voltar para casa antes do toque de recolher das oito horas.

Havia um campo de futebol com uma pista de corrida em volta, quadras de vôlei, gramados e um vestiário. Em um pequeno quiosque podíamos comprar limonada ou *grillage* — açúcar mascavo com nozes. A desvantagem era a distância, porque não podíamos mais usar o bonde, nem mesmo em pé na última plataforma como antes. Hagibor era bem distante de onde eu morava. Então andávamos diariamente, alguns meninos e meninas juntos, atravessando a cidade, durante uma hora. Meus novos amigos eram Herbie (cujo rosto era cheio de acne. Ele assobiava embaixo da nossa janela para que eu me juntasse a ele. Mamãe se opunha com fervor: "Você não deve responder quando um garoto assobia"), Bobby Jochovitz, Esther Wohlová e alguns outros. Com eles eu comecei a aprender sobre a vida na Palestina, sobre os assentamentos e os kibutzim.

Também fiquei amiga de outro menino, Štěpán, que era dois anos mais novo. Eu o visitava em sua casa na rua Maiselova e com frequência ia com ele para Hagibor, preferindo-o aos meus amigos mais velhos. Essa amizade intrigou nossas mães. Uma menina adolescente com um garotinho que nem sabia ainda como as crianças vinham ao mundo! Ninguém adivinhou o verdadeiro motivo para meu comportamento estranho. Štěpán era uma criança adorável, muito talentosa e inventiva, e era interessante e divertido conversar com ele. Mas ele tinha um irmão mais velho, Peter, de quinze anos. Eu usava Štěpán como uma porta de entrada para me aproximar de meu ídolo Peter, que eu achava que nunca se dignaria a olhar para uma ninguém como eu.

Os dois meninos morreram junto com seus pais nos campos. Tudo que sobrou dele foi um desenho de giz de cera de uma ruazinha do interior, que Štěpán dedicou a mim junto com sua foto.

Hagibor era o único lugar em que as crianças judias podiam se reunir para jogos, competições, cantorias e todos os tipos de esporte. Eu fiquei muito boa em vários esportes, corridas de curta distância e salto em distância. Havia *madrichim* e *madrichot* (instrutores em hebraico) para cada grupo; eles brincavam conosco, nos ensinavam e treinavam. Um deles era Avi Fischer, que mais tarde se tornaria um amigo para a vida toda.

O organizador e líder do programa era o professor de educação física Fredy Hirsch, amado por todas as crianças. Ele era nosso ídolo e modelo. Lá eu aprendi algumas canções em hebraico que recebíamos mimeografadas em escrita fonética. Nós cantávamos entusiasmados *"Anu banu artza livnot ulehibanot ba"* ("Nós viemos para nossa terra para construí-la e sermos reconstruídos") sem entender uma só palavra.

No verão havia tendas em que podíamos tirar um cochilo durante a tarde, ou só nos sentar para ler. Muitos dos adultos que trabalhavam conosco eram sionistas e falavam sobre a terra da Palestina, que construiriam assim que a guerra acabasse. Eles passaram seu entusiasmo para nós, crianças, e começamos a querer saber mais sobre o tema. Foram dias luminosos os que passamos em Hagibor, apesar da sombra ameaçadora das deportações que esperavam por todos nós.

Show de mágica em Hagibor, agosto de 1941. Harry Kraus, o mágico Borgini e Fredy Hirsch.

Eu também me lembro de muitas apresentações de um mágico chamado Borgini, com seu assistente Harry Kraus (eu não sabia na época que um dia me casaria com o irmão mais velho de Harry, Otto). Outra apresentação foi *Sonho de uma noite de verão*, encenada pelas crianças do orfanato judaico, dirigida por um jovem — Rudolf Freudenfeld — apelidado de Baštík. O papel de Puck foi desempenhado com maestria por Zdeněk Orenstein.

Enquanto eu passava horas tão felizes no parque, eventos tensos aconteciam por toda parte. Cada vez mais pessoas eram deportadas nos transportes, e um dia em julho foi a vez dos meus avós. Nós os ajudamos a fazer as malas,

Pouco antes uma carta do tio Ernst-Benjamin havia chegado da Palestina de forma tortuosa passando pela Inglaterra. Ele escreveu que agora vivia no Kibutz Ashdot Yaakov, que tinha se casado com uma mulher chamada Hadassa e que havia se tornado pai de um menino chamado Doron. Eram notícias maravilhosas, e eu fui responsável por passá-las aos meus avós. Mamãe me contou como fazê-lo gradualmente, para não sobrecarregar os dois idosos. Enquanto eu andava a curta distância da rua Waldhauser até a rua Kostečná, ensaiei como contaria: primeiro diria a eles apenas sobre a carta em si; então, aos poucos, o resto das boas notícias em prestações. Vovó ficou aliviada por receber o primeiro sinal de vida de seu filho desde a partida dele e deliciada por ter outro neto. Vovô permaneceu apático, não demonstrou nenhum sinal de alegria.

O verão terminou, e tudo ficou mais escuro. Não apenas os dias eram mais curtos e frios, mas o mundo ficou mais vazio e não havia mais pelo que ansiar. Havia menos amigos; todo o tempo havia apenas transportes e deportações.

Em novembro foi a nossa vez. Não havia muito a preparar, já que meus pais haviam separado nossos pertences bem antes. O irmão da minha mãe, Hugo, veio de Brno algumas semanas antes e levou uma caixa de sapato cheia de fotos e outros itens, para mantê-los em segurança. Alguns amigos não judeus vieram se despedir. E, claro, Manya, que tentou ajudar o máximo que pôde.

Meus pais e avós gostavam muito de Ludvík e Manya, e ela nos visitava com frequência depois da morte de Ludvík. Cristãos eram proibidos de ter qualquer contato com judeus, mas ela não se importava. Ela sempre nos trazia algo para comer; a comida era pouca e já racionada, e nós, judeus, ganhávamos ainda menos que o resto da população. Mais tarde, quando já estávamos em Terezín, ela nos mandou pacotes com pão, mel artificial e um pote de gordura de ganso. Os pais de Manya eram fazendeiros que conseguiam esconder um pouco dos seus produtos dos controladores alemães.

Na véspera da nossa partida, mamãe me disse para dar a Manya meus brinquedos, para as sobrinhas dela, e fiquei feliz por eles não serem deixados para trás ou dados a alguma criança nazista. Mas, quando eu estava entregando minha boneca favorita, a que tinha os cachinhos de Shirley Temple, não consegui controlar as lágrimas e comecei a chorar com grande amargura. Manya e mamãe ficaram um tanto surpresas, uma menina grande, de treze anos e meio, chorando por causa de uma boneca? Elas não sabiam que meu luto não era pela boneca; eu sentia a perda da minha infância e o fim da vida como eu a havia conhecido.

Na manhã seguinte fechamos a porta atrás de nós, entregamos a chave ao zelador, pegamos o bonde, para o qual havíamos recebido uma licença especial, e fomos para a estação de coleta na região da Exposição.

Esse foi o adiamento mais significativo da minha vida.

PARTE II
1942–1945

I I

Os anos da guerra, Terezín

Depois de passar dois dias e duas noites no chão do Salão de Exposições do Rádio, nós marchamos em fila, de manhã cedo, para a estação de trem Bubny, ali perto. Nosso transporte chegou em Terezín no dia 20 de novembro de 1942. Não me lembro da jornada em si, apenas da chegada em Bohušovice. A linha do trem terminava lá e precisávamos andar dois quilômetros e meio até Terezín. Algumas carroças transportavam a bagagem, junto com os velhos e enfermos. Andar era difícil porque usávamos várias camadas de suéteres e casacos. Cada pessoa podia levar cinquenta quilos de bagagem, mas ninguém controlava o que vestíamos.

As ruas de Terezín estavam vazias; ninguém podia ficar do lado de fora quando um transporte chegava. Mas nas janelas as pessoas espiavam para ver quem estava chegando e acenavam e gesticulavam para os que reconheciam.

As malas, marcadas com nossos nomes e número de transporte em tinta branca, foram empilhadas por todo o pátio. Tínhamos que procurar as nossas na bagunça. Uma das malas nunca encontramos, a que tinha a comida em conserva que minha mãe havia guardado com tanto cuidado para nossa deportação.

De início ficamos em um espaço com cara de catacumba dentro da grande muralha da cidade, um tipo de masmorra com fendas fazendo às vezes de janela. Durante todo o dia eu, meu pai e minha mãe ficávamos sentados sobre nossa roupa de cama enrolada no chão de pedra, com centenas de pessoas, esperando sermos acomodados. Era novembro e sofríamos com o frio.

A primeira a vir nos ver foi vovó. Ela tinha notícias tristes: vovô tinha morrido pouco antes da nossa chegada. Como era ex-senador do parlamento tchecoslovaco, ele havia recebido acomodações melhores na assim chamada casa dos proeminentes. Era a política da liderança do gueto, ou talvez ordens dos alemães, manter pessoas de renome em condições melhores. A casa melhor consistia em um quarto compartilhado com outro casal de idosos, com um cobertor pendurado no meio para "privacidade". Nossa modesta avó, como era típico dela, abriu mão do privilégio depois da morte de vovô e se mudou para o galpão dos prisioneiros comuns, dizendo: "Eu não tenho direito a tratamento preferencial".

Depois de um tempo, mamãe e eu fomos transferidas para um quarto no galpão de Magdeburg e papai para o galpão Hanover. No Magdeburg também não tínhamos camas. Compartilhávamos o quarto com umas vinte e cinco ou trinta mulheres.

Certo dia ouvimos que um transporte sairia do gueto, mas os doentes seriam dispensados. Uma espécie de comissão veio, talvez um médico, uma enfermeira e mais alguns, e eu estava determinada a ter febre. Sabia que não estava doente, e claro que não poderia esfregar o termômetro na frente daquelas pessoas. Ainda assim, me forcei a ficar doente e realmente aconteceu. O termômetro mostrou uma temperatura alta e fomos salvos do transporte.

A mãe da minha amiga Raja se tornou coordenadora do galpão feminino Heim L 410. Eu queria muito viver no Heim para ficar com Raja. Pedi à mãe dela que arranjasse, mas ela não podia ou não queria me dar um tratamento especial só porque a filha dela era minha amiga.

Isso finalmente aconteceu de um jeito simples e oficial. Um beliche ficou disponível no quarto 23 e me mudei para lá. Era uma espécie de antessala na qual havia uma entrada para os dois quartos adjacentes, à esquerda para o quarto 24 e à direita para o 25. Para deixar espaço para a passagem, havia menos beliches no número 23, só para doze garotas. Uma das meninas no meu quarto era Lydia Holzner, ela dormia ao meu lado. A outra era a pobre Marta Pereles, que não tinha mãe, só pai. Marta ficou doente, com febre alta e foi levada ao hospital. Ninguém podia ir visitá-la. Alguns dias depois veio a notícia de que ela havia morrido. O pai dela, um corcunda, vinha visitar nosso quarto mesmo depois da morte dela. Ele se sentava em silêncio no parapeito da janela e sofria. Não ousávamos perturbá-lo. Nós parávamos de falar, respeitando sua dor.

Meu beliche era o do meio, o pior, porque no de cima havia espaço suficiente para se levantar e o de baixo tinha a vantagem de que você podia se sentar nele e manter os pés no chão, enquanto o do meio era tão baixo que você só podia se sentar encolhida, com a cabeça entre os ombros. Além do que, acima havia outra menina. E eu fui azarada o suficiente para ter Kuni Kulka como vizinha de cima.

Ela era uma menina alta e ruiva que adorava nos enlouquecer. Ela me perseguia especialmente, talvez porque eu fosse nova e não ousasse começar uma briga com ela. Ela gostava de cantar em uma voz alta e aguda e eu me lembro de uma de suas melodias, a canção hebraica *"Lecho Daudi Likras Kalo"*, que é a música judaica tradicional para receber o Shabat. Eu a ouvi lá pela primeira vez; em casa não celebrávamos o Shabat. A parte engraçada era que Kuni não tinha nascido judia, ela apenas tinha sido adotada por uma família judaica.

Eu aguentei o comportamento irritante dela por um bom tempo, sem reagir às provocações. Quando queríamos silêncio, ela começava a cantar de propósito, o mais alto que podia. Balançava o beliche e fazia comentários maldosos.

Um dia minha paciência acabou e fiz algo totalmente atípico para mim e pelo que eu me envergonho até hoje. Aconteceu quando Kuni começou a puxar fios de palha do seu colchão e jogá-los um por um na minha cama, pelos espaços entre as tábuas. Eles caíram na minha cabeça, no meu rosto, no meu cabelo. Pedir para que ela parasse era inútil. Quanto mais brava ela me via ficar, mais rápido Kuni jogava a palha em mim. Até que estourei e comecei a gritar com ela, chamando-a de bastarda e filha ilegítima. Eu já não tinha mais controle do que estava dizendo; só queria me vingar dela.

Kuni começou a gritar e chorar. Eu tinha conseguido atingi-la onde doía. Mas eu também fiquei magoada. Eu me senti terrivelmente envergonhada;

sabia que tinha feito algo proibido, cruzado alguma fronteira, algum tabu. Também sentia o choque das outras meninas, embora ao mesmo tempo elas me entendessem. Eu me pergunto quem entre elas ainda está viva e se lembra desse evento.

Não muito depois disso, finalmente consegui uma cama no quarto 25, com Raja, e a partir daí eu gostava de estar com as meninas. Elas liam muito, principalmente poesia. Elas amavam Halas, Wolker e Seifert e recitavam seus poemas. Liam romances famosos como os de Romain Roland e Thomas Mann e os discutiam. Cada uma de nós havia trazido de casa um ou dois livros favoritos nas mochilas e os trocávamos. Uma menina, Sonia Shultz, nos entretinha com uma apresentação de mímica chamada *Vovó apague a vela*, na qual contorcia a boca em todas as direções. Estudávamos em segredo com nossa professora, Magda Weiss, e tínhamos aulas de desenho com a famosa pintora Friedl Brandeis.

As aulas aconteciam depois do trabalho. Elas consistiam na maior parte em matérias da escola. Não éramos obrigadas a participar, mas a maioria das meninas estava ansiosa por aprender. Não havia um currículo específico. Especialistas em vários assuntos, como música, biologia e até mesmo astronomia vinham até o Heim para dar aulas. Apenas algumas meninas tinham cadernos para escrever. No nosso quarto havia uma mesa e um banco para quatro. As outras se sentavam em seus beliches. Claro que não havia lista de chamada, ensinar era algo estritamente proibido, que precisava ser feito de forma clandestina.

Friedl Brandeis, ela mesma pintora e desenhista, nos ensinou pintura e desenho. Quem quisesse podia aparecer. Uma vez ela convidou algumas meninas que tinham demonstrado interesse em arte para ir ao seu pequeno quarto. O quarto era na verdade só o fim do corredor, separado com uma porta improvisada. Ela tinha um grande livro de reproduções, uma delas dos girassóis de Van Gogh. Ela nos fez notar as pinceladas ousadas que sugeriam flores selvagens.

E perguntou: "Que cores vocês veem?".

Nós respondemos: "Amarelo, verde e marrom".

Friedl disse: "Olhem de novo com mais atenção".

Para nossa surpresa, descobrimos que havia pontos em azul, laranja e até mesmo vermelho.

Foi uma revelação para mim. Ela nos ensinou o que olhar numa pintura. Foi Friedl quem me ensinou a apreciar arte.

Os melhores momentos eram os ensaios para a ópera infantil *Brundibár*. De início notei que algumas das meninas desapareciam do quarto e, quando voltavam, cantavam melodias estranhas, atraentes e modernas. Quando perguntei o que estavam cantando, disseram que estavam ensaiando uma ópera. Eu também queria cantar, e elas disseram que eu podia acompanhá-las no ensaio seguinte. Foi no porão do nosso prédio. Havia um harmônio tocado por Rudolf Freudenfeld, conhecido por nós como Baštík, o homem que no verão havia dirigido a apresentação de *Sonho de uma noite de verão*. Ele checou minha voz, e precisei cantar escalas conforme ele as tocava. Então, ele disse que eu podia me juntar ao coro.

As performances aconteceram em uma grande sala no galpão Magdeburg. O pequeno palco foi decorado com um cenário de telhados, uma escola e uma cerca de madeira. As solistas cantavam na frente da cerca, enquanto o coro ficava escondido atrás dela. Três animais — um cachorro, um pássaro e um gato — estavam pintados em um pôster na cerca. Ficávamos agachadas em silêncio, esperando nossa deixa. Quando nossas cabeças e ombros subitamente ficavam visíveis, o público soltava um alto "aah". Como eu adorava aquele momento! Mais tarde, o rosto da solista, que interpretava o animal, aparecia de repente no buraco cortado no desenho da cerca, e mais uma vez o público reagia ruidosamente. Depois da vigésima quinta reprise, todos os cantores, incluindo o coro, receberam um bônus especial: 100 gramas de açúcar e margarina.

Eu adorava cantar em *Brundibár*, e claro que logo aprendi todos os papéis de solista; todo mundo aprendeu. Um dia Greta, que era a cantora principal, ficou doente, e Baštík procurava uma substituta para a apresentação da noite. Eu me ofereci, e ele me deixou cantar alguns versos. "Pena", disse ele. "Você sabe cantar, mas é muito alta." As primeiras palavras da ópera são:

Meu nome é Pepíček
Nosso pai morreu anos atrás

Eu estou segurando a mão de Aninka
Nossa mãe está doente.

Ele era obviamente o irmão mais velho, e eu era muito mais alta do que o garoto que fazia o papel de Pepíček. Foi por esse motivo que perdi a única chance da minha vida de me tornar uma solista de ópera (mas ser alta salvou minha vida alguns meses depois, quando escapei da seleção do dr. Mengele em Auschwitz).

Eu ainda me lembro de alguns fragmentos do tempo no gueto. Lembro da mãe de Sonia em pé no meio do nosso quarto com suas botas de trabalho enlameadas, olhando para cima e conversando com ela na cama superior.

Sonia estava apaixonada por um menino, um amor infantil. Ela o conhecia da horta, onde ela trabalhava. Eu nem sei se ele sabia que Sonia gostava dele. Um dia, quando estávamos na janela, olhando para a rua, Sonia apontou para um menino que passava e disse: "Olha, é ele, é Harry Kraus".

Outra cena. O famoso cantor Karel Berman veio ao nosso Heim uma vez. O piano foi trazido do porão e ele tocou e cantou partes da ópera *Rusalka*, de Dvořák. Ele nos explicou como cada personagem é representado por determinada melodia. Foi uma experiência incrível e eu nunca a esqueci.

Outra memória: estou parada no corredor com meu colchão apoiado na janela aberta, tentando pegar as pulgas que se escondiam nas costuras. Também lembro da mulher que ia ao Heim uma vez na semana checar se havia piolhos nos nossos cabelos.

No quarto 25 havia um pequeno fogão a lenha no qual prendíamos cascas de batata, e quando estavam tostadas, elas se soltavam. Era uma delícia!

Durante os treze meses que passei no gueto, recebemos um maravilhoso presente. Ganhamos ingressos para nadar por uma hora na única piscina fechada de Terezín. Foi um prazer realmente único.

Meus pais não me visitavam na casa das meninas, mas eu ia vê-los na habitação de minha avó. Ela vivia em um dos galpões femininos, e era lá que meus pais e eu nos encontrávamos quase todos os dias depois do trabalho. Ela sempre conseguia nos dar um pouco de comida, com frequência economizada de suas próprias porções. Duas ou três vezes nós recebemos pacotes de Manya. Vovó os guardava; eles ficavam mais seguros com ela porque ela não precisava sair para trabalhar.

Meu pai era um intelectual incapaz de lidar com tarefas diárias. Ele não sabia o que fazer com seus utensílios de barbear, só os enrolava em sua toalha molhada. Ele nunca lavava direito sua tigela do refeitório. Eu comecei a me sentir responsável por ele e várias vezes colocava suas coisas em ordem.

Certo dia, meu primo Pavel Uri Bass, que trabalhava na oficina de carpintaria, me trouxe um presente que ele havia feito. Era uma estante de dois andares, e ela causou inveja em todas as meninas. Agora eu podia guardar minha escova de dentes e mais alguns itens nela e não precisava ficar revirando minha mala, que era mantida junto com todas as outras embaixo do beliche. Armários ou outros móveis não existiam no nosso quarto, exceto por uma mesa e um banco.

A comida em Terezín era distribuída nas cozinhas centrais. Os residentes precisavam ficar em fila no pátio dos galpões com uma tigela ou qualquer outro recipiente que tivessem, e as pessoas da cozinha lhes serviam uma concha de sopa. Ela tinha uma cor marrom acinzentada por causa do ingrediente principal: o chamado pó de lentilha. O cheiro de lentilha me deixa enjoada até hoje. No topo da tigela ia o prato principal do dia. Era uma batata com molho ou um bolinho, às vezes uma colherada de goulash. Nunca havia legumes ou frutas. Por vezes havia uma *buchta* (especialidade tcheca, uma espécie de rosquinha) com uma calda feita de café adoçado e margarina.

Pão de má qualidade era distribuído nas habitações. Cada pessoa recebia um sexto de um filão, junto com uma fatia de salame ou um pouco de margarina, e de vez em quando uma colherada de geleia de beterraba.

As pessoas que faziam trabalho pesado tinham algumas rações adicionais, assim como as crianças. Nós também não precisávamos fazer fila do lado de fora, o almoço era trazido para o Heim. Isso, e o sucedâneo de café sem açúcar pela manhã, era toda a comida que recebíamos.

Era pouco para viver, mas muito para morrer. Os que sofriam mais com a fome eram os idosos. Eles não tinham o suplemento dos trabalhadores nem outro meio de conseguir mais comida. Alguns trabalhavam na cozinha, na padaria ou na horta, onde podiam roubar mantimentos na fonte. Os sortudos podiam receber a cada três meses pacotes de comida enviados por parentes ou amigos de fora do gueto.

Eu me lembro de mamãe dizendo para alguém: "Nós estamos passando fome". E perguntei a ela: "É isso que fome significa?". A resposta dela foi: "Sim, nós estamos morrendo de fome". Subitamente senti um grande alívio. Se aquilo era fome, então dava para aguentar sem problemas. Eu poderia comer o tempo todo se tivesse comida. Mas eu não estava sofrendo.

Isso aconteceu depois.

Todo mundo com mais de catorze anos era obrigado a trabalhar. O Departamento da Juventude da administração do gueto nos mandou trabalhar nas hortas. Essa decisão teve muitos motivos. O primeiro é que trabalhar ao ar livre é saudável, mas além disso os jovens aprenderiam a cultivar vegetais, o que seria útil quando eles fossem para a Palestina depois da guerra. E talvez eles também pudessem comer alguns dos vegetais em segredo, embora toda a produção devesse ir para os alemães e não para os judeus. As hortas ficavam no espaço entre as largas muralhas ou em cima delas.

Eu não gostava do trabalho. Era início da primavera e não havia nada brotando ainda. Então isso significava carregar baldes de água o dia inteiro. Era um trabalho duro e maçante. Eu pedi para ser transferida para outro lugar. O responsável no *Jugendeinsatz* era Honza Brammer, que em Israel passou a se chamar Dov Barnea. Meu pai trabalhava em outro departamento no mesmo andar e o conhecia. Ele me levou até Brammer e pediu a ele para encontrar um trabalho adequado para mim. Fui enviada para uma oficina que produzia carteiras de couro falso para a Alemanha. Trabalhar lá se provou ainda mais chato do que carregar latas d'água. Os trabalhadores se sentavam em uma longa mesa e cada um executava um único passo da produção da carteira. A pessoa à minha esquerda dobrava a aba de cima e passava o item para mim, eu dobrava a aba de baixo e o deslizava para o trabalhador à minha direita e assim por diante, durante o dia inteiro. Todos à minha volta eram adultos, somente eu era jovem. Durei alguns dias, então saí. Depois disso eu fazia apenas tarefas do Heim.

Tínhamos uma boa tradição no Heim. Quando era o aniversário de alguma garota, nós lhe dávamos um presente, em geral algo que havíamos feito com nossas próprias mãos, um coração de tecido com as iniciais bordadas, ou um pequeno caderno com uma imagem. Como havia muitas garotas, havia sempre algo a preparar. Às vezes fazíamos um presente para os meninos no Heim masculino também.

Um presente desses foi guardado por seu dono e agora está exposto no Beit Terezín no Kibutz Givat Chaim. Em uma das minhas visitas ao lugar, ele me chamou a atenção. Parecia familiar de alguma forma, e pedi ao curador para tirá-lo da vitrine. Ao virar as páginas, encontrei minha assinatura. Foi um presente para um menino chamado Honza Wurm. Ele o havia mandado para Beit Terezín dos Estados Unidos. Eu não me lembro dele.

Um dia aconteceu um evento assustador no gueto. Toda a população seria mandada para um campo além das muralhas para ser contada. Milhares de pessoas ficaram em pé o dia todo sob um chuvisco gelado, agrupadas por seus "endereços". Para se aliviar, era preciso se agachar no chão, protegido por um cobertor erguido por amigos. Nós não sabíamos o que os alemães queriam fazer conosco e estávamos muito assustados. Já era tarde da noite quando nos deixaram voltar. Houve uma grande confusão, pessoas se perderam na escuridão e levamos muitas horas até voltarmos para o nosso Heim.

Eu me lembro da professora Edith Weiss, irmã da nossa professora Magda. Ela havia se voluntariado, junto com outras prisioneiras do gueto, para trabalhar com as crianças de Białystok. Essas crianças famintas e esfarrapadas chegaram um dia a Terezín e ficaram abrigadas em cabanas fora do gueto, o contato com elas era estritamente proibido. Os rumores eram de que seriam mandadas para a Suíça, em troca de caminhões para os alemães. O plano falhou quando veio à tona que as crianças sabiam das câmaras de gás nas quais seus pais haviam sido assassinados. Portanto, elas não podiam ser soltas no mundo. Elas foram mandadas para Auschwitz, onde morreram, junto com todas as pessoas maravilhosas que as acompanharam.

Outra pessoa de que me lembro do Heim era a sra. Mühlstein, a mãe do menino que fez o papel de Pepíček na ópera. Ela era uma das supervisoras na casa das meninas. Claro que também me lembro de Willy Groag, o supervisor do nosso prédio. Eu estava um pouco apaixonada por ele; ele era jovem e bonito.

Para nós, meninas do Heim, a vida era um pouco menos devastadora do que para os adultos. Contudo, para mim isso mudou em dezembro de 1943 — quando fomos mandados para Auschwitz.

12

Auschwitz-Birkenau, Campo BIIb

O QUE TODO MUNDO MAIS temia em Terezín eram os transportes. De tempos em tempos as notícias se espalhavam: "Um transporte para o Leste sairá em breve". Algumas pessoas tinham sorte de serem dispensadas, ou por serem membros da administração ou especialistas difíceis de se substituir.

Um mensageiro da administração judaica entregava as convocações e um crachá com o número de cada pessoa, normalmente um ou dois dias antes do transporte. Não havia muito para preparar. Nossas malas nem haviam sido desfeitas desde que havíamos chegado no gueto, já que não havia onde guardar as coisas. Algumas das roupas que tínhamos trazido se perderam na lavanderia, apesar do nome que havíamos bordado nelas. Depois de treze meses no gueto, alguns de meus sapatos e roupas estavam pequenos. Assim, eu só tinha uma mochila para levar.

Nossa vez chegou no dia 18 de dezembro de 1943. Nós tivemos que esperar pelo trem em um dos galpões. Sonia, com sua mãe e irmã, também estava no transporte. As pessoas ficavam enrolando pelo pátio. Sonia apontou um homem jovem com botas de cano alto, muito na moda na época; o nome dele era Otto Kraus e ele era o irmão mais velho de Harry. Nós tínhamos catorze anos, ele vinte e dois. Para nós, uma pessoa velha e desinteressante. Na manhã seguinte, quando estávamos escovando os dentes no banheiro, vimos um senhor idoso se barbeando em roupas de baixo. Sonia sussurrou: "É o pai de Harry". No entanto, Sonia, sua irmã e sua mãe foram retiradas do transporte e voltaram para o gueto.

Na manhã seguinte, eu, mamãe e papai fomos enfiados em um vagão fechado com mais dezenas de pessoas até que não houvesse mais espaço. A porta foi trancada. Não havia janelas, só uma pequena fenda abaixo do teto. Não havia como sentar e nós ficamos em pé e esmagados. Durante a jornada, empilhamos nossas malas uma em cima da outra para abrir espaço para que algumas pessoas pudessem se sentar no chão. Para fazer as necessidades, havia um balde que usávamos na frente de todo mundo. Ele logo ficou cheio, mas não havia como esvaziá-lo. É simplesmente impossível descrever o fedor... a falta de ar. Só havia silêncio; chocados com o horror da realidade, ninguém falava.

Não me lembro de quanto tempo passamos viajando. Talvez dois dias e uma noite, ou duas noites e um dia. O trem fez muitas paradas que levavam horas. Revezávamos para nos sentar no chão. Uma menina se acomodou no topo da pilha de bagagens, de onde ela conseguia olhar para fora e ler o nome das estações que passávamos. Percebemos que estávamos a caminho da Polônia.

O trem, com mais de dois mil e quinhentos passageiros, chegou ao seu destino durante a noite. Em meio a luzes ofuscantes, homens estranhos com uniformes listrados de prisioneiros gritavam: "*Raus, raus, schneller, schneller*" — "Deixem as malas". Eles batiam em nós com bastões curtos. Na rampa havia homens da ss com pastores alemães que latiam em meio aos gritos e berros, um pandemônio. "Homens aqui! Mulheres aqui! Cinco de cada vez! Formem fila!" Nós ouvimos a palavra "Auschwitz".

Era aonde estávamos, eu percebi. No famoso campo de concentração de Auschwitz.

Nossas malas ficaram nos vagões, junto com alguns cadáveres.

Olhando em volta, vimos fileiras de cabanas de madeira sem janelas, delimitadas por cercas de arame farpado presas a postes de concreto que se curvavam para dentro como os caules de flores gigantes. Em cada canto havia uma torre de observação com um guarda.

108 *Dita Kraus*

Mamãe de alguma forma conseguiu ficar com uma das malas. Chocadas e desorientadas, ofuscadas pelas luzes, seguimos ao longo das cercas na direção de um dos galpões. Nós nos agrupamos no chão nu e tentamos dormir no frio congelante. Os homens haviam sido separados de nós; éramos apenas mulheres e crianças. A mala de mamãe continha um pouco de comida, guardada laboriosamente no gueto para a jornada em direção ao desconhecido. Sabíamos que tirariam essa mala de nós. Mamãe e eu comemos tudo que podíamos e compartilhamos o resto com as mulheres em volta.

Em outra cabana tivemos que nos despir e tomar um banho frio enquanto homens da ss observavam ao lado, desdenhando, apontando e fazendo comentários. Nada de roupas, nada de toalhas. No frio congelante, corremos molhadas para outro galpão. Por milagre eu ainda estava usando minhas botas. Prisioneiras jogaram para nós pedaços de farrapos tirados de uma pilha. Outra prisioneira jogou sapatos velhos de vários formatos, ignorando tamanhos, vindos de uma outra pilha. Entre nós, tentamos trocar itens pequenos demais por maiores e vice-versa. Então ficamos em pé por muitas horas em uma fila para ter um número tatuado em nosso antebraço. Eu ganhei um 7 e então acabou a tinta da seringa. O 3 mal ficou visível. Com tinta nova eu recebi os demais dígitos: o meu era 73.305. Minha mãe recebeu o número seguinte.

Desânimo e desesperança nos dominaram. Nesse ponto, mamãe e eu decidimos morrer. Tínhamos chegado ao desespero total. Não havia nenhuma fagulha de esperança restante e não queríamos viver. Mas não havia forma prática de cometer suicídio, não tínhamos arma, corda, nenhuma faca. Precisávamos continuar.

De manhã eles começaram a nos levar para um complexo distante. As mulheres ficaram espremidas na caçamba de um caminhão aberto. A última a ser enfiada foi uma mulher idosa, alta e de cabelos brancos vestindo uma capa preta. Mamãe e eu aguardamos o caminhão seguinte na companhia das mulheres que restaram.

O caminhão lotado deu partida com um solavanco. A porta de trás não havia sido bem fechada e abriu. A idosa perdeu o equilíbrio e caiu para fora. Enquanto ela caía, seu cabelo branco se espalhou em volta da sua cabeça como uma auréola, e ela parecia não estar caindo, mas voando. Sua capa negra e longa se abriu como uma vela e caiu lentamente sobre seu corpo no chão.

Ela ficou largada na terra congelada e ninguém veio ajudar. Ela poderia não estar morta, talvez pudesse ter sido salva. Mas o caminhão foi embora e nós, paradas ali, não ousávamos nos mexer por causa dos kapos com seus bastões. Ainda assim, talvez tenha tido sorte, sendo poupada do longo sofrimento e de uma morte mais horrível.

Mas, para mim, uma garota de catorze anos, a memória da mulher idosa e sem nome se tornou a essência da Shoah que era Auschwitz.

Caminhamos o último trecho, acompanhando a cerca, até o Campo BIIb. Era o chamado "campo familiar". Os homens haviam chegado antes de nós; mas estavam irreconhecíveis, não reconheci meu próprio pai.

No campo encontramos as pessoas do transporte anterior, que havia saído de Terezín em setembro. Encontramos amigos, parentes, antigos vizinhos. Eles pareciam estranhos; diziam coisas esquisitas como "vamos sair pela chaminé" ou "acabaremos nas câmaras de gás". Seus olhos não tinham expressão, como se sua luz tivesse sido apagada.

Pensei que eles estavam loucos, que haviam perdido a razão. Mas eles apontaram para as chaminés altas do outro lado da cerca, que soltavam uma fumaça escura; o ar tinha cheiro de carne queimada e cinzas finas enchiam o ar. Por fim, era inevitável aceitar a verdade. Ainda assim, uma voz interior seguia repetindo: eu não vou morrer, eu não vou morrer.

No complexo BIIb havia 32 cabanas de madeira idênticas, sem janelas, cada uma com uns 75 metros de comprimento. Eram dezesseis em cada lado da estrada, com telhados feitos de papel alcatroado. Eram chamadas de blocos e tinham números. Do lado de dentro havia uma chaminé horizontal com um forno em cada ponta, mas eles não estavam acesos. Alguns blocos eram oficinas, um era uma loja de roupas, outro uma cozinha, um era uma latrina, outro tinha chuveiros, e havia um Kommandatur (o quartel-general do comando), o resto servia como dormitório para os prisioneiros. Homens e mulheres ficavam em blocos separados, meninos com os homens, meninas com as mulheres.

Mamãe e eu ficamos juntas no Bloco 6, um galpão feminino. Nos beliches superiores de cada lado, ficavam as gêmeas Annetta e Stěpa, e ao lado de minha mãe Eva Weiss, uma de nossas professoras no Heim de Terezín.

Seis pessoas em beliches estreitos feitos para quatro... um cobertor fino e um colchão de palha... as roupas do corpo... uma colher e uma tigela — era tudo o que tínhamos. Dali em diante viveríamos sem uma muda de roupas, sem um pente, escova de dente, toalha, agulha, tesoura, faca ou lápis, isso sem falar em papel higiênico e absorventes. Mantínhamos a colher presa na corda que servia de cinto, por medo de que ela pudesse ser roubada ou perdida.

13

Latrina

NÃO LEMBRO QUANDO FOI QUE usamos a latrina ou o banheiro, que tinha um cano de metal e uma fileira de torneiras das quais saía uma água fria e marrom.

Acho que não muitas pessoas no mundo viram algo como as latrinas do campo familiar. Elas eram usadas por mais de mil prisioneiros, homens à direita e mulheres à esquerda. Havia seis faixas de concreto com buracos redondos indo de uma ponta a outra do "bloco". Embaixo delas havia um poço profundo. Todos os dias um desinfetante era jogado no poço, cujo fedor pungente e ácido fazia nossos olhos lacrimejarem.

A faixa dupla central era dividida por uma tela feita de sacos de juta que escondia a cintura de uma pessoa em pé. A cabeça e os ombros ficavam expostos, assim como os joelhos. Contudo, quando a pessoa se sentava, a cabeça era escondida pela tela, mas seu traseiro nu ficava visível pela fenda.

A grande maioria dos prisioneiros sofria de uma diarreia incessante que era consequência da fome, então a latrina estava sempre lotada. À noite éramos trancados nos nossos blocos e precisávamos nos aliviar em baldes perto da entrada. Durante o dia, havia muitas horas durante as quais ficávamos em formação na frente do bloco para a chamada — *Appell* —, quando éramos contados pelos homens da ss. O tempo que restava para usarmos as latrinas era, portanto, limitado.

Dava para saber exatamente de quem era o traseiro do outro lado porque você o via entrar. Se ele se sentasse sobre o buraco, você não via o ânus, só ouvia o plop, plop. Mas muitos não aguentavam se sentar no concreto — mesmo quando não estava sujo, era frio e áspero — e faziam as necessidades inclinados para frente com as mãos nos joelhos. Era horrível, mas inevitável, ver as fezes explodindo para fora dos coitados, muitas vezes com sangue; uma visão que era preciso aguentar diversas vezes por dia. Nós víamos os homens, os homens viam a nós mulheres, assim como as crianças…

Uma memória muito, muito desagradável — que eu queria poder apagar.

14

A VIDA NO CAMPO

O DIA NO CAMPO FAMILIAR começava com o kapo gritando para acordarmos. De um barril tirávamos uma água morna e marrom chamada de chá. Um pouco nós bebíamos, o resto usávamos para lavar o rosto e as mãos. Então vinha a *Zählappell*, todo mundo de pé no frio congelante, em filas de cinco. Era o padrão em todos os campos — cinco, dez, quinze, vinte... é mais fácil de contar. Quando os números não batiam — porque havia um cadáver atrás do bloco ou um prisioneiro doente e incapaz de se levantar que não era contado —, ficávamos em pé por horas.

Todos os adultos precisavam trabalhar. Não lembro o que meus pais faziam. Os homens carregavam pedras em uma tentativa de pavimentar a Lagerstrasse. Quando as pedras afundavam na lama macia ou na neve, os homens eram forçados a carregar as pedras de uma pilha para a outra e então de volta. As mulheres trabalhavam em várias oficinas ou carregavam os barris de sopa. A sopa do meio-dia era feita principalmente de pedaços de *Dorschen* (um tipo de nabo que normalmente se dá ao gado), um pouco de batata e mais alguma coisa impossível de identificar. De tarde havia outra *Zählappell* e então tempo livre. Como era proibido que mulheres entrassem nos galpões masculinos e homens, nos femininos, eu me encontrava com mamãe e papai na Lagerstrasse.

Em um fim de tarde em janeiro ou fevereiro, um menino chamado Pavel Glaser me convidou para jantar no bloco masculino número 8. O *Blockältester* de lá era Jenda Hutter, um jovem que atormentava os outros prisioneiros. Duas vezes por dia, na hora da *Zählappell*, ele gritava ordens: *Mützen ab! Mützen auf!* Os homens precisavam tirar seus bonés e colocá-los de volta. Isso cinco, dez vezes, sem parar. Cada um dos sobreviventes se lembra disso e se pergunta como o amigo gentil e honesto de Terezín havia se transformado naquela besta.

Pavel era alguns anos mais velho do que eu. Nós nos conhecíamos de Terezín, mas não muito bem. Como ele conseguiu me pôr para dentro do bloco masculino eu nunca saberei. Nós nos sentamos de pernas cruzadas na cama de cima e comemos uma salsicha, cortada em pequenos cubos, com um pouco de vinagre. Inacreditável! De onde isso tinha vindo? Ele havia recebido um pacote? Mas por que ele compartilharia essa iguaria com uma quase desconhecida? Não éramos amigos e ele também não esperava nada de mim em troca. Abrir mão de um bocado de comida, quando estávamos tão terrivelmente famintos, era quase inumano. Talvez mães ou esposas apaixonadas fossem capazes de um ato assim.

Mas Pavel Glaser o fez. Ele morreu algumas semanas depois na câmara de gás. Eu me pergunto se alguém se lembra dele. Eu me lembro, por causa da salsicha.

Em pouco tempo os prisioneiros perderam peso, ganharam uma aparência encolhida, arrastavam os pés, tinham o nariz escorrendo e sofriam de diarreia. Era difícil pensar em qualquer outra coisa além de comida. O desejo por comida era avassalador.

Meu pai logo sucumbiu. O intelectual suave e de voz macia morreu em Auschwitz poucas semanas depois da nossa chegada. Ele simplesmente definhou até não conseguir mais se levantar da cama. Notei que ele não estava em pé na frente do galpão dos homens na *Zählappell*. Quando ficou escuro, eu me esgueirei para dentro do galpão dele e o vi no beliche. Seus olhos estavam fechados, e o rosto encovado tinha a barba por fazer. Ele não se moveu ou reagiu à minha voz. Ao lado da cabeça dele estava sua tigela com a sopa cinzenta. Estranhei ninguém a ter roubado.

Ele ficou lá deitado mais um dia. À noite, acordei de súbito como se alguém tivesse me chamado. Eu sabia que meu pai estava morto. Na manhã seguinte soube que era verdade. O dia era 5 de fevereiro; papai tinha quarenta e quatro anos.

Na época, mamãe estava doente com difteria na ala de isolamento. Ninguém podia entrar lá, mas eu precisava contar a ela sobre papai. Andei pelo muro, bati na madeira e chamei: "Mamãe? Mamãe?", até ouvir uma resposta. Por uma fenda entre as tábuas eu disse: *"Maminko, tatínek umřel…"* (Mamãe, papai morreu…).

Durante o dia, as crianças ficavam no Bloco 31, o Kinderblock. Não lembro quando comecei a trabalhar lá. Foi graças a Fredy Hirsch. Ele conseguiu convencer o comandante da ss a deixar as crianças no bloco vazio durante o dia. Jovens de catorze a dezesseis anos não eram considerados crianças, mas eram empregados como assistentes. Fredy era o *Blockältester* dessa instalação incongruente: uma creche para crianças que estavam destinadas a morrer nas câmaras de gás meses mais tarde.

Eu tinha catorze anos e meio. Fredy Hirsch me designou para ser a bibliotecária da menor biblioteca do mundo. Meu papel era cuidar de cerca de uma dúzia de livros que constituíam a biblioteca. Os livros eram uma coleção aleatória. Nas rampas chegavam milhares de judeus diariamente. Eles eram levados embora, mas sua bagagem ficava para trás. Alguns prisioneiros sortudos tinham como tarefa checar seu conteúdo. Quando encontravam um livro, eles de alguma forma o mandavam para o Kinderblock. Eu me lembro que um dos livros se chamava *Uma breve história do mundo*, de H. G. Wells. Outro era um Atlas. Um livro não tinha capa, apenas páginas soltas. Esqueci os outros títulos, mas Ruth Bondy afirma que havia um livro de gramática russa e Eva Merová se lembra de um livro de Karel Čapek.

Dentre as atividades do Kinderblock estavam os "livros falantes". Professores que se lembravam de um livro em particular andavam de um grupo a outro recontando as narrativas em etapas. Ruth, por exemplo, contou *O ano do jardineiro*, de Čapek.

Fredy! Como o amávamos e admirávamos! Todas as crianças queriam ser como ele. Não apenas em Auschwitz, mas de volta nos campos esportivos do

Hagibor em Praga e em Terezín. Ele era um atleta maravilhoso, bonito, confiável e honesto. Até mesmo os homens da ss tinham algum respeito por ele.*

As crianças vinham para o Kinderblock de manhã, a *Appell* acontecia lá dentro, e depois os grupos, separados por idade, sentavam-se em banquinhos em círculo com seu professor. Não havia divisórias nem piso, apenas terra batida. A chaminé horizontal feita de tijolos ficava quente porque, diferentemente dos outros blocos, ela era acesa. Não lembro com que combustível, mas eu gostava de apoiar minhas costas nos tijolos quentes com os livros à minha frente.

Otto Kraus era um dos educadores. Seu grupo de meninos de doze anos ficava nos fundos do bloco, no mesmo canto em que eu me sentava com os livros. Um dos meninos era Arieh, filho de Jakob Edelstein, o antigo Ancião dos Judeus em Terezín. Eu podia passar o dia observando Otto e os meninos. Eles aprendiam um pouco e brincavam de adivinhação ou organizavam discussões. Mas Otto e eu nunca nos falávamos.

A disciplina no bloco não era rígida. Algumas crianças não participavam das atividades; elas eram livres para saírem ou fazer o que quisessem, desde que não perturbassem os outros.

Não havia equipamento como lousa, giz, lápis ou papel. As aulas eram clandestinas e apenas orais. A versão oficial era que as crianças estavam aprendendo as ordens alemãs, ou cantando músicas e jogando. Nós improvisávamos. Algumas crianças "escreviam" poemas. Tirávamos lascas de madeira das camas e queimávamos a ponta afiada no fogo. Dava para escrever algumas

---

* Fredy Hirsch não cometeu suicídio, como se acredita, mas os médicos induziram uma overdose de soníferos e ele morreu na câmara de gás junto com o transporte de setembro, no dia 8 de março de 1944. Havia um movimento clandestino em Auschwitz. Foi decidido que, se os transportados de setembro fossem de fato ser assassinados nas câmaras de gás, os galpões seriam incendiados, e os prisioneiros deveriam tentar passar pelas cercas e escapar. Fredy Hirsch deveria dar o sinal para o início do levante com seu apito de professor de educação física. Ele ficou extremamente perturbado sabendo que as crianças não tinham chance de sobreviver. E pediu aos médicos algo para acalmar seus nervos. Os médicos tinham recebido a promessa do dr. Mengele de que seriam chamados de volta para o hospital, onde eram necessários. Eles, portanto, não queriam que o levante acontecesse e deram a Fredy uma forte dose de soníferos. Não foi possível acordá-lo para dar o sinal. Ele foi levado dormindo para a câmara de gás, junto com todo o transporte de setembro. Vários médicos e o farmacêutico, dr. Sand, sobreviveram. Otto Kraus ouviu essa explicação pessoalmente em 1989, em Terezín.

palavras com a ponta, e então o pedaço era queimado de novo, até se tornar curto demais. Alguns papéis podiam ser aproveitados das páginas descartadas atrás da administração do campo, ou de pacotes que prisioneiros recebiam de amigos (eles chegavam meio vazios, saqueados pelas muitas mãos pelas quais passavam).

Certo dia dois prisioneiros conseguiram escapar, e como punição a ss ordenou que as cabeças de todos os homens do campo fossem raspadas. Então, nós, meninas, decidimos tricotar gorros para os homens do Kinderblock. Pegamos suéteres descartados da loja de roupas, os desmanchamos, e fizemos agulhas de tricô com lascas de madeira que polimos com pedra para ficarem lisas.

Havia uma atividade da qual me lembro bem e com prazer. Ocasionalmente, acontecia de Avi Fischer, um dos professores (mais tarde, em Israel, nosso vizinho e amigo), espontaneamente começar uma música com algumas crianças. Ele ficava em pé sobre a chaminé horizontal e conduzia, sacudindo os braços. Ele cantava a primeira estrofe e as crianças repetiam as palavras em coro. A música era em francês — *Alouette, eu vou arrancar as penas da sua cabeça, das suas asas, do seu pescoço* —, e Avi se deixava levar e acrescentava outras partes do pássaro que iríamos depenar. As crianças ficavam cada vez mais animadas, outros grupos se juntavam ao coro, até que todo o bloco estivesse repleto de vozes. Eram momentos que elevavam nosso espírito.

Na primavera, quando ficou mais quente, os professores levavam as crianças para fora, para caminhar em volta do bloco ou fazer exercícios. Mas, ao mesmo tempo, elas podiam ver a rampa atrás da cerca, onde milhares de judeus húngaros chegavam diariamente nos trens. Eles eram levados diretamente para as câmaras de gás. Sua bagagem ficava para trás e era examinada por uma equipe de prisioneiros. Montanhas de pão ficavam quase ao alcance, separadas de nós pelos trilhos e pela cerca eletrificada.

A maior parte da equipe no Kinderblock era composta de homens e mulheres com menos de vinte anos. Eles estavam cientes de sua morte próxima e deviam estar aterrorizados. Ainda assim, eles passaram seus últimos dias com as crianças, criando para elas uma espécie de porto seguro naquele inferno. Aos meus olhos, são eles os verdadeiros heróis de Auschwitz.

* * *

Uma das professoras do Kinderblock era Mausi, de uns vinte e dois anos. O nome dela era Marianne Hermann, mas era conhecida como Mausi porque era assim que a mãe dela a chamava desde a infância. A maioria das pessoas nem sabia seu nome verdadeiro.

Ela foi uma das duas jovens que pintou imagens nas paredes do Kinderblock. Não lembro exatamente o que desenharam, exceto pelos sete anões da *Branca de Neve* da Disney, mas eles foram pintados pela outra menina, Dina Gottliebová.

Mais tarde, Mausi refez os desenhos de memória, mas não tenho certeza se ela se lembrou deles corretamente. Eram uma réplica aproximada que ela fez para o Museu Yad VaShem, em Jerusalém. Mas eu, que os via todos os dias, me lembro deles de forma diferente. Algumas das figuras talvez fossem as mesmas, mas outras definitivamente não estavam lá. É tarde demais agora para descobrir o que estava pintado nas paredes. Muitos dos sobreviventes do Kinderblock já não estão vivos, e nós, os vivos, já esquecemos a maior parte. Contudo, acho que o importante não é se havia Branca de Neve e sete anões, esquimós e iglus, índios com arcos e flechas ou uma janela com floreiras que se abria para uma paisagem suíça. O que importa é a história das crianças e seus dedicados professores, que se perderam e não têm túmulos.

Em março de 1944 metade dos prisioneiros que haviam sido trazidos três meses antes de nós foram colocados em caminhões e levados embora. Os guardas disseram que eles estavam indo para outro campo, mas logo descobrimos a verdade. Todos morreram nas câmaras de gás. Daquele momento em diante, nós sabíamos que em junho esse seria nosso destino.

Os prisioneiros que restaram no campo BIIb ficaram chocados. Na véspera, em 7 de março de 1944, os blocos ainda estavam lotados de gente, e um dia depois só havia um silêncio aterrorizante. Muitos blocos ficaram completamente vazios. Até mesmo os dois pequenos quartos na entrada de cada bloco — onde os privilegiados *Blockältesters* aproveitavam sua muito invejada privacidade — agora estavam desocupados.

O Kinderblock subitamente estava metade vazio. Um novo *Blockältester*, Seppl Lichtenstern, foi designado, assim como um novo conjunto de professores. Jiří Frenkl, Avi Fischer, Otto Kraus, Hanka Fischl, Ruth Bondy e Rejšík eram alguns deles. Eles ficaram entre os sobreviventes e nossa amizade permaneceu por toda a vida.

As pessoas começaram a andar pela enlameada estrada do campo até os blocos desocupados. Os beliches estavam vazios. Mas, no canto direito de cada fila, os cobertores ainda estavam dobrados em pilhas organizadas como o regulamento mandava. Eu vi que eram cobertores quentes e maravilhosos, com a grossura de três dos nossos.

Ter um cobertor desses mudaria minhas noites; eu poderia me enrolar nele, me manter aquecida e conseguir dormir. Mas e se o dono voltasse? Seria roubo; eu não podia fazer isso. Porém era certo que eles estavam todos mortos. Pode-se pegar o cobertor de uma pessoa morta? Havia muitos cobertores macios, bem empilhados em cima dos beliches.

Algumas pessoas entraram no bloco vazio. Sem qualquer hesitação elas começaram a pegar os cobertores e qualquer outra coisa que conseguissem encontrar. Meu dilema foi resolvido. Peguei um cobertor para mim e um para mamãe e voltei para meu bloco.

Ainda assim, a imagem da pessoa morta de quem eu havia tomado o cobertor que eu dormia todas as noites me assombrava. Quem era ela? Eu sabia que era uma mulher, porque vinha do bloco feminino. Não falei sobre isso com ninguém. Muitos prisioneiros agora tinham os cobertores e outras coisas que haviam pertencido às pessoas assassinadas. Esse pensamento pesava na minha consciência. Às vezes ainda me sinto culpada.

Certo dia notei um jovem prisioneiro polonês entre os galpões do complexo vizinho, que naquela época estava inabitado. Seu uniforme listrado era de boa qualidade, e ele usava a boina que mostrava sua posição como homem de reparos. Esses prisioneiros tinham um status privilegiado e podiam se deslocar livremente entre os complexos. Eles consertavam os telhados com piche e faziam outros trabalhos de manutenção. Eles também recebiam mais comida e pareciam mais saudáveis e fortes.

O espaço entre os galpões de madeira e a cerca eletrificada era cuidadosamente guardado por soldados nas torres de vigia. Se alguém ousasse se aproximar da cerca, eles atiravam. Eu não me lembro porque fui até lá, talvez só para me afastar das pessoas, para ficar sozinha um pouco.

Enquanto eu caminhava do meu lado da cerca, ele acompanhava do outro lado, e no espaço entre cada galpão ele sorria para mim e fazia gestos amigáveis. A mesma coisa aconteceu dias depois, e então de novo. Uma hora ele gritou algo em polonês, mas eu não entendi. A única palavra que peguei foi *"yayko"*, e ele mostrou algo redondo com as mãos.

"Ah", eu disse, *"jabko"* (maçã em tcheco).

"Não, não", ele acenou com a mão, *"nie jabko, jajko!"*

Eu entendi que ele queria me dar algo. Claro que ele não podia entregar nada para mim, era perigoso demais chegar perto da cerca. Um prisioneiro que tocasse os fios seria eletrocutado; alguns escolhiam acabar com a vida dessa forma. Apesar disso, eu queria pegar o que ele queria me dar. Na vez seguinte, em vez de caminhar entre os galpões, passei pela latrina, que tinha uma porta dos fundos de frente para a cerca. Eu fiquei lá, escondida da visão do vigia. Quando me viu, o polonês fez um gesto para que eu esperasse.

O espaço entre as fileiras de galpões estava vazio; os cadáveres deixados ali todos os dias haviam sido retirados de manhã cedo. A única pessoa em vista era um velho prisioneiro judeu que estava agachado perto de um fogo baixo no qual ele queimava farrapos velhos; talvez porque tivessem infestados de piolhos. Talvez nem fosse velho; no campo até homens de quarenta anos pareciam idosos, com a barba por fazer, pálidos e encurvados. E ele tinha um trabalho bem fácil comparado ao da maioria dos homens, que carregavam pedras pesadas para construir a estrada do campo.

Eu estava observando-o, enquanto esperava, quando de repente um guarda da ss estava na minha frente. Era o que chamávamos de "padre", porque ele andava com as mãos escondidas pelas mangas de seu longo casaco militar. Ele era especialmente temido por nós; havia algo aterrorizante em seu comportamento aparentemente gentil e seu andar lento e furtivo, pois conhecíamos sua crueldade fria.

Ele chegou tão perto de mim que seu rosto estava a centímetros do meu, e eu podia sentir o seu hálito.

"*Was machst du hier?*", perguntou ele quase em um sussurro.

Eu não ousava recuar, então baixei meus olhos e apontei para o homem perto do fogo.

"*Ich wollte mit dem Mann dort sprechen.*" O que significava que eu queria falar com o homem agachado.

"*Und warum wolltest du mit ihm sprechen?*" Por que você quer falar com ele?

"*Er ist ein Freund von meinem Vater*", disparei sem pensar. É um amigo do meu pai.

O ss se virou, olhou primeiro para o prisioneiro cuidando do fogo, então por cima da cerca, onde não havia ninguém à vista, depois se virou para mim e me encarou. Fiquei congelada pelo que pareceu uma eternidade, esperando que ele pegasse a arma e me matasse.

Então, sem mais uma palavra, ele deu um passo para o lado e andou ao longo da cerca, de vez em quando olhando por cima dela para o complexo vizinho. Meu amigo polonês, espertamente, ficou escondido.

Dias mais tarde a fome me fez superar o medo, e mais uma vez fiquei na porta dos fundos da latrina. O polonês me notou e fez sinal para eu esperar. Ele entrou em um dos galpões e reapareceu segurando algo na mão. Então, olhou em volta para garantir que ninguém estava observando; naquele dia nem o homem que queimava farrapos estava lá. Ele esticou o braço como um esportista e arremessou algo, e um objeto branco e redondo aterrissou aos meus pés.

Pequei o objeto, apressada, e o encarei em choque. Era um ovo cozido. A última vez que eu vira um ovo tinha sido antes de ser deportada da nossa casa, dois anos antes. Um ovo!

Nos dias seguintes eu estava muito nervosa. Tinha medo de que o homem fosse ao nosso campo e exigisse pagamento por sua generosidade. Era comum no mundo de Auschwitz comprar os favores de uma mulher com pão ou alguns cigarros. No meu caso, contudo, o ovo permaneceu um presente gratuito.

E nunca mais esqueci que em polonês ovo é *jajko*.

Nós esperávamos ser mandadas para as câmaras de gás em junho, seis meses depois de nossa chegada em Auschwitz. Nossos nomes estavam marcados como 6 SB. Isso queria dizer *Sonderbehandlung* depois de seis meses: "tratamento especial" — um eufemismo para a morte por gás.

No entanto, em maio os alemães mudaram o plano. Eles decidiram que seria mais barato e mais lucrativo se os prisioneiros fossem mandados para trabalhar na Alemanha, onde acabariam morrendo de fome e exaustão. O dr. Mengele precisava decidir quais dos prisioneiros ainda pareciam aptos a realizar trabalho físico.

As seleções aconteceram no Kinderblock, que foi esvaziado para esse propósito. Apenas pessoas entre dezesseis e quarenta anos podiam passar pela seleção, mas como ninguém tinha documentos, alguns conseguiram trapacear. Com a parte de cima do corpo exposta, nós precisamos fazer uma fila indiana ao longo da chaminé horizontal, dar um passo à frente e dizer apenas três palavras: nosso número, idade e profissão, e o dr. Mengele apontava o dedo para a direita ou para a esquerda.

A maior parte das mulheres disse profissões que acreditavam ser necessárias na Alemanha, como jardineira, cozinheira ou enfermeira. Quando chegou a minha vez, eu disse três coisas: 73.305, dezesseis, pintora. Na verdade, eu tinha só quinze anos.

Em vez de apontar o dedo, Mengele parou e perguntou: "Pintora de retratos ou de casas?".

· "Retratos."

Mengele: "Você poderia pintar o meu retrato?".

Meu coração parou, mas eu consegui responder: *"Jawohl"*. Sim.

Ele sorriu com o canto da boca e apontou para o grupo de mulheres mais jovens e fortes.

A vez de mamãe chegou um pouco depois. Eis que ela foi mandada para o outro grupo!

Ela não aguentaria ficar separada de mim, embora não soubéssemos qual grupo teria mais chances de sobreviver. Sorrateiramente, ela se esgueirou de volta para o fim da fila, escolheu duas mulheres velhas e magras e ficou atrás delas. Mengele não notou, é claro; ele não olhava para os rostos e, dessa vez, a mandou para o meu grupo.

Minha mãe, Liesl e eu ficamos entre as destinadas a viver. Umas mil e quinhentas mulheres foram mandadas de Auschwitz para trabalhar em Hamburgo, Christianstadt e Stutthof. Em torno de 7 mil pessoas — as idosas, as fracas e todas as crianças que restaram — foram assassinadas em julho de 1944 nas câmaras de gás.

As mulheres selecionadas para trabalhar foram mantidas por alguns dias no horrível Frauenlager. Antes de partir, fizemos fila na plataforma para ter nosso cabelo cortado. Duas prisioneiras do Frauenlager em uniformes listrados realizavam a tarefa, enquanto cada uma de nós tentava adiar essa temida provação o máximo possível. Fugi e saí correndo para o fim da fila várias vezes, para evitar as tesouras. Subitamente o comando foi dado: "Todas a bordo"... O trem estava prestes a partir.

Tive a boa sorte, junto com poucas outras, de ter sido deixada com os cabelos intactos. Nós recebemos uma ração de pão antes de sermos enfiadas nos carros de gado e enviadas para um destino desconhecido.

15

HAMBURGO

A VIAGEM DE AUSCHWITZ ATÉ Hamburgo durou vários dias. As condições nos carros eram um pouco melhores do que em nossa jornada de Terezín para Auschwitz. Dessa vez havia espaço suficiente para nos sentar, até deitar e esticar as pernas, o chão estava coberto de palha fresca e, o mais importante, o balde que nos servia como latrina podia ser esvaziado durante as paradas.

Sempre que o trem parava, as garotas mais perto da estreita janela tentavam identificar o nome da estação, para adivinhar para onde estávamos indo. Embora tivéssemos entendido que estávamos viajando pela Alemanha, nenhum dos nomes dos lugares eram familiares e não tínhamos ideia de qual seria o nosso destino. Contudo, o que melhorava nosso ânimo era o fato de que havíamos recebido comida para a jornada. O raciocínio era que se os alemães quisessem nos matar, teria sido mais fácil nos colocar nas câmaras de gás de Auschwitz.

Quando as portas do vagão foram abertas, nos deparamos com uma visão surpreendente e maravilhosa. Havia uma longa fileira de armazéns de tijolos vermelhos à frente, e das janelas dezenas de homens jovens, saudáveis, de cabelos escuros espiavam ansiosos para ver o que o trem havia trazido. Quando viram as mulheres eles começaram a sorrir e acenar, chamando *"bella signorina"*, gritando elogios e pedidos de casamento em italiano. Houve imediatamente uma sensação de alívio, esperança por melhores condições sob as quais poderíamos sobreviver ao encarceramento e à guerra. Até a mais cética e cautelosa entre nossas mulheres concordou que esse não parecia um lugar no qual quisessem nos exterminar.

Quando saímos do trem, sentinelas nos pastorearam na direção de uma das pequenas entradas nos fazendo formar a eterna *Fünferreihen*, as filas de cinco. Os guardas que acompanharam nosso trem nos entregaram para um grupo de homens mais velhos de uniforme, não da ss, mas não sabíamos quem eram. Mais tarde descobrimos que eram oficiais de fronteira que tinham sido chamados da aposentadoria para trabalhar como guardas de prisão porque homens sadios estavam na Wehrmacht. Eles não eram doutrinados como os da ss; portanto, no geral, não eram sádicos. Eles nos tratavam com bastante leniência, mas não na frente do comandante, a quem temiam, pois ele era cruel e agressivo.

Os prédios de galpões ficavam em Freihafen, uma região de Hamburgo. Eles formavam uma fila com várias entradas, na verdade toda uma rua, chamada de Dessauer Ufer. Mas a rua com o trilho do trem era na verdade o fundo dos armazéns; a frente dava para o rio Elba e ficava parcialmente imersa na água. As escadas estreitas para o primeiro andar davam em um enorme corredor cavernoso com filas e filas de beliches de madeira de dois andares, cada um com um colchão de palha e um cobertor.

Mas, antes de subirmos, ao pé das escadas, houve a distribuição de uma refeição suntuosa do tipo que não comíamos desde que havíamos deixado nossas casas. Até hoje eu me lembro do gosto do peixe frito e das batatas cozidas que recebemos em um prato!

Infelizmente, esse não foi um prenúncio do que o futuro nos reservava; foi apenas um bônus excepcional fruto de algum tipo de engano. A partir do dia seguinte, nossas refeições passaram a ser sopa, como em Auschwitz. De início, porém, a sopa era bem satisfatória, com pedaços de legumes, batatas ou feijão, mas nas semanas seguintes ela se tornou mais rala e aguada, pois os ingredientes crus eram roubados pelo comandante do campo e seus ajudantes.

Em pouco tempo novas roupas chegaram. Quero dizer realmente novas. Eram macacões que pareciam muito elegantes e tinham cheiro de saco de juta, pois eram feitos de alguma fibra parecida com papel. Ainda era verão — estávamos em julho —, então não nos importamos por serem finos. Eu estava feliz por vestir um item novo e não algo que havia pertencido a um desconhecido antes. Além disso, cada uma de nós ganhou um lenço azul-claro idêntico, mas para assoar o nariz era pouco absorvente, e para ser amarrado em volta da cabeça era muito pequeno. Porém, com engenhosidade feminina conseguimos fazer uso decorativo deles.

Nossas tarefas no Freihafen consistiam em limpar lixo e destroços depois de ataques aéreos. Havia grandes refinarias de petróleo ao longo do rio que eram o principal alvo dos bombardeios dos Aliados. Eles buscavam destruir os reservatórios de combustível dos alemães. Também precisávamos preencher as crateras criadas pelas bombas. Às vezes nos deparávamos com uma bomba no chão, sem explodir. Os alemães faziam grandes esforços para consertar os danos o mais rápido possível.

Quando chegávamos ao lugar de trabalho, grupos de dez, quinze, vinte, cada um com dois ou três sentinelas, ou *Posten*, como eram chamados em alemão, eram dirigidos para o local dentro do complexo da refinaria. As refinarias tinham nomes como Rhenania-Ossag e Eurotank. Um Vorarbeiter ou Meister nos dava pás e picaretas e nos mostrava o que fazer. A maior parte do chão em que pisávamos estava encharcada com o combustível derramado, formando grandes poças de meleca grudenta que exalava um cheiro forte de piche. Até hoje quando sinto cheiro de piche, em uma estrada ou conserto de telhado, o cheiro traz imediatamente à tona essas memórias angustiantes.

Precisávamos trabalhar sem pausa, e quando uma de nós endireitava as costas por um momento, o *Posten* gritava: *"Los, los, arbeiten, sneller, sneller"* (sic). O único respiro era quando podíamos fazer uma *austreten*, ou pausa para o banheiro, normalmente atrás de uma pilha de entulho, mas nunca longe, sempre sob o olhar observador do guarda. Ele mesmo era de vez em quando substituído, já que outros grupos trabalhavam ali perto e os guardas mantinham contato uns com os outros. Ao meio-dia podíamos parar e recebíamos nossa sopa, que chegava em um barril. Nós comíamos sentadas em uma pedra ou agachadas, segurando as tigelas de metal sobre os joelhos, com a colher que cada uma de nós mantinha guardada sob um cinto improvisado. Em alguns lugares as condições eram melhores, e quem tivesse a sorte de ser designada a um desses era alvo de inveja. Mas como os grupos eram escolhidos ao acaso, sendo contados a partir da fila a cada manhã, todo mundo esperava ter sorte na próxima vez. Nesses lugares de trabalho mais humanos, nós, mulheres, podíamos tomar a sopa na cantina dos operários, depois que os trabalhadores regulares terminassem a refeição. Podíamos nos sentar em bancos e usar mesas de verdade, enquanto a equipe da cozinha nos olhava a distância.

Algumas vezes eu estive entre as sortudas. Notei um garoto alto e loiro que estava enrolando para ficar entre os últimos a deixar a cantina e assim passar perto de mim. Ele me olhou e nossos olhares se cruzaram. Mais tarde ele também passou perto de onde eu estava colocando areia na cratera da bomba. Finalmente, ele tomou coragem e deixou algo para mim, fazendo um gesto discreto com a cabeça para que nosso *Posten* não notasse. A garota seguinte a fazer uma *austreten* pegou o pacote e o trouxe para mim. Ele continha o almoço dele e um pequeno presente, um anel de prata falsa. Eu o pendurei no pescoço junto com a identificação de metal contendo meu número e que todas nós precisávamos usar.

Tanto a identificação quanto o anel ainda estavam no meu pescoço quando voltei a Praga. Esqueci o nome do garoto há muito tempo, ou talvez eu nunca tenha sabido, mas guardo o anel dele como um símbolo, uma lembrança de que havia alemães decentes.

Dentre os oficiais de fronteira idosos estava Robert, que era mais jovem que os outros. Ele colocou as garotas mais novas sob sua proteção e tentou nos designar para trabalhos mais fáceis. Seu comportamento inadequado deve ter sido notado por Spiess, porque ele logo foi mandado embora e ordenaram aos outros guardas que fossem mais severos. O líder dos guardas, Spiess, era um homem grande e troncudo que temíamos muito. Ele sempre levava uma mangueira de borracha curta que chicoteava com frequência, fosse para que formássemos a *Fünferreihen* mais rápido ou para nos tirar de nossas camas, sem mencionar os vinte ou vinte e cinco golpes dados como punição em alguma coitada por qualquer transgressão (não tenho certeza se Spiess era o nome dele ou uma palavra que indicava comando ou alguma patente. Também não lembro se foi ele quem nos mandou para o campo seguinte em Neugraben ou se havia outro comandante).

Outra sentinela era um homem já idoso que tinha o hábito pueril de entrar na latrina (em alguns lugares havia uma espécie de latrina rural) com a desculpa de que estávamos demorando muito. Ninguém tinha medo dele e nós o enxotávamos, no que ele dava a volta para espiar pelas frestas das tábuas, para nos observar em nossas atividades íntimas. Nós debochávamos dele e ele ria conosco.

Era parte da política alemã não deixar os prisioneiros se acostumarem aos guardas. Portanto a cada poucos meses toda a equipe era substituída, e cada novo contingente era mais abusivo e impiedoso.

Era dia 12 de julho, dias depois de nossa chegada em Freihafen. Eu estava em pé no convés do barco que nos levava até nosso local de trabalho, chorando copiosamente.

Um dos guardas notou e perguntou: "O que aconteceu?".

"Hoje é meu aniversário de quinze anos", expliquei.

Ele colocou a mão no bolso, me entregou uma bala enrolada em papel vermelho e rapidamente se virou para que ninguém notasse.

Eu me lembro também de outro evento peculiar nas primeiras semanas em Freihafen.

Éramos um grupo de seis ou sete meninas de quinze e dezesseis anos, com Margit; as amigas inseparáveis Dáša e Danka; uma menina vienense chamada Fini, de apenas catorze anos, a mais nova no campo, e mais uma ou duas. Graças ao *Posten*, Robert, nós fomos alocadas naquele dia para o prédio do boiler de uma das refinarias. Era uma estrutura alta e estreita, construída em volta do enorme boiler de três andares. Nosso trabalho era fácil, apenas varrer o chão, e o Meister, o homem do boiler, era um homem pequeno de meia-idade que não nos pressionava muito. Naquele dia minha mãe estava conosco; ela simplesmente entrou na fila com as garotas enquanto éramos contadas.

Dita Polach e Margit Barnai, 1945.

Durante a pausa do almoço, o homem do boiler começou a conversar com mamãe. Isso não era fácil, o alemão dele era o dialeto de Hamburgo, que aos nossos ouvidos soava como uma língua estrangeira. Ele perguntou de onde vínhamos, há quanto tempo estávamos presas e por que transgressão precisávamos fazer trabalho escravo. Muitos civis alemães que viam um grupo de mulheres prisioneiras presumiam que elas deviam ser criminosas.* Minha mãe respondeu todas as suas perguntas e ele ficou ainda mais interessado e envolvido. Quando mamãe mencionou nosso sobrenome, o homem ficou chocado.

"Você está me dizendo que é parente do professor Johann Polach, o famoso líder social-democrata?"

---

* Eu me lembro de uma conversa de tempos depois, quando estávamos trabalhando em uma rua, recolocando tijolos em um prédio bombardeado. Uma passante parou e perguntou: "Que crime você cometeu?". Eu disse: "Nós somos judias". Ela continuou: "Certo, mas que crime vocês cometeram?".

Quando mamãe lhe disse que era sua nora, o homem ficou fora de si de preocupação e pena. Revelou que ele próprio era um social-democrata, um homem culto e bem-instruído. Nossa sentinela estava sentada em um canto, almoçando e sem prestar atenção. Caso contrário, tenho certeza de que essa conversa nunca teria acontecido, já que no regime nazista ser de esquerda significava o campo de concentração.

No dia seguinte ele nos trouxe presentes, coisas que havia pegado com a própria família, um suéter para cada uma de nós, meias quentes e comida. Nós só podíamos usar os suéteres embaixo dos nossos macacões, é claro, para que não fossem notados. Isso melhorou tremendamente nosso ânimo. Não tanto os presentes quanto o fato de que aos olhos dele éramos agora indivíduos com nome e identidade. Minha mãe considerou a possibilidade de pedir a ele para mandar uma carta para Praga por nós, dizendo para tia Manya onde estávamos para talvez recebermos um pacote de comida. Mas, enquanto ela hesitava por não querer causar problemas ao homem, fomos designadas para outro lugar de trabalho e nunca mais o vimos. Éramos constantemente passadas de um lugar para o outro, seguindo a mesma política que os nossos guardas. Eles também nunca nos diziam a verdade sobre nada e aprendemos a sempre desconfiar de qualquer informação que nos dessem.

16

ATAQUES AÉREOS

HAVIA ATAQUES AÉREOS TANTO à noite quanto de dia. Se o alarme soasse durante o dia, alvos importantes como fábricas ou refinarias eram escondidos por um método engenhoso. Em volta desses lugares eram dispostos enormes tambores, que criavam uma neblina de fumaça e escondiam fábricas inteiras com uma nuvem branca impenetrável. Isso era chamado de *Vernebelung* (*Nebel* é neblina em alemão).

Em um fim de tarde arrastávamos nossos tamancos de madeira da refinaria Eurotank de volta para o campo quando as sirenes começaram a tocar. As máquinas de neblina imediatamente começaram a cuspir nuvens brancas, mas nós já estávamos a certa distância da fábrica e não havia nenhum abrigo por perto. As sentinelas sabiam que uma fila de pessoas em uma estrada seria um alvo para os bombardeiros e nos fizeram correr até um pequeno bosque ali perto, gritando: *Sneller, sneller!* Em Hamburgo eles pronunciam *sh* como *s*.

Mal tínhamos chegado ao bosque quando ouvimos o zumbido de um avião se aproximando. Ele descia rapidamente, pois havia sido atingido, e estava soltando sua carga de bombas pelo caminho. Nós havíamos nos espalhado por entre as árvores, várias mulheres sob cada árvore, buscando proteção. Ouvimos o estrondo dos impactos, a terra tremendo sob nossos pés cada vez mais perto, e então uma bomba acertou o chão a uma pequena distância à minha esquerda. A explosão ergueu uma massa de terra, que caiu com força sobre nós. Por sorte era só terra solta e não havia pedras. Conseguimos engatinhar para fora e limpar a terra de nossos cabelos, olhos e narinas. Olhamos uma para a outra, e para nosso alívio ninguém tinha se ferido.

Minutos mais tarde, porém, um dos guardas andou na nossa direção com uma garota nos braços. Ele a havia encontrado ferida embaixo de uma árvore, no fundo do bosque. Suas roupas estavam rasgadas, penduradas em farrapos. Mas um dos farrapos não era um tecido, era sua perna, pendurada por um pedaço de pele no joelho. A cabeça dela caiu para trás e grunhidos terríveis saíram de sua garganta. O guarda, visivelmente perturbado, a colocou com cuidado no chão e foi procurar outras vítimas.

A menina agonizante tremia, e seus braços se sacudiam em convulsões para cima e para os lados; ela estava toda ensanguentada, e aparentemente inconsciente. Gritei: "Precisamos ajudá-la, fechar a ferida, parar o sangramento!". Mas as mulheres à minha volta balançaram a cabeça e disseram: "Não há nada mais a ser feito".

Eu não me lembro do nome dela; não a conhecia realmente. Éramos quinhentas mulheres e não estávamos juntas há tempo suficiente para nos conhecermos. Não sabia nada sobre ela, sua idade, de onde vinha, quem eram seus amigos, quais eram suas esperanças.

Houve outras mortes, outras perdas. Mas é ela, essa vítima sem rosto, que tem me visitado nos meus pesadelos durante todos esses anos.

As noites eram o pior. Todas as noites, quase sem exceção, havia dois ou três *Fliegerangriffe*, ataques aéreos. A primeira onda de bombardeiros britânicos chegava depois da meia-noite, uma ou duas horas depois havia uma segunda onda, e às vezes até uma terceira antes do amanhecer.

As sirenes começavam a uivar e nos acordavam, e no momento seguinte o comandante do campo, Spiess, entrava no corredor, estalando sua mangueira de borracha nos beliches, gritando: *"Sweinehunde aufstehen"*. Até as sentinelas queriam ir para o abrigo, portanto, gritavam: *"Raus, raus, sneller, sneller"*. Não era permitido acender as luzes e tropeçávamos às cegas pelas escadas estreitas. Não era propriamente um abrigo, tampouco um porão. Abaixo do prédio ficavam as margens do rio, descendo na direção da água. Arcos largos na base do depósito permitiam acesso aos barcos para carga e descarga. Mas agora, na guerra, não havia navios cargueiros. Quando as águas subiam com a maré, havia cada vez menos chão seco para nos sentarmos, e às vezes precisávamos nos espremer bem no alto, logo abaixo do teto. Quando a maré estava baixa, podíamos olhar através dos arcos e então víamos as faixas de luz que iluminavam o céu, as chamadas árvores de Natal que os bombardeiros jogavam para marcar os alvos. O impacto de tantas bombas fazia a terra tremer. Primeiro você ouvia o som agudo da bomba caindo, então um momento de silêncio, daí vinha o rugido da explosão acompanhado pelo tremor e, se o impacto fosse próximo, era seguido pela chuva de destroços. As sentinelas, que tinham mais experiência com os ataques em Hamburgo, nos diziam: "Quando vocês ouvirem o assovio da bomba, está tudo bem. A que está logo acima, a que vai te atingir, você não ouve".

Eu ficava paralisada de medo. Eu me agachava com os joelhos sob o queixo, olhos fechados, me apoiando em quem estivesse perto de mim — no escuro não conseguia achar a minha mãe — com as mãos torcidas, incapaz de pensar em qualquer coisa além do meu terrível pavor. As outras em volta de mim conversavam, contavam as bombas, comentavam quão longe ou perto cada uma caía e até adivinhavam pelo estrondo se era uma bomba de cinquenta ou de cem quilos. Eu só ficava aterrorizada. Todas as noites, por uma ou duas horas, eu me encolhia ali, enquanto ratos corriam por entre ou por cima dos meus pés.

Quando o aviso de "tudo limpo" soava, subíamos cautelosas de volta para nossos beliches, na esperança de dormir um pouco. Na maior parte das noites, porém, havia um segundo ataque, e então já era de manhã e éramos mandadas ao trabalho.

Quando o comando era dado — *"In Fünferreihen auftreten"*, para formar as filas de cinco — era importante ficar perto da sua mãe, irmã ou amiga, porque enquanto nos contavam — cinco, dez, quinze — as sentinelas nos separavam em equipes. Éramos alocadas para diversas fábricas e refinarias que solicitavam trabalhadores-prisioneiros, e se você estivesse em um grupo diferente, passava o dia todo sozinha entre rostos pouco familiares. Na verdade, ninguém era totalmente estranha, todas nós nos conhecíamos, mas havíamos formado unidades de amizade que se mantinham juntas e ajudavam umas as outras.

Era um arranjo da maior importância. O apoio de uma amiga muitas vezes era o único jeito de superar a tristeza, alguma dor ou doença, a saudade e a solidão. Havia mães com as filhas entre nós, o que, é claro, era o melhor. Algumas tinham uma irmã, e o restante formou amizades rápidas, normalmente em duplas, mas havia também alguns trios, que se mantinham juntas e compartilhavam o que tivessem. Se uma menina conseguia alguma comida extra, ela a dividia em partes iguais e compartilhava com suas amigas. Isso pode soar um pouco nobre demais, mas era realmente assim, e acredito que a necessidade tenha causado esse comportamento. Você precisava de alguém com quem falar, alguém com quem pudesse conversar sobre sua casa e família, sobre seus medos e ansiedades. Acabamos conhecendo o mundo mais particular de nossas amigas, os detalhes íntimos do passado, todos os seus segredos. Ficávamos totalmente expostas umas às outras. Você não podia deixar uma amiga na mão quando ela precisava de encorajamento, quando ela perdia a vontade de lutar e sobreviver. Ter a responsabilidade de aumentar a moral de outra garota, ajudava a superar sua própria depressão. Você se convencia a ter esperança e fazia ambas acreditarem nisso, porque na vez seguinte seria ela quem faria o mesmo por você. Nenhuma de nós era imune a desesperança; quando tudo parecia perdido, o cuidado da sua amiga a salvava do desespero. No inverno ficávamos juntas sob nossos dois cobertores para nos esquentarmos, e quando uma se virava durante o sono, a outra precisava seguir e colocar os joelhos na posição adequada para não deixar uma abertura pela qual o ar frio pudesse entrar entre nós.

17

MEU NAMORADO ITALIANO

EM DESSAUER UFER PRECISÁVAMOS ACORDAR quando ainda estava escuro. Ficávamos em pé para a *Appell* na rua para sermos contadas, cansadas pela falta de sono. Cheguei a aprender a dormir de pé, apoiando a cabeça na mulher da frente. Os guardas precisavam de um bom tempo para nos contar e tínhamos que estar no píer a tempo de tomar a balsa que nos levava para os locais de trabalho.

Embarcávamos na balsa normal, que servia à população civil, mas havia precauções especiais para evitar qualquer contato entre as prisioneiras e os demais passageiros. Nós subíamos as escadas para o deque superior, então as portas eram fechadas, e nossos vizinhos, os italianos, podiam embarcar. Apenas quando eles tinham sido separados no deque inferior os civis podiam entrar. A maior parte era de donas de casa, com lenços amarrados na testa, como era a moda da época, carregando sacolas de compras, ou homens idosos. Não se via nenhum homem alemão saudável, estavam todos no front.

Embora fôssemos separadas das pessoas de baixo, não havia como nos impedir de olhar pelas grades. E lá, logo abaixo de nós, ficavam nossos vizinhos, os belos prisioneiros de guerra italianos que, como nós, estavam a caminho do trabalho. Eles olhavam para cima para nos ver, e nós, para baixo.

Relacionamentos nasciam, sorrisos eram trocados, conversas aconteciam com mímica, gestos expressavam sentimentos entre homens e mulheres, alguns falsos e exagerados, mas outros viraram mais do que isso.

Os italianos — chamados normalmente de macaronis — eram prisioneiros de guerra, todos com vinte e poucos anos ou menos. Embora precisassem trabalhar, suas condições eram muito melhores que as nossas: recebiam pacotes da Cruz Vermelha, podiam escrever para casa, não passavam fome e não eram tratados com crueldade.

Para nós mulheres, o contato com os macaronis era benéfico. Eles davam um jeito de contrabandear comida para nós e escreviam cartas de amor engraçadas em um alemão capenga, nas quais juravam amor eterno.[*] Podiam rir e fazer piadas sem punição e melhoravam nosso ânimo com sua alegria e vitalidade.

Um dos italianos, de nome Bruno, começou um caso com uma das nossas jovens. Os italianos moravam bem ao lado e era possível conversar entre as janelas se você se inclinasse o suficiente. Dessa forma, Bruno e a garota tinham longas conversas em francês e por fim até descobriram uma forma de se encontrar.

Quando a maré estava baixa os porões ficavam conectados, e se houvesse coragem, ou a paixão fosse mais forte que o medo, era possível se arrastar em meio a escuridão úmida pelas aberturas até o porão vizinho e encontrar seu amante, enquanto lá fora as bombas caíam. Na manhã seguinte, porém, havia marcas no pescoço e bochechas da menina que rendiam comentários jocosos das mulheres. Ela não era a única, mas as outras conseguiram manter seus casos mais discretos.

Eu também tinha um namorado. O nome dele era Franco e ele era menos ousado que seus exuberantes amigos. Ele me olhava com admiração do deque inferior, acenava com timidez e então baixava os olhos. Ele se tornou mais ousado na vez seguinte, colocando a mão sobre o coração e articulando meu nome com os lábios. Eu sorri de volta. Ele era muito jovem, talvez uns dezenove anos, e bem baixo, mas muito bonito, com a pele morena e os cabelos pretos.

---

[*] As mensagens eram escritas em pequeninos pedaços de papel enrolados em volta de uma pedra e jogados para cima ou para baixo.

Certa manhã ele fez sinal para que eu olhasse a mão dele; ele estava segurando uma maçã. Depois de duas ou três tentativas, a maçã aterrissou no deque superior, mas outra menina rapidamente a pegou e começou a comê-la. Todos os homens lá embaixo acenaram os braços freneticamente em protesto e gesticularam: não, não, enquanto algumas meninas também a criticaram, dizendo: não é justo, pertence a Dita. Irritada, ela abriu mão da rara iguaria e me entregou o que havia restado. Franco assistiu a tudo desanimado, e no dia seguinte, quando estávamos desembarcando, alguém colocou um pequeno bilhete dobrado na minha mão. Era uma verdadeira carta de amor, provavelmente escrita por algum dos amigos dele que devia ter aprendido um pouco de alemão na escola.

Naquela noite fabriquei um pequeno souvenir. Com uma agulha emprestada e uns pedaços de tecido costurei dois corações e bordei as iniciais de Franco em um e as minhas no outro. Eu os amarrei com um pedaço de barbante colorido. Na manhã seguinte, joguei o presente para ele junto com um pequeno bilhete através da grade. Ele ficou radiante com a lembrança, e na troca de bilhetes seguinte ele me escreveu seu endereço, me contou dos seus pais e de sua casa em Milão. Eu decorei o endereço e, claro, joguei o papel fora. Nós poderíamos ter nossas coisas tomadas, como já havia acontecido antes, e eu perderia o bilhete. Eu também tinha medo de uma revista dos guardas.

Na verdade, decorei o endereço tão bem que posso recitá-lo até hoje: *Franco Z., Piazza Santa Maria del Suffragio, numero tre, Milano.* Também dei um endereço a ele, o da minha tia Manya. Se voltássemos a Praga, ela saberia onde me encontrar. Eu não tinha um endereço residencial em Praga, é claro.

Nós nunca nos aproximamos o suficiente nem para apertarmos as mãos, mas, a partir daí, Franco me considerava sua namorada. Porém não nos víamos muito, porque os italianos também trabalhavam em outras partes da cidade.

No início do outono, fomos transferidas de Freihafen para outro subúrbio chamado Neugraben. Em um dia frio e cinzento, enquanto cavávamos uma trincheira estreita e profunda que se estendia de horizonte a horizonte, a mulher ao meu lado me deu uma cotovelada e apontou com o queixo na direção de um conjunto de árvores. Lá, meio escondido atrás de um tronco, estava Franco, acenando com cuidado para não atrair a atenção dos guardas que estavam parados ao longo da trincheira. Acenei discretamente, mas não sei se ele conseguiu me ver sorrindo; estávamos longe demais.

Essa foi a última vez que vi Franco.

Quando cheguei a Praga depois da guerra, Manya disse: "Há uma carta para você, veio da Itália". Eu soube imediatamente que era de Franco. Era uma epístola extremamente educada, escrita em alemão com muitos erros, provavelmente por algum amigo dele. Ele descrevia o que tinha acontecido com ele até o fim da guerra. Ele também havia sofrido muito, mas tinha voltado para sua família. Ele perguntou da minha estimada mãe e me convidou para ir a Milão, porque ainda me amava. Contou que os coraçõezinhos o haviam ajudado a superar os momentos difíceis e ele ainda os guardava.

Nós nos escrevemos mais algumas vezes. Em uma de suas cartas ele me mandou duas fotos dele jogando tênis. Ele escreveu que contou aos pais sobre mim. Queria que eu fosse para a Itália e me tornasse sua esposa. Mas eu só tinha dezesseis anos, e todos insistiam para que eu retomasse os estudos. Nós dois percebemos que esse sonho não era realista. A essa altura eu já tinha encontrado Otto e paramos de nos escrever. Mas eu nunca me esqueci de Franco, meu namorado italiano.

Não apenas não o esqueci, como alguns anos atrás procurei na internet por algum rastro dele. E, para minha surpresa e alegria, lá estava o nome dele! Mas que tristeza! Era em um artigo sobre um torneio de tênis, que era dedicado à memória dele pela décima vez naquele ano.

Contudo, no artigo que descrevia o campeão de tênis Franco Z. havia uma menção ao filho dele. Eu escrevi a ele e recebi uma resposta calorosa. Ele me pediu que desse a ele, sua mãe e irmão o máximo de informações que eu conseguisse me lembrar a respeito de Franco naqueles trágicos dias.

Eu o fiz de todo coração.

18

Neugraben

Nossa próxima localização, Neugraben, um campo satélite do Stammlager Neuengamme, era pequeno, com apenas três ou talvez quatro galpões de madeira. Ele ficava no pé de uma modesta colina chamada Falkenberg, era fechado por uma cerca normal de arame farpado, sem eletrificação, e cercado de três lados por uma densa floresta. Um pequeno caminho levava à estrada, que conectava diversas vilas.

Alguns metros abaixo de nós, havia outro campo com uma porção de homens vindos de toda a Europa ocupada pelos nazistas que haviam sido obrigados a trabalhar na Alemanha. Eles eram livres para entrar e sair do campo e para escrever e receber cartas e pacotes de casa. Claro que éramos proibidas de ter qualquer contato com eles, mas como em todas as prisões pelo mundo, algumas de nós deram um jeito de se comunicar com eles.

Certo dia uma das nossas meninas foi chamada pelo Lagerkommandant. Ela foi presa e mandada ao quartel-general da Gestapo. Uma carta que ela havia escrito a um homem tcheco no campo vizinho tinha sido apreendida. Os dois aparentemente pretendiam fugir juntos. Nós ficamos preocupadas, acreditando que ela seria morta. Foi incrível, mas dois dias depois ela foi trazida de volta para o campo, ilesa, mas deprimida. Como punição eles haviam raspado a cabeça dela. Ela estava tão infeliz! Ficou deitada em seu beliche com o rosto virado para a parede, os braços sobre a cabeça. Mas nós rimos com alívio; o que era uma careca quando temíamos pela vida dela?

Nossos galpões de madeira tinham um corredor central com três ou quatro quartos de cada lado. Os quartos eram mobiliados com beliches de dois andares para cerca de vinte mulheres. Havia um pequeno forno no canto, e quando ficava extremamente frio no inverno, um grupo de mulheres acompanhadas por um guarda podia juntar lenha na floresta.

Quando chegamos a Neugraben, ainda estava bem quente, mas com a chegada do outono o clima mudou. As únicas roupas que tínhamos eram os macacões finos como papel, e as mulheres sofreram duramente com o frio. Mamãe e eu tivemos sorte de ter suéteres e meias, mas nossos sapatos eram uma espécie de tamanco, um pedaço de madeira como sola e um sucedâneo de couro duro na parte de cima. Andar com eles era difícil, e nossos pés estavam cheios de feridas e bolhas. No caminho para o trabalho coletamos jornais velhos ou farrapos para enrolar nos nossos pés. Mas as feridas não saravam, e muitas ficavam infeccionadas. Claro que não havia remédios, nem gaze ou curativos. Era preciso aguentar.

Tínhamos uma espécie de clínica e até uma médica, uma outra prisioneira. Havia algumas camas para as mulheres muito doentes, mas a dra. Goldová só podia mantê-las ali por dois dias no máximo. De qualquer forma, ela não tinha com o que tratá-las.

Havia um rumor de que receberíamos roupas mais quentes, mas ninguém acreditou. Entretanto, para variar, dessa vez era verdade. Um dia um caminhão chegou com uma montanha de casacos de todas as cores. Eles eram de segunda mão, mas alguns ainda bem bonitos, até mesmo na moda. Quem sabe o que aconteceu com as pobres coitadas que eram donas deles?

Nós podíamos puxar o que gostássemos da pilha, os guardas não interferiam. Que delícia! Margit, que tinha se tornado minha amiga próxima, já que sua mãe e irmã haviam permanecido em Auschwitz e seu pai havia sido enviado para Schwarzheide, escolheu um azul-marinho. O meu era cor de vinho com um "corte princesa", mas ambos eram leves e finos. Meninas tontas! Mamãe foi sensata e escolheu um casaco longo e escuro com bom forro, sem forma, mas quente.

Nossa alegria durou pouco. Logo veio a ordem: trocar a manga esquerda por uma com uma cor que contrastasse. Eles até nos deram linha e agulha. Então passei a ter uma manga azul e Margit, uma cor de vinho. Depois fizemos fila no pátio, e nossa *Blockälteste* aplicou nas costas de cada casaco uma listra com um pincel grosso de um balde cheio de tinta amarela. Isso nos tornaria facilmente reconhecíveis de costas quando estivéssemos trabalhando perto de civis.

Nosso trabalho era diferente do de Fraihafen. Precisávamos cavar a fundação para um grande abrigo antiaéreo, que serviria ao novo assentamento de chalés pré-fabricados para onde famílias alemãs seriam realocadas quando perdessem suas casas bombardeadas. Outro projeto era cavar um fosso estreito com um metro de profundidade que serpenteava por um longo trajeto através de campos, interligando assentamentos distantes. Se eram para canos de água ou outro motivo, não nos disseram.

Quando era para limparmos entulho de casas demolidas na cidade, formávamos uma corrente humana, a mulher na ponta pegava um tijolo, jogava para a próxima da fila e para a próxima até que a última na calçada colocava os tijolos em pilhas uniformes em camadas transversais. Os tijolos tinham cimento grudado neles e não tínhamos com o que proteger nossas mãos, que logo ficavam arranhadas e sangravam.

Mesmo assim, tenho memórias de natureza mais alegre. Desde que eu havia bordado os dois corações de tecido para Franco, outras garotas haviam me pedido para fazer itens parecidos, e às vezes eu até costurava pequenos bichinhos de pelúcia. Antes do Natal, um dos guardas me pediu para fazer um presente para sua netinha. Ele me trouxe pedaços pequenos de tecido colorido, tesoura e linha. De manhã, quando chegávamos no local de trabalho, ele me puxava de lado e me levava para uma cabine que servia como vestiário dos trabalhadores. Lá eu sentava o dia todo, fora do frio, e produzia uma boneca vestida como uma dama rococó. Eu queria dar a ela uma sombrinha, mas não tinha nada para o cabo. Saí para procurar por um graveto, mas não consegui encontrar. Por fim, puxei da terra uma erva com uma raiz bem firme e ela foi um cabo adequado para a sombrinha. O homem ficou muito satisfeito com a minha criação. Só fiquei me perguntando o que a garotinha diria quando a raiz secasse, ou talvez começasse a brotar folhas.

Eu me tornei a *"Puppenmacherin"* de outros guardas também. Era conveniente para eles economizar a despesa e o trabalho de comprar presentes de Natal. E eu podia me sentar abrigada entre as roupas dos trabalhadores e fazer algo que eu amava.

Todavia havia também um problema. Não apenas os casacos dos trabalhadores ficavam na cabine, mas suas lancheiras. À minha volta havia um monte de comida, e eu sentia tanta, tanta fome!

Eu não ousava pegar nada por medo de perder meu trabalho confortável. Eu precisava lutar contra o impulso de me servir de suas lancheiras e o esforço era enorme, quase insuportável.

Claro que no fim fui incapaz de resistir. Abri algumas lancheiras para ver o que eu poderia pegar sem deixar rastros e esperava que os trabalhadores não soubessem exatamente o que suas mulheres haviam preparado para eles. Eu tinha medo de que a qualquer momento um deles entrasse por algum motivo e me pegasse roubando. Mas a fome é mais forte que o medo.

O idílio durou só alguns dias, então voltei para o trabalho duro no frio lá fora.

Mamãe nem sempre estava na mesma equipe que eu. Por muitos dias ela trabalhou com seu grupo perto das casas das famílias alemãs evacuadas. Ela me contou sobre um homem jovem que a observava. Em outra ocasião, ele tinha conseguido ter uma breve conversa com ela, sem ser notado pelo guarda. Ele era estrangeiro, convocado para o trabalho escravo na Alemanha e empregado em um açougue. Um dia ele lhe trouxe várias salsichas. Mamãe ficou extremamente chateada porque ele quis beijá-la. Ela estava chorando quando me contou. Fazia apenas oito meses desde que papai tinha morrido. Eu também fiquei chocada, mas por outro motivo. Eu não conseguia compreender que minha mãe era uma mulher, que podia ser desejada por um homem estranho.

Uma ocasião agradável em Neugraben foi o show de Ano-Novo que nossas mulheres produziram. Eu não sei se o comandante sabia dos nossos preparativos para a festa. No entanto, o fato é que ele e os guardas foram ao show e aplaudiram com entusiasmo. Estou tentando me lembrar onde apresentamos o show. Provavelmente foi no banheiro, o único galpão com algum espaço vazio. O programa consistia em vários números, mas só me lembro de dois. No palco improvisado, três meninas apareceram — Nanne Duxová e Gerti Hartmannová (o nome da terceira me escapa) — com vestidos idênticos com saias de crinolina feitas com dezenas daqueles lenços azul-claros pouco práticos que tínhamos ganhado em Dessauer Ufer. Elas cantaram *Geschichten aus dem Wiener Wald,* de Strauss, a três vozes enquanto moviam seus braços e rodopiavam no ritmo. Era uma performance bem ensaiada, muito profissional. Alguém notou que era uma boa ideia os vestidos serem compridos, assim os tornozelos grossos de Gerti ficavam escondidos.

No entanto, o destaque da noite foi Lilly. Lilly entoou "A serenata do burro" (do compositor tcheco Friml para um filme com Nelson Eddie e Janet McDonald) com sua voz forte e profunda, usando a aba de um velho chapéu com pedaços de palha em volta do rosto. Foi maravilhoso! Não paramos de aplaudir até ela cantar mais uma vez. Tudo isso, é claro, sem acompanhamento musical, já que não havia instrumentos no campo.

Voltamos para os quartos depois da meia-noite. Era uma noite congelante, com um céu limpo forrado de estrelas. As janelas estavam cobertas pelos padrões formados pela geada. Subitamente fui tomada por uma forte convicção de que aquele ano — 1945 — seria o último da nossa prisão. Eu tinha a sensação de que o ano que chegava traria o fim da guerra e o fim do nosso sofrimento.

De fato, foi o último ano da guerra, mas até nossa liberação vivemos mais horrores, piores do que tudo que já tinha acontecido conosco.

19

Tiefstack

No início da primavera de 1945, mudamos de novo para outro campo, em Tiefstack. Tiefstack era um subúrbio da cidade de Hamburgo. O campo ficava em um complexo de fábricas de blocos de cimento nas quais a maioria de nós trabalhava. Achamos o nome Tiefstack muito apropriado para a nossa situação: *tief* quer dizer profundo em alemão e *stack* soa como o *stuck* do inglês, e estávamos realmente presas no fundo.

Por um tempo trabalhei na fábrica, realmente produzindo os blocos. São feitos da seguinte maneira: uma mistura de cimento molhado com cascalho é colocada em um molde de madeira com lados destacáveis e pressionada com força; o molde pesado é então levado para secar; em um dia ou dois os blocos estão secos. Os moldes são removidos para serem reutilizados e os blocos são empilhados até formarem grandes cubos de uns dois metros de altura. O pátio virava um verdadeiro labirinto até que caminhões fossem buscá-los. O trabalho era árduo e sujo, mas as pilhas eram feitas por operários homens.

Algumas mulheres foram mandadas para outros lugares, principalmente para limpar entulho de casas bombardeadas que estavam bloqueando as ruas. Às vezes eu também trabalhava do lado de fora.

Eu me lembro das casas cinzas e feias, das ruas vazias com crateras de bomba e da falta de verde. Havia também um abrigo antiaéreo de superfície. Uma ou duas vezes fomos levadas para esse imenso prédio de concreto sem janelas durante um ataque. Eles nos levaram para o último andar, o menos seguro, enquanto a população civil usou os andares de baixo. De repente havia o estrondo de uma bomba aterrissando no topo do abrigo. Felizmente, elas não passavam pelo teto reto, mas todo o prédio sacudia como uma árvore ao vento. Nosso heroicos guardas da ss ficavam no andar de baixo, é claro. Eles sabiam que não tínhamos como escapar. Depois do sinal de tudo limpo, os civis se dispersavam e os guardas finalmente permitiam que descêssemos.

Certo dia, nossa coluna de prisioneiras estava marchando, ou mais precisamente arrastando os pés, de volta para o campo no início da noite. Enquanto andávamos ao longo de um muro cinza que cercava uma grande usina de gás, vimos um dos nossos guardas da ss vindo de bicicleta na nossa direção. Ele tinha um curativo branco manchado de sangue em volta da cabeça. Ele veio dizer aos guardas que o campo havia sido atingido diretamente e havia vítimas. Fomos tomadas por uma grande angústia: todas tínhamos uma amiga ou irmã que trabalhava em outra equipe, e como era a hora do retorno de vários locais de trabalho, elas podiam estar entre as vítimas.

Pelo resto do caminho, corremos o mais rápido que podíamos com nossos tamancos, impulsionadas pelo medo. No campo encontramos caos e pandemônio. Dois dos três galpões de madeira haviam sido derrubados e eram agora pilhas de vigas, tábuas e telhas despontando para todo lado. As mulheres corriam de um lado para o outro, gritando e chamando o nome de amigas. Estava ficando escuro, o que tornava a busca ainda mais difícil.

"Mamãe, mamãe", gritei, implorando para todo mundo que via: "Você viu a minha mãe?"

Corri para o lugar onde antes ficava nossa cabana. Muitas mulheres tentavam entrar embaixo da madeira derrubada para procurar por amigas presas.

"Sua mãe está lá dentro... ela está bem", disse-me uma delas.

Aliviada, mas incerta até que eu a visse com meus próprios olhos, também me arrastei para debaixo das vigas. Lá estava ela, minha mãe, no lugar em que nossos beliches ficavam, com um grande semblante de decepção.

Ela estava procurando pelo pão que tinha escondido sob seu colchão, mas ele havia sumido. Alguém havia sido mais rápido e passado na frente dela.

Guardar pão era uma luta constante. Estávamos permanentemente famintas, na verdade morrendo de fome. As rações eram pequenas demais para encher nossos estômagos. Ainda assim queríamos ter um pouco de pão reservado para uma emergência. O sistema era assim: quando recebia sua ração, você deixava uma fatia fina para o dia seguinte; no dia seguinte você comia a fatia do anterior e guardava um pedaço mais grosso, e no dia seguinte de novo. No dia do bombardeio, nós já havíamos guardado meio filão. Exigia uma enorme abnegação manter esse regime, e agora tudo tinha sido em vão.

Um dos galpões destruídos era a ala das doentes, e havia vítimas entre as pacientes; até mesmo nossa médica havia se ferido. A dra. Goldová era uma de nós, mas tinha permissão para cuidar das doentes. Claro que ela tinha um status privilegiado, já que os guardas também usavam os seus serviços. Ela e algumas outras foram mandadas para um hospital de verdade, em Hamburgo. Mais tarde eu soube que ela havia se recuperado.

Entre as vítimas do bombardeio estava um dos nossos guardas. O corpo dele ficou jogado por muitas horas perto da entrada dos últimos galpões restantes, com a barriga gorda evidente e seu rifle ao lado. Fomos obrigadas a passar por cima dele para entrar e sair, o que achei perturbador, mas também, de alguma forma, excitante.[*]

No dia seguinte ao ataque ninguém foi trabalhar. Era necessário encontrar uma acomodação alternativa para as mulheres. Um corredor da fábrica foi transformado em dormitório; carregamos tábuas e as colocamos sobre os blocos e espalhamos um pouco de palha dos colchões por cima delas. No único galpão restante mais mulheres precisaram se apertar.

Enquanto Margit e eu andávamos pelas ruínas, coletando o material para nossas camas improvisadas, ela subitamente parou e começou a encarar o chão. Havia três maços de cigarros meio enterrados na areia. Como estávamos

---

[*] Eu descobri mais tarde que o dia do bombardeio foi 21 de março de 1945, e o nome do guarda morto era Paul Gustav Karl Freyer.

no lugar da antiga ala das doentes, concluímos que eles deveriam ter sido da dra. Goldová. Só ela poderia ter sido a dona de tamanho tesouro. Era como um milagre. Três maços, sessenta cigarros!

Depois do pão, cigarro era o item mais importante no mundo dos campos. Eles serviam como moeda. Mesmo entre a população civil da Europa devastada pela guerra, cigarros podiam comprar quase tudo. No campo, os sortudos que tinham acesso à comida estavam sempre dispostos a trocar pão ou sopa por cigarros. Você podia abordar qualquer kapo ou *Blockältester* e fazer negócio. Uma porção dupla de sopa por um cigarro era a norma, até três, quando havia escassez. Além do quê, cigarros não ficavam velhos ou mofados como nosso pão ruim.

Não é exatamente roubo se pegarmos os cigarros, concluímos. Nossa pobre médica havia sido levada para o hospital; não podíamos devolvê-los para ela, podíamos? Ninguém tinha nos visto, e daí? Achado não é roubado.

Margit, mamãe e eu embrulhamos cada uma um maço em um trapo, o enrolamos em volta do pescoço e o escondemos sob as roupas. Sentíamos que nada poderia acontecer conosco, nossa riqueza nos protegeria.

Quem eram os ricos que podiam abrir mão de pão e sopa por cigarros? De cima para baixo: o *Blockältester*, o kapo dos trabalhos, a equipe da cozinha e qualquer um que tivesse acesso aos mantimentos depois que, é claro, já tivessem sido saqueados na fonte pelos homens da ss.

Logo depois do ataque aéreo fomos evacuadas de Tiefstack. Havia uma mudança no ar, nós sentíamos a tensão, talvez o medo, dos nossos guardas. Muitas mulheres da ss haviam entrado na guarda, que tinha se tornado um pouco frouxa conosco. As mulheres da ss eram cruéis e duras; elas estalavam seus chicotes até fazermos filas retas, cada uma tentando superar as colegas ao inventar punições cada vez mais cruéis.

Foi nas mãos de uma mulher da ss que eu vivi a humilhação mais degradante e vergonhosa de todos os meus anos nos campos. O trem que estava nos levando para um destino desconhecido com frequência parava nos trilhos durante horas. Outros trens passavam pelo nosso, alguns transportando soldados feridos. Não tínhamos ideia de onde estávamos, horas se passavam, um dia e mais outro. Não havia banheiro nos carros de gado e precisávamos nos aliviar ao lado dos trilhos, à vista de todo mundo, quando o trem parava.

Enquanto eu estava agachada urinando, uma mulher da ss veio por trás de mim, me chutou com sua bota e caí com o rosto na poça. Eu ainda consigo sentir a vergonha e a raiva enquanto escrevo isso. Até mesmo animais evitam atacar seus rivais enquanto eles estão se aliviando.

20

Bergen-Belsen, perto de morrer de fome

Cartão de registro de Bergen-Belsen, 1945.

Em Bergen-Belsen, diferentemente de Auschwitz, as cercas não eram eletrificadas. Os galpões eram feitos de madeira, no interior não havia beliches ou qualquer outra mobília, apenas colchões de palha no chão de concreto.

No começo a rotina era familiar: *Zählappell*, a contagem dos prisioneiros duas vezes por dia, em filas de cinco, os vivos em pé, os mortos deitados no chão. Havia distribuição de comida uma vez ao dia, a comida consistia em uma concha de sopa.

Em todos os campos de concentração que estive, sopa era a única comida quente que os prisioneiros recebiam. Em alguns campos havia também um pedaço de pão, mas no fim até isso desapareceu. No campo familiar, em Auschwitz, ao meio-dia um grande barril, carregado por dois prisioneiros, era colocado na frente dos galpões, e fazíamos fila com nossas tigelas ou qualquer recipiente que tivéssemos. Cada um de nós também carregava uma colher, presa no barbante que servia de cinto ou escondida dentro das roupas. Todo mundo tentava ficar perto do fim da fila, mas não muito no fim, porque senão corria-se o risco de ficar sem sopa alguma, caso ela acabasse antes da sua vez. O começo também era ruim, porque você ganhava só o líquido do topo, sem pedaços sólidos. Os prisioneiros que carregavam o barril até os galpões podiam raspar os restos de sopa que restassem nos barris vazios. Para fazer isso, eles os deitavam de lado e se arrastavam para dentro com a colher e a tigela.

Em Auschwitz, as crianças recebiam uma sopa melhor, vinda do campo dos ciganos. Mas Fredy proibia os professores de tocarem nela, mesmo que alguma criança quisesse dar uma colherada. Os adultos e assistentes recebiam a sopa do campo.

Era possível encontrar todo o tipo de tesouros na sopa. Poderia haver um pedaço de batata ou nabo e vez ou outra até um fiapo de carne dura. A maior parte do que era destinado aos prisioneiros acabava nas barrigas do comandante do campo e sua família, dos guardas e suas famílias, e só o resto chegava na cozinha. Então havia, é claro, a equipe da cozinha e seus amigos, que também pegavam sua parte. No fim, nós, os meros prisioneiros, recebíamos a sopa diária cada vez mais rala.

Margit, mamãe e eu ainda tínhamos nosso tesouro — os cigarros. Nós tomávamos cuidado para que ninguém ficasse sabendo para que não fôssemos roubadas durante o sono. Saber que possuíamos tamanho tesouro nos dava uma sensação de segurança. Não passaríamos fome; sempre poderíamos comprar outra sopa. Era como se tivéssemos uma conta em um banco suíço.

Quando chegamos a Bergen-Belsen, não usamos nossa fortuna imediatamente. Avaliávamos se conseguiríamos aguentar a fome mais um dia, quando a necessidade pudesse ser ainda mais aguda. Depois dos primeiros dois ou três dias, uma estranha mudança aconteceu no campo. Os guardas pararam de nos contar e a sopa rala vinha com irregularidade. Agora eu e Margit estávamos dispostas ao escambo.

Uma ou duas vezes fomos bem-sucedidas em conseguir uma porção extra de sopa em troca de alguns cigarros. Mas então a distribuição de sopa parou totalmente, e ninguém queria os nossos cigarros. Todo mundo estava com fome, ninguém tinha comida, nem mesmo os kapos. Toda a estrutura da vida no campo estava entrando em colapso.

Depois de vários dias em Bergen-Belsen recebemos a ordem de levar as coisas de um depósito para a estação de trem da cidade. Cada uma de nós precisava carregar um pacote nos ombros, mas mamãe não era capaz de carregar mais nada e mal conseguia andar.

À noite podíamos ver lampejos de explosões no horizonte e ouvir os estrondos dos foguetes de artilharia. Eles pareciam se aproximar, o front estava chegando mais perto. Não ousávamos ter a esperança de que a liberdade nos fosse concedida a tempo. Nos complexos vizinhos, havia mortos por todos os lados.

Tomei consciência da iminência da nossa morte quando uma garota, deitada a apenas três passos de mim, não conseguiu se levantar de manhã. Suas pernas estavam inchadas; todas nós tínhamos edemas, mas ainda conseguíamos ficar de pé. Ela ficou deitada de costas gemendo, com os olhos fechados, respirando com dificuldade. Algumas das mulheres se reuniram em volta dela, conversando e a encorajando, dizendo que tudo passaria e ela logo se sentiria melhor. Mas ouvi o que uma delas falou a certa distância: "É o fim".

Então é assim que se morre de fome, pensei. E eu sabia que era isso que aconteceria com todas nós.

Não é como se eu não tivesse visto a morte antes. Havia certo ponto em que começava a espiral descendente. Eu havia visto em Auschwitz muitas, muitas vezes. Era como se a pessoa subitamente fosse marcada pela morte. Seus olhos ficavam vazios e sem expressão. Ela podia ainda ser funcional, talvez até estar trabalhando, mas de forma automática. Seus ombros caíam como se sua espinha tivesse sido removida. A pessoa mal falava, não se interessava por nada, nem mesmo por comida. No nariz dela havia uma gota permanente que ela nunca se preocupava em limpar. Ela havia desistido e parado de lutar pela sobrevivência. Essas pessoas morriam muito rápido. Elas tinham um nome. Eram chamadas de *Muselmänner*.

No entanto, isso agora estava acontecendo perto de mim. Agora eles não eram velhos, nem sequer de meia-idade, eram mulheres jovens à minha volta, e logo seria eu mesma. Nos campos o conceito de idade muda. Qualquer um com mais de quarenta e cinco era velho. Eles não passavam nas seleções do dr. Mengele em Auschwitz. Mulheres de trinta estavam na meia-idade. Os jovens tinham dezoito ou vinte anos. Eu tinha quase dezesseis e acreditava estar entre os poucos que tinham as maiores chances de sobreviver.

Certa manhã, uns quatro ou cinco dias depois da nossa chegada a Bergen-Belsen, mamãe não queria se levantar. Ela se sentou no chão, com o rosto por lavar e o cabelo despenteado. Eu me senti péssima, quis chorar. Comecei a lhe implorar, a tentar convencê-la. "Olhe para você! Você não lavou o rosto. Penteie o cabelo, não se deixe abater." Eu sabia que ela estava prestes a se tornar uma *Muselmann* e eu não conseguia aguentar.

Dessa vez, tive sucesso. Ela se recompôs e, com a ajuda minha e de Margit, seguiu em frente. Por um tempo me senti aliviada.

Então veio a manhã em que não houve *Zählappell,* nenhum guarda à vista, nada como de hábito. Apenas os soldados nas torres de vigia nos quatro cantos do complexo continuavam de prontidão com suas metralhadoras. Diziam que eles eram *Volksdeutsche*, recrutas dos países ocupados que haviam se voluntariado para servir no exército alemão. Eles eram mais cruéis que os próprios alemães.

De início ninguém entendeu o que estava acontecendo. Pensamos que talvez os homens da ss fossem chegar mais tarde. Mas horas se passaram e nenhum guarda apareceu. Ficou claro que eles tinham recuado, nos trancado e corrido para salvar a própria pele. Então era verdade, os Aliados estavam se aproximando. Agora era uma questão de dias apenas, talvez horas, até que eles chegassem.

O que aconteceu em seguida não pode ser descrito; palavras humanas falham em expressar tamanho inferno. Ainda assim, tentarei falar sobre isso, porque preciso.

No dia que os guardas nos deixaram, o fornecimento de água parou. Se eles fecharam o registro deliberadamente eu não sei, mas suspeito que sim. Não havia água em lugar algum. Então notamos que algumas mulheres estavam reunidas nas latrinas, aglomeradas na entrada, lutando para entrar. Alguém tinha descoberto um cano furado do qual pingava água. O cano corria pela parede dos fundos, depois da fossa, que estava cheia de excrementos fedidos dos prisioneiros do campo que sofriam de diarreia. Para chegar à água que pingava, se a pessoa tivesse sorte suficiente de ter um recipiente no qual coletá-la, era preciso passar uma perna por cima da fossa, apoiá-la contra a parede e segurar o pote por um tempo para coletar algumas gotas. E assim formamos uma fila e esperamos a nossa vez durante todas as horas do dia e da noite, porque percebemos que brigar não adiantaria nada.

Não sei quantas pessoas estavam no campo. Ele era dividido em várias repartições, com uma estrada correndo no meio. Na nossa divisão havia talvez oito ou dez galpões. Quando nós mulheres chegamos de Hamburgo, encontramos prisioneiros de várias nacionalidades. Nosso contingente talvez tenha sido o último a chegar.

Um dos prisioneiros que encontramos era uma garota tcheca, Eva Kraus, cuja rota de deportação havia sido diferente da nossa. Ela tinha sido mandada de Praga direto para o gueto de Łódź, na Polônia. Com ela descobrimos o que havia acontecido com os primeiros judeus tchecos a serem transportados para o Leste, em 1941. A maior parte deles havia morrido. Ela também havia estado em outros campos, tinha tentado escapar uma vez, mas foi capturada e acabou em Bergen-Belsen. Para sua surpresa e alegria, ela encontrou entre nossas mulheres sua tia, Marie Kraus, que por acaso era a mãe do meu futuro marido.

Mais uma vez, como sempre, me pego divagando, afastando o rosto das visões que não quero lembrar, ou talvez algo em mim, algum mecanismo de defesa, desvie meu pensamento para outra direção. Toda vez que começo a falar do Holocausto, pareço estar gravitando para as experiências do pós-guerra. Embora elas estejam diretamente conectadas ao nosso sofrimento, elas ainda são periféricas, como se eu só pudesse me identificar com as beiradas, mas não com a ferida em si. As experiências mais suportáveis, os incidentes engraçados, cenas de amizade, me vêm à mente e tentam eclipsar as que eu não consigo encarar. Mas sinto que preciso acertar as contas com elas também. Elas também são verdadeiras, essas imagens obscuras que existem nos recônditos da memória. Preciso mergulhar além da barreira e trazê-las de volta à luz da realidade consciente.

Sem água e sem comida. Nós havíamos sido trancadas lá dentro e deixadas para morrer. Perto da cerca havia uma pilha de nabos brancos, do tipo que fazendeiros costumam dar ao gado. Deviam estar ali havia um bom tempo porque o cheiro de podre impregnava toda a área em volta. Talvez houvesse alguns pedaços ainda firmes. Não ousávamos nos aproximar mais por causa dos guardas na torre. Mas a fome tornou as mulheres mais ousadas, e algumas tentaram chegar mais perto. Elas conseguiram passar despercebidas e começaram a vasculhar a pilha fedorenta.

Eu puxei a mão de Margit. "Venha, nós também podemos tentar", sussurrei. Outras também avançavam cautelosamente, um passo de cada vez. Chegamos mais perto. Nada aconteceu; parecia seguro. O fedor era horroroso, mas as mulheres estavam puxando nabos apenas parcialmente apodrecidos.

De repente ouvimos tiros. O guarda nos avistara. Talvez ele estivesse observando o tempo todo, só esperando que seus alvos chegassem mais perto. Margit e eu começamos a correr, mas não tínhamos forças e caímos e ficamos jogadas no chão. Outras também caíram, mas algumas nunca mais se levantaram, enquanto Margit e eu finalmente nos arrastamos para longe. A mulher bem na minha frente foi morta. Eu não olhei; havia muitos cadáveres por todo lado. Era impossível saber quem já estava morta e quem havia levado um tiro agora.

Os mortos estavam por toda parte. Não havia ninguém para enterrá-los. De início, os cadáveres eram recolhidos e empilhados um em cima dos outros. Alguns estavam vestidos, a maioria nus. Mas sua nudez era tão inofensiva quanto a de crianças pequenas, seus genitais não despertavam vergonha, seus corpos mortos haviam perdido toda sexualidade. Os membros eram apenas ossos, sem carne, cobertos de pele, os joelhos e cotovelos eram como nós em cordas, escapando da pilha em ângulos esquisitos. A maioria dos rostos tinha os olhos abertos, vazios e ocos; era impossível imaginar que um dia esses olhos haviam sido capazes de enxergar. O queixo se pendurava, mostrando o interior cavernoso da garganta enegrecida. Alguns dos mortos haviam se tornado tão pequenos que suas roupas pareciam vazias, e apenas a cabeça encolhida era prova de que havia um corpo dentro dos farrapos.

Durante um dia ou dois entre o desaparecimento dos guardas e a chegada do exército inglês, o campo ficou coberto de excremento e cadáveres. Os prisioneiros enfraquecidos não tinham forças para andar até a latrina e simplesmente se aliviavam onde estavam. Eles também morriam onde estavam. Em pouco tempo não havia como se mover sem passar por cima dos mortos, e era quase impossível evitar as poças de fezes ensanguentadas.

Você que está lendo isso deve estar se perguntando: como é possível aguentar tais horrores sem enlouquecer? Apenas é. A natureza, parece, tem uma forma de proteger o ser humano mesmo do pior dos infernos.

Eu não sentia dor, nem pena. Eu não sentia nada. Entendia que o que eu via era horrível além de qualquer compreensão humana, mas não sentia emoção alguma. Eu me deslocava por lá, passava por cima dos corpos, me sentava com Margit e mamãe e conversava, via mulheres caírem e morrerem ou ouvia o último suspiro de uma agonizante. Mas não sentia dor nem tristeza, nem por mim mesma. Eu só existia em um nível biológico, despida de toda humanidade.

Na verdade, estou errada. Ainda havia a amizade. Eu e Margit ficamos juntas, éramos o esteio uma para a outra. E eu ainda cuidava da minha mãe e tentava melhorar o ânimo dela. Não me lembro disso, mas nós provavelmente ainda tínhamos alguma esperança de resgate, já que escutávamos o front se aproximando.

As emoções não estavam totalmente mortas; estavam enclausuradas em algum lugar congelado dentro de mim, inalcançáveis, mas de alguma forma protegidas da perda total. Eu guardava o conhecimento de sentimentos como de uma memória passada; uma experiência vivida um dia e que recua para um depósito de reminiscências, mas se torna opaca, sem gosto ou cor. Estava ciente de que o que eu via era um horror indizível, mas esse conhecimento não era acompanhado de qualquer vestígio de emoção.

No último dia, eu e Margit estávamos sentadas na ponta do nosso setor, a alguma distância das torres de vigilância e dos galpões. O sol brilhava e o dia estava quente. À nossa volta não havia cadáveres, e nós estávamos sentadas no chão de areia, sentindo o calor agradável na nossa pele. Havia outros pequenos grupos de mulheres, agachadas aqui e ali, mas nenhum muito perto, e senti uma rara sensação de privacidade, desconhecida havia anos.

Tiramos nossas roupas e procuramos piolhos. Nós fazíamos isso devagar, seguindo as costuras internas onde os piolhos normalmente se escondiam. Quando os encontrávamos, os esmagávamos até a morte com as unhas dos dois dedões, uma prática que havíamos aprendido nos campos. Quando terminávamos de vasculhar uma peça de roupa, a abríamos no sol e tirávamos a próxima camada, mais uma vez a virando do avesso. Fizemos isso até nós duas estarmos sentadas com os torsos nus no sol, sentindo uma espécie de felicidade pela leveza da nudez, o contato com a areia limpa, aliviadas que quando colocássemos nossas roupas de novo não haveria piolhos nelas.

Estávamos terrivelmente magras. Não ainda como os *Muselmänner*, mas quase. Nossos seios haviam desaparecido por completo. Que interessante é a economia dos nossos corpos. Primeiro, ainda no gueto, havíamos parado de menstruar, como se o corpo tivesse decidido que era um desperdício perder sangue quando o reabastecimento era incerto. Então as camadas de gordura se vão, e quando toda ela é absorvida, o redondo da barriga desaparece até que ela entre para dentro e pareça uma tigela, com os ossos dos quadris como alça. Depois disso, a carne em si começa a desaparecer, das bochechas, dos braços e das pernas. Quando eu me erguia com os pés juntos, eu podia inserir minha mão, na horizontal, por entre as coxas.

Não sentíamos mais fome. Em vez dela havia uma espécie de ausência de peso. Nossos pensamentos já não se concentravam só em comida. Não púnhamos nada na boca havia muito tempo, dois dias, três dias, não me lembro. Eu me sentia de certa forma aliviada, quase feliz. O sol era maravilhoso.

Havia um grupo aglomerado a alguma distância de nós. Margit e eu nos levantamos para ver o que elas estavam fazendo. Algo havia atraído a atenção dela e despertou sua curiosidade. O grupo era composto de mulheres ciganas, que, como nós judias, haviam sido perseguidas pelos nazistas. Nós as havíamos encontrado em Auschwitz; elas também estavam em Bergen-Belsen. As quatro ou cinco mulheres estavam sentadas em círculo e no meio havia uma depressão na areia, e de lá saía um filete de vapor.

Quando Margit se aproximou, elas a enxotaram. Ela parou a alguns passos de distância, mas as mulheres começaram a gritar e a fazer gestos ameaçadores. Estavam guardando algo naquele buraco e não queriam qualquer aproximação. Margit voltou e se sentou em silêncio. Olhamos para as ciganas e elas também lançaram olhares na nossa direção.

De repente também conseguíamos discernir um cheiro vindo dali. Havia uma fogueira e elas estavam cozinhando algo. Cheirava bem, devia ser sopa. Eu me sentia atraída, mas com medo de me aproximar.

Nós nos levantamos e começamos a voltar para os galpões. Fizemos um grande desvio das ciganas para mostrar que não estávamos mais interessadas nelas. Mas então nos viramos e passamos pelo grupo para dar uma olhada na comida. Sim, havia uma lata servindo como panela e dentro dela algo cozinhava. Não nos falamos quando passamos por elas, e elas não gritaram quando viram que não pretendíamos parar.

Margit não disse nada. Depois de um tempo ela perguntou: "Você viu o que era?". Eu disse que não havia conseguido entender o que estavam cozinhando na lata. Ela repetiu: "Você não viu o que era?". Depois de um bom tempo ela disse: "Era um fígado".

Eu tinha me esquecido dessa cena. Os detalhes começaram a ganhar foco enquanto eu escrevia. O que me chama a atenção de novo é a ausência de qualquer reação. Não havia repulsa ou horror, embora a consequência do que havia visto tivesse sido registrada no meu cérebro: eu tinha testemunhado uma cena de canibalismo.

Não sei o que teria feito se as ciganas me convidassem para me juntar a elas. Hoje prefiro pensar que teria recusado, mas não tenho certeza. Margit e eu nunca mais falamos nisso.

21

LIBERTAÇÃO

DEVE TER SIDO NO DIA seguinte que os britânicos chegaram, porque se tivesse sido mais tarde, eu não teria conseguido mais andar. Primeiro nós ouvimos uma voz no alto-falante, em algum lugar na direção da entrada do campo. Embora fosse algo novo, ninguém demonstrou curiosidade; era esforço demais se levantar do chão. A voz chegou mais perto, repetindo algum anúncio. Houve um movimento nos complexos vizinhos. As figuras deitadas que ainda não estavam mortas ergueram as cabeças e escutaram. Alguns se levantaram e foram até a cerca de onde podiam ver a estrada central. Ouvimos gritos vindos dos outros complexos; algo incomum estava acontecendo.

E então eu também pude ver. Era um veículo verde militar com um símbolo branco na porta, mas não era a *Hakenkreuz* (a suástica). Havia um alto-falante acoplado no teto e dentro do carro, soldados vestindo uniformes estranhos. O carro se movia lentamente pela estrada e a voz repetia em várias línguas: "Vocês foram libertados, vocês estão livres. Nós somos o exército britânico e viemos libertá-los".

Talvez eles tenham falado de forma diferente. Minha memória tem lacunas, especialmente de coisas faladas; eu me lembro muito melhor de imagens do que de palavras. Consigo ver as mulheres aglomeradas na cerca, as que ainda tinham forças para se entusiasmar. A maioria, contudo, ficou apática, algumas sorriram de leve, entendendo que era algo bom.

Eu entendi, mas não me alegrei. O que senti foi uma espécie de alívio: de agora em diante tudo ficaria melhor; nós ganharíamos comida. Mas nos campos não se criava grandes esperanças. Aprendemos que expectativas de algo positivo nunca se concretizavam. Cada dia, cada mês, cada ano trouxe só mais sofrimento. Qualquer esperança de melhora ficava suspensa, a expectativa de qualquer coisa boa havia sido suprimida muito tempo atrás. Não era apenas tolo, mas prejudicial. Porque cada nova decepção era mais difícil de aguentar, quanto mais o ânimo afundava, mais esforço era necessário para se reerguer e seguir. Ser otimista consumia as forças.

Algumas mulheres tentaram abrir os portões para chegar à estrada, mas os encontraram trancados como antes. A liberdade ainda era algo abstrato, distante. Nós teríamos que esperar pacientemente. Isso também foi anunciado pelo alto-falante: "Permaneçam calmas. Vocês receberão comida e as doentes serão tratadas. Precisamos mantê-las em quarentena para evitar uma epidemia. Vocês serão mandadas de volta para casa assim que estiverem livres de contaminações".

Ainda assim, apesar da boa vontade, os britânicos cometeram erros fatais, que causaram a morte de muitas outras vítimas, antes de as coisas começarem a melhorar. No primeiro dia distribuíram comida do estoque do exército. Eles não perceberam o que sua carne e feijões enlatados fariam com corpos emaciados e famintos. A gulodice súbita foi devastadora, e os que vomitaram imediatamente foram os que tiveram sorte.

Minha mãe sensata e de cabeça fria declarou resoluta: "Vocês duas não vão comer nada a menos que eu aprove". Das comidas enlatadas, ela permitiu que pegássemos duas latas, uma era leite em pó e a outra, açúcar. Ela explicou para mim e Margit que precisávamos ter muito cuidado e comer só uma colherada de cada lata com longos intervalos no meio, para deixar que nossos sistemas digestivos aprendessem a funcionar de novo.

Então nós três nos sentamos no chão e lambemos a deliciosa mistura de açúcar e leite em pó, deixando-a por muito tempo na boca para que se dissolvesse lentamente. Prometemos a mamãe que obedeceríamos a suas orientações, apesar de vermos as outras se fartando com as tentadoras delícias.

O exército britânico localizou o campo de Bergen-Belsen em abril de 1945, enquanto avançava pela Alemanha. Eles não sabiam o que iriam encontrar e estavam totalmente despreparados para lidar com a situação. Eu ouvi isso deles muitas vezes. Eles sabiam que ninguém acreditaria quando descrevessem o que haviam encontrado. Precisaram documentar tudo em filme.

Eles filmaram as visões do campo nos primeiros dias depois da liberação: os corpos enterrados em valas comuns. A incineração cerimonial dos galpões infestados de piolho e tifo, sob o olhar atento das tropas e antigos prisioneiros de uma distância segura.

Em 1986, assisti ao filme na televisão. Lembrei do cheiro de milhares de cadáveres, que eu havia esquecido. Eu provavelmente estava tão acostumada na época que deixou de me incomodar. E agora revia as imagens dos mortos, exatamente como presenciei, com os membros retorcidos e olhos afundados. E havia os civis alemães, junto do prefeito de uma cidade próxima, que os britânicos ordenaram que testemunhassem suas próprias atrocidades. Eles estão segurando lenços no nariz e desviando os olhos. Encaram boquiabertos, sacudindo as cabeças, repetindo várias vezes: *"Wir haben nichts gewusst".* Nós não sabíamos de nada.

Pode soar errado, ou politicamente incorreto, mas acredito que muitos alemães realmente não soubessem. O campo em si ficava bem distante de qualquer habitação, e a estrada que levava a ele era proibida. Nenhum alemão bem-comportado teria tentado ir a um lugar que era VERBOTEN.

Os britânicos ordenaram que os guardas homens da ss, usando seus antes impecáveis e agora sujos e amassados uniformes, realizassem a repugnante tarefa de enterrar os milhares de corpos. Foi incrivelmente satisfatório ver aqueles arrogantes e poderosos *Übermenschen* humilhados e degradados, arrastando cadáveres por braços e pernas, alguns já em decomposição.

O filme prossegue: a cerimônia de queima do campo. A escavadeira, abrindo a terra até uma das enormes valas comuns. Chuveiros improvisados ao ar livre, onde ex-prisioneiros tomam banho nus, sem se importar de serem filmados. E lá estão as mulheres da ss, alinhadas em frente aos galpões, brutamontes uniformizadas, gordas e peitudas. Em seguida o veículo militar britânico com o alto-falante no teto, dirigindo pela estrada central do campo. E então se vê o rosto das mulheres prisioneiras atrás da cerca e... será...? A menina com um vestido escuro e rosto inchado, seria eu? Acho que sim, e a mais baixa logo atrás de mim parecia Margit; o rosto não estava nítido, porém o cabelo parecia familiar. Mas a câmera se move rápido demais.

Alguns dias depois da libertação, comecei a trabalhar com o exército britânico. O familiar veículo com o alto-falante recrutou pessoas que pudessem traduzir do alemão para o inglês e do inglês para o alemão. Eu me voluntariei para ser "intérprete". Como todo mundo, eu estava ansiosa para ter acesso aos cigarros e chocolates dos soldados. Ganhei uma faixa branca com a letra "I", que eu usava na manga. Foi pura ousadia da minha parte afirmar que eu sabia inglês. O inglês que eu havia aprendido com a srta. Pollak aos dez anos de idade não havia me preparado para conversas nessa língua. O alemão não era problema, era minha língua materna.

Eu designada a um oficial, que se sentava no antigo Kommandatur perto da entrada principal do campo. No começo, eu não entendia uma palavra do que ele dizia, mas ele passou a falar devagar e isso melhorou a situação. Como todos, ele foi extremamente gentil comigo. Todos os oficiais e soldados ainda estavam em estado de choque depois do que tinham descoberto no campo, e cada um deles queria mitigar pessoalmente nosso sofrimento e tentavam compensar tudo que passamos. Eles nos davam presentes, qualquer coisa que conseguissem pensar, até dinheiro, para o qual é claro não havia uso. Meu oficial, por exemplo, tirou seu relógio de pulso no meu primeiro dia de trabalho e quis me dar. Não aceitei; fiquei envergonhada. Em vez disso pedi cigarros, ao que ele se levantou de um salto e abriu um armário que revelou um tesouro: pilhas e pilhas de Woodbines, Craven A e Navy Cut, as porções das tropas. Ele me disse para pegar o quanto eu quisesse, não só naquela hora, mas sempre. Peguei dois maços, o que já me pareceu muito, pois não queria parecer gananciosa. Saber que eu poderia reabastecer o meu tesouro todos os dias era mais maravilhoso do que o possuir.

Das três garotas que se ofereceram como intérpretes, só eu fui alocada em um escritório. Eva estava designada a um oficial responsável por enterrar os cadáveres nas valas comuns. Ele se locomovia pelo campo em um carro de comando, e Eva precisava interpretar suas ordens para os alemães. Eu não me lembro do nome da terceira menina, só que ela era natural de Brno.

Alguns dias depois da libertação, o oficial de Eva levou nós duas para fora do campo em seu carro. Precisamos nos abaixar para que o guarda no portão não nos visse. Os prisioneiros não podiam deixar o campo, a epidemia de tifo ainda seguia forte, as pessoas morriam, e o campo estava sob uma quarentena rígida. Mas o oficial de Eva era jovem e destemido, e pela primeira vez em anos nos vimos fora das grades, em campo aberto.

Era maio, ou talvez ainda abril, e ao longo da estrada havia cerejeiras em flor. Havia pequenas vilas, aqui e ali uma fazenda isolada e os campos começando a ficar verdes, e à nossa volta havia uma paz tão divina e pastoral, sem um sinal de guerra ou perigo de bombas, que pensamos: isso não pode ser real. Aqui estamos, a apenas alguns quilômetros do pior inferno que a imaginação humana poderia conceber, e para essas pessoas a vida seguiu como sempre. A guerra passou por elas, as estações vieram e foram embora; é verdade que talvez homens tenham sido convocados para o exército, e talvez eles tenham tido que entregar sua safra para o governo. Mas o que era isso comparado ao que nós havíamos passado?

O oficial parou em uma das fazendas. Uma *Hausfrau* alemã saiu e ele lhe pediu ovos. Ela não entendeu, deu de ombros e gesticulou com as mãos.

Falei com ela em alemão: *"Er will Eier"* (ele quer ovos).

Ela começou a chorar: "Nós não temos ovos; nós também estamos com fome".

Mas então o oficial rosnou um comando e ela ficou imediatamente em silêncio. Ela entrou no galinheiro e voltou carregando vários ovos no seu avental. Exceto pelo que eu havia ganhado no campo familiar de Auschwitz, esses eram os primeiros ovos que eu via em quatro anos.

22

BUBI

ERA SABIDO QUE A MAIORIA dos guardas que trabalhava no campo havia desaparecido no meio dos civis para evitar serem capturados, mas uma boa quantidade do pessoal ficou, e os britânicos os colocaram sob custódia.

Não estava claro se pertenciam à ss. Eles não tinham insígnia alguma — fora removida, é claro, para parecerem mais inocentes aos olhos dos britânicos. Sua aparência havia perdido a postura autoritária e militar, e eles agiam com os britânicos de uma forma submissa, quase servil.

Eles foram postos para trabalhar carregando milhares de cadáveres, com a repulsa estampada no rosto, mas não ousavam reclamar ou se recusar.

As guardas mulheres estavam presas em quartos na mesma cabana em que eu trabalhava. Meu oficial estava encarregado delas. Uma por uma elas foram mandadas para o interrogatório, e meu trabalho era traduzir as perguntas para o alemão e suas respostas para o inglês. Era um trabalho lento, não apenas por conta do meu inglês ruim, mas também porque elas tentavam minimizar sua responsabilidade, dizendo que estavam apenas seguindo ordens superiores; nenhuma delas admitiu ter dado ordens, torturado ou batido em prisioneiros. Apesar disso, elas permaneceram muito mais confiantes do que os homens.

Meu oficial, cujo nome esqueci há muito tempo, me explicou que o que estávamos fazendo era só preliminar; precisávamos anotar os dados pessoais delas, a patente e um pequeno resumo de suas carreiras. Mais tarde elas seriam transferidas para prisões de verdade e julgadas em tribunais especiais de guerra. E assim todos os dias nós fichávamos algumas, enquanto eu passava por um complicado processo de mudança.

Uma das mulheres da ss era uma guarda que havia acompanhado nosso grupo de Hamburgo a Bergen-Belsen. Ela se chamava Bubi.

Ela era jovem, talvez vinte e cinco ou vinte e seis anos, alta e magra, com um rosto redondo muito bonito e cabelos escuros bem curtos, cortados à moda masculina. Junto com várias outras mulheres da ss, ela havia sido designada para o campo de Neugraben, em Hamburgo, antes de sermos transportadas para Bergen-Belsen. Nossos guardas foram trocados muitas vezes. As últimas eram mulheres, e eram as piores. Usavam capas negras que as faziam parecer morcegos ou anjos da morte. Elas nos batiam com bastões e chicotes, e a comandante mulher era a mais sádica e desumana de todas.

Bubi fazia parte do contingente anterior. Seu comportamento era diferente. Ela conversava conosco de vez em quando, até fazia piadas, e embora ela também carregasse um bastão, não o usava na gente. Logo ela se tornou amiga de uma das nossas garotas e ficou evidente que o que tinha sido dito a respeito dela era verdade. Ela era lésbica.

Em Neugraben eu estava no mesmo quarto de Lotta, a mais bonita das nossas mulheres. Era tão linda que até mesmo com os farrapos que usávamos, parada em meio a fileiras e mais fileiras de mulheres destruídas, seu cabelo sem mais cuidado que o de todas as outras, ela ainda atraía todos os olhares. Graças à sua beleza, ela recebia um tratamento melhor nos campos. No campo familiar de Auschwitz, ela tinha sido *Blockälteste* no Bloco 6. Sua mãe também estava conosco, esse tempo todo à sombra de sua maravilhosa filha, admirando-a em silêncio. Lotta era alguns anos mais velha que eu, mas em Neugraben ela ficou minha amiga e me chamava de Didi, o que eu gostava.

De início, Bubi conseguiu ser designada para o contingente em que Lotta trabalhava naquele dia. Durante nossa marcha para ir e voltar do trabalho, ela andou ao lado de Lotta, acariciando suas botas pretas de montaria com seu bastão e tendo breves conversas com ela. Aos poucos ela ficou mais ousada, aproximando-se mais de Lotta e por mais tempo, até que passou a visitá-la no nosso quarto.

Éramos cerca de vinte e cinco mulheres. Beliches de dois andares com espaços estreitos entre eles ocupavam todo o espaço. O beliche de Lotta era o mais baixo em um canto escuro, em um ângulo reto do meu. Quando Bubi entrou no quarto pela primeira vez, durante a noite, todo mundo pensou que era um controle. Nós congelamos, sem saber o que esperar. Mas ela casualmente nos disse para seguir como antes, falou rapidamente com Lotta e saiu. Ela repetiu essas visitas mais vezes e ficou por mais tempo. Depois, ela começou a passar noites inteiras sentada na cama de Lotta, conversando aos sussurros. Lotta se deitava de costas, escondida no canto escuro, e nós a ouvíamos gargalhar de tempos em tempos.

Lotta certamente não era lésbica, e não acho que o relacionamento delas tenha ido além do que podíamos observar, mas que prisioneira ousaria recusar qualquer coisa para uma pessoa poderosa como um guarda da ss? Além do quê, era útil ter uma amiga no alto escalão; talvez ela a livrasse dos trabalhos piores ou até a deixasse receber comida extra. A maior parte das mulheres estava disposta a fazer qualquer coisa por um pedaço de pão, ainda mais algo tão banal como agradar alguém como Bubi.

Depois de nos levarem de Hamburgo para Bergen-Belsen, o trabalho das nossas guardas da ss, incluindo Bubi, havia terminado, e não as vimos de novo.

Um dia, porém, depois de a equipe da ss ter abandonado o campo e nos deixado trancadas sem comida ou água, uma nova prisioneira apareceu em nossa cabana em Bergen-Belsen. Era Bubi. Ela se sentou no chão ao lado de Lotta, com todas nós, sorrindo, sem qualquer explicação. Ela usava roupas civis, e se não fosse pelo rosto redondo e saudável e seus cabelos curtos, ela seria indistinguível de nós.

Ninguém prestou muita atenção nela. É verdade que poderíamos nos perguntar por que ela havia escolhido sofrer conosco, arriscando passar fome, pegar infecções ou piolho quando não precisava disso. Eu pensei que talvez ela amasse tanto Lotta que não queria ser separada dela, mesmo a um preço tão alto. Mas nos últimos dias havíamos nos tornado tão letárgicas e indiferentes que não nos importávamos com o que havia feito Bubi se juntar a nós.

Quando os britânicos chegaram e nos libertaram, sabíamos que logo seríamos alimentadas, vestidas e mandadas para casa, e então começamos a pensar novamente no que fazer com Bubi. Aconteceram discussões, algumas dizendo que deveríamos entregá-la aos britânicos e revelar sua verdadeira identidade. Já outras achavam que, por ela sempre ter nos tratado com justiça, deveríamos retribuir ficando quietas e deixando as coisas seguirem seu curso. Ela provavelmente seria descoberta de qualquer forma, mas não seríamos nós a dedurá-la.

Nunca descobri quem foi a algoz do destino posterior de Bubi, mas, enquanto trabalhava com os interrogatórios do oficial britânico, eu a vi entre as mulheres prisioneiras da ss. Eu não sabia ao certo quais eram meus sentimentos em relação a ela. Eu me sentia impelida em direções opostas. Por um lado, havia uma satisfação imensa na justiça dos papéis invertidos. Eu — a ex-prisioneira, que havia sido humilhada, desnutrida, chutada e desumanizada — agora estava livre e, em certo sentido, acima dela. A ex-guarda, que só uns dias antes tivera poder sobre a minha vida, estava trancafiada e provavelmente seria julgada por seus crimes de guerra. Era ótimo, mas não sem conflito, porque entre todos os causadores da nossa opressão, ela havia sido a mais suave e menos danosa. Os comandantes, os sádicos e assassinos, estavam escondidos em algum lugar, e talvez nunca fossem capturados e punidos. Bubi deveria ser o bode expiatório para tipos como Mengele?

Então chegou a manhã do interrogatório de Bubi. Ela se sentou diante do oficial britânico, vestida novamente em seu uniforme, uma saia e um blazer ajustados. Eu me sentei na ponta da mesa. Quando ela me reconheceu, pareceu confusa. Nossos olhos se encontraram, e por um momento o rosto dela expressou a gama de sentimentos que experimentava. Primeiro, a surpresa, que rapidamente mudou para prazer pelo reconhecimento, depois a percepção da nova posição dela e do meu status elevado, e finalmente os olhos dela passaram a implorar como se pedissem ajuda e compreensão. O momento passou e ela baixou os olhos; nenhuma de nós havia falado nada.

Não sei se meus olhos também refletiram o que eu estava sentindo, mas dentro de mim havia duas vozes, ambas igualmente imperativas. A primeira gritava: essa é sua inimiga; não tenha misericórdia ou pena dela e trate-a com a mesma crueldade com que foi tratada... vingue seu sofrimento. Mas a outra voz dizia: essa pessoa nunca a machucou; a culpa não é dela. E, acima de tudo, você é diferente dos nazistas, você é humana, é incapaz de ser cruel.

O interrogatório começou. Ela declarou seu nome, idade, endereço e a data em que havia se juntado à ss. Esqueci tudo isso há muito tempo, exceto que o nome verdadeiro dela não era Bubi, é claro. Traduzi tudo de forma exata e direta.

Então o oficial saiu da sala por algum motivo, deixando nós duas sozinhas. Nesse instante, ela se virou para mim e perguntou ansiosa: *"Hast du eine Zigarette?"*. De repente não havia mais nenhum dilema. Eu sabia o que significava para um fumante ficar sem cigarros, minha mãe era fumante. Eu vira as mulheres pegarem bitucas minúsculas amassadas no chão, as quais abriam e depois enrolavam os restos de tabaco em pedaços de jornal. Eles queimavam com uma chama e acabavam muito rápido. A parte final, que já não podia ser segurada com os dedos, era presa com um grampo para que nem o último trago fosse desperdiçado. E agora eu tinha uma infinidade de cigarros, com permissão para pegá-los quando quisesse.

Sem hesitar nem um momento, peguei um maço de cigarros que tinha no bolso e lhe dei. Ela havia acabado de escondê-lo nas roupas quando o oficial voltou. Um sentimento de alívio tomou conta de mim, uma sensação de satisfação pela minha reação espontânea, sem pensar se eu havia agido certo. Um pensamento irritante me perturbava, porém: se eu contasse para minhas amigas, elas condenariam minha atitude. Foi por isso que não falei nesse incidente durante anos.

Nunca soube o que aconteceu com Bubi nem nunca tentei descobrir.[*] Eu precisava cuidar da minha própria vida, e não estava interessada no destino de nossas antigas guardas.

---

[*] Muitos anos depois, em 1994, um jornalista alemão chamado Rainer Hoffschildt, que pesquisava a homossexualidade nos campos de concentração, me abordou e pediu que eu lhe contasse tudo de que me lembrava do comportamento de Bubi em Hamburgo. Por ele eu descobri que seu nome verdadeiro era Anneliese Kohlmann e que ela havia sido condenada a dois anos de prisão. Mais sobre ela pode ser encontrado na internet.

23

Depois da libertação

Minha carreira como intérprete não durou muito. Em poucos dias os britânicos tinham organizado as coisas, a montanha de cadáveres havia sido enterrada, os sobreviventes receberam comida e roupas e os doentes foram colocados em hospitais improvisados. Mas o campo estava tão imundo e infestado de piolhos e outros animais daninhos que era necessário nos tirar dali. Não me lembro de como fomos movidas; eu já devia estar doente nessa época. Eu me recordo de um quarto limpo com quatro camas, uma mesa e cadeiras no segundo andar de um prédio de tijolos vermelhos que antes havia abrigado os soldados húngaros, ajudantes da SS, que ficavam nas torres de vigia. Havia todo um campus desses prédios com caminhos entre eles e uma grande cozinha central.

Um dos prédios havia sido transformado na administração dos britânicos, onde minha mãe começou a trabalhar para o comandante do campo. Mamãe havia sido secretária antes de se casar; sabia estenografia, inglês e francês, além de alemão e tcheco, é claro, e sabia datilografar em todas essas línguas. Ela achou que seria bom praticar suas habilidades, já que teria que sustentar nós duas quando voltássemos para Praga.

Houve um período intermediário do qual tenho apenas uma vaga lembrança. Sei que estava deitada na parte de cima de um beliche de três andares em um salão largo com muitas outras mulheres enquanto minha mãe se equilibrava de forma precária na escada e tentava me alimentar ou lavar meus braços e rosto. Eu devia estar febril a maior parte do tempo; sentia um formigamento estranho nos meus dedos, que tenho sempre que minha temperatura sobe.

Como centenas, talvez milhares de prisioneiros, eu havia contraído tifo, que eles chamavam de *Flecktyphus*. Diferentemente da maior parte dos outros, eu sobrevivi. Mamãe me disse depois que fui levada a um hospital improvisado, onde ela percebeu que eu não recebia muita atenção. Então ela conseguiu acomodação em um quarto compartilhado por mais duas mulheres e me transferiu do hospital para lá.

As duas outras ocupantes eram Mausi e sua mãe, a sra. Hermannova. Elas também haviam passado na seleção do dr. Mengele e estiveram conosco em Hamburgo e Bergen-Belsen. Como estávamos vivendo todas em um quarto, pude observar o relacionamento delas. A mãe de Mausi era uma mulher difícil, a maior parte do tempo reclamando sobre isso ou aquilo, exigindo atenção e préstimos da filha. Pelas costas, nós a chamávamos de sra. Mausová, que significava sra. Rato. Mas Mausi cuidava da mãe com amor e gentileza, sem nunca perder a paciência ou mostrar irritação.

Ao lado vivia uma menina holandesa chamada Flora van Praag (eu não poderia esquecer um nome desses!) que tinha um quarto só para si. O namorado dela, também um oficial britânico, de alguma forma havia lhe conseguido um piano no qual ela tocava canções animadas e música de dança durante o dia inteiro, enquanto à noite nós a ouvíamos rir com o namorado.

Mamãe era fumante, e o comandante do campo permitiu que ela usasse livremente o estoque de cigarros do comando do campo, que ficava em seu escritório. Ela modestamente pegava apenas um ou dois maços por dia, e embora fumasse alguns, ainda acumulamos um estoque.

Havia um homem no térreo do prédio oposto que vendia carne fresca duas vezes por semana. Era um ex-prisioneiro bastante empreendedor que havia comprado (ou roubado?) gado das terras próximas, matado a vaca e trocava a carne por cigarros. De manhã, mamãe levava alguns cigarros para comprar carne fresca. Como não tínhamos muitos utensílios de cozinha, mamãe picava a carne com uma faca e fazia pequenos bolinhos que ela fritava em uma panela com um fogareiro elétrico. Compramos faca, dois pratos, sal e manteiga de uma faxineira, uma *Hausfrau* alemã, que os ingleses tinham mandado trabalhar para nós. Nós a pagávamos com a moeda corrente: cigarros, é claro. Como eu amava esses maravilhosos hambúrgueres! Eles me ajudaram a me recuperar rapidamente, ganhei peso e fiquei mais forte.

Não sei por quanto tempo fiquei doente. Eu dormia muito, e quando acordava o quarto estava claro e arejado e mamãe tinha preparado deliciosas guloseimas, e depois eu adormecia de novo. Mas me sentia cada vez melhor e então consegui me levantar e caminhar um pouco, até o banheiro do outro lado do corredor e de volta. E o tempo todo havia o que comer. Nós recebíamos refeições da cozinha central, o quanto quiséssemos de qualquer coisa; além disso mamãe trocava cigarros por todo tipo de iguarias, como ovos e leite. Enquanto estava me recuperando, com frequência me sentava à janela e observava as pessoas lá fora.

Certa manhã vi uma das nossas jovens correr pela porta e abraçar um soldado britânico de uniforme. O soldado era seu irmão. Seu sobrenome era Pressburger. O irmão mais novo dela, Harry, havia sido mandado quando pequeno de Praga para a Inglaterra, no transporte infantil organizado por Nicholas Winton. Quando a guerra estourou, ele se juntou ao exército britânico e foi um dos libertadores de Bergen-Belsen. Lá estavam eles, na rua, se abraçando, chorando, incapazes de se soltar.

Pensávamos no futuro enquanto esperávamos para ir para casa. (Casa? Não havia casa!) Para podermos ir embora, precisávamos de um certificado médico confirmando que não carregávamos a infecção de tifo. A repatriação dos sobreviventes era organizada por vários oficiais designados pelo comandante do campo. Mamãe e eu fomos nos registrar para repatriação, e acabou que o próprio oficial era tcheco. Eu me lembro das listas presas na porta com os nomes das pessoas desaparecidas. Entre elas estava Josef Čapek, o irmão do famoso escritor tcheco Karel Čapek. Soube mais tarde que ele havia morrido em Bergen-Belsen.

O oficial nos colocou na lista de espera, mas disse que havia escassez de trens e ônibus. Apenas pequenos grupos eram acomodados a cada alguns dias.

Enquanto esperávamos, a vida parecia cada dia melhor. Aproveitávamos nossa liberdade. Os soldados ansiavam por companhia feminina; eles tinham ordens estritas para não socializarem com mulheres alemãs, mas nós, as ex-prisioneiras, estávamos liberadas. O exército organizou exibições de filmes e bailes na praça; eu podia ouvir a música pela janela. Cada uma de nós a essa altura havia adquirido algum vestido ou saia, e todas que estavam saudáveis o suficiente estavam lá dançando.

Eu observava da janela, mas não me juntei a eles. Eu era tímida e não sabia nenhuma dança. Também nunca tinha dançado com um homem.

Enquanto isso, Mausi tinha ficado amiga de um médico escocês do exército chamado Sean, que a visitava com frequência, e eles saíam juntos. Parecia até que podiam virar um casal definitivamente.

Eu também tinha um namorado, chamado Leslie. Ele não era oficial, só um motorista do exército. Eu o conheci quando ele estava sentado no jipe e lhe pedi um isqueiro. No dia seguinte ele veio me visitar no nosso quarto. Ele me convidou para ver um filme. Mausi e Sean também iam. Quando saímos do prédio, Leslie ficou para trás e deixou os dois irem na frente. Caminhamos alguns passos atrás deles. Ele me explicou que no exército britânico um oficial não deve ser visto andando com um soldado raso como ele.

Eu ainda me lembro do nome do filme: *Lady Hamilton*. Eu não entendi uma palavra do que eles estavam dizendo, mas era o primeiro filme que eu via desde 1940, quando os judeus no Protetorado da Boêmia e Morávia foram proibidos de ir ao cinema.

Em outra ocasião, Leslie me levou para passear em seu jipe. Dirigimos pelo interior verdejante até chegarmos à floresta. Leslie abriu uma toalha em uma clareira entre as árvores altas, e enquanto estávamos sentados ali, ele começou a me beijar. As intenções dele estavam claras, mas fiquei tímida e assustada. Além do beijo inocente em um colega de escola, eu nunca havia abraçado ou beijado um homem antes. Beijar Leslie era bom, mas qualquer coisa a mais era inimaginável. Ele foi bem insistente, disse que nada aconteceria comigo. Também me disse de forma bem sincera que os soldados britânicos eram estritamente proibidos de namorar mulheres alemãs. Leslie tirou uma coisa do bolso para me mostrar que ele me protegeria de ficar grávida. Desviei os olhos horrorizada, enojada e comecei a chorar. Nesse momento ele deve ter notado que eu ainda era uma criança inocente, se afastou e começou a me consolar. Ele foi muito gentil, secou minhas lágrimas e foi um perfeito cavalheiro. Nós nos encontramos de novo várias vezes antes de a unidade dele ser realocada. Senti que, depois do encontro na floresta, ele gostava mais de mim e me respeitava.

No dia da sua partida, ele veio se despedir de manhã bem cedo. Nós quatro ainda estávamos dormindo quando ele abriu a porta em silêncio. Acordei quando Leslie puxou discretamente o cobertor para cobrir minhas costas antes de sussurrar adeus. Ele disse que precisava se apressar, porque o caminhão cheio com seus colegas soldados estava à sua espera na rua com o motor ligado, mas ele só queria me ver uma última vez. Nunca mais soube dele.

Certa tarde houve um anúncio no alto-falante, convidando as mulheres para ir dançar com os soldados. Dessa vez não foi na praça, mas em um salão em uma cidade alemã próxima. Vesti minha saia preta e subi no caminhão com as outras garotas. Passamos por ruas ladeadas de árvores até chegarmos a uma alegre cidadezinha, com coloridas casas de madeira.

Quando chegamos ao salão de baile, ele estava vazio, com as cadeiras encostadas nas paredes. E nos disseram para esperar. Depois de um tempo, os soldados chegaram e a música começou. Havia um professor de dança, também de uniforme, que dava instruções como vire à esquerda ou à direita ou troque de parceiro. Uma das danças era engraçada e a letra era algo assim:

> Você põe a mão direita para dentro, a mão direita para fora, a mão direita para dentro
> E sacode tudo
> Faz o hokey cokey e se vira
> É só isso
> Põe a mão esquerda para dentro, a mão esquerda para fora, a mão esquerda para dentro...

Depois vinha o pé esquerdo e o pé direito, e assim por diante. Foi bem divertido e todo mundo riu.

Eu me sentei na cadeira ao lado da parede, e sempre que um soldado me tirava para dançar, eu respondia que não sabia. Eles faziam uma mesura e iam chamar outra garota.

Então veio o próprio professor de dança. Quando dei a mesma resposta, ele só estendeu a mão e me puxou para cima, dizendo: "Eu sou professor de dança e vou te ensinar". Claro que olhei para os meus pés para ver o que precisava fazer, mas ele ergueu meu queixo e me segurou firme. "Não olhe para baixo", disse ele com autoridade. Era surpreendentemente fácil, os pés simplesmente sabiam os passos certos, e no fim da primeira volta eu já me sentia confiante. Ele dançou comigo várias outras vezes e eu adorei.

Fiquei orgulhosa por ele dançar comigo quando tinha uma folga na organização.

Depois disso nunca mais tive outra aula de dança. Não precisei.

Minha mãe estava muito preocupada com o meu futuro, pensando o tempo todo em como nos arranjaríamos. Não tínhamos nada, nem casa, nem posses ou dinheiro, e tampouco um marido ou pai para cuidar de nós. Nenhum de nossos parentes próximos poderia ter sobrevivido; não havia ninguém em Praga, ninguém a quem mamãe pudesse recorrer para um conselho ou ajuda. Tudo que possuíamos havia sido confiscado pelos nazistas, nossa modesta conta bancária logo depois da invasão alemã, e o restante de nossos pertences no dia que fomos deportados para o gueto.

No escritório do comandante do campo, mamãe datilografava cartas para meu tio-avô Adolf, na Palestina, e para tia Manya, em Praga, nas quais ela descrevia o que havíamos passado. A carta para a Palestina está comigo; meu tio me deu muitos anos depois, quando fui visitá-lo em Tel Aviv. Ela tinha sido aberta por um censor do exército britânico. Mamãe havia escrito de forma sóbria e sem adornos para contar como tínhamos sido deportados para Theresienstadt e então para Auschwitz, onde meu pai havia morrido, e então para Hamburgo, onde havíamos trabalhado como escravas, e finalmente para Bergen-Belsen. Ela também escreveu que todos os outros parentes provavelmente estavam mortos. Apesar de sua descrição dos fatos, a carta não conseguia expressar a dor, o sofrimento e o desespero que tivemos que suportar. Mesmo enquanto escrevo isso, sinto que minhas palavras não são adequadas. A linguagem humana não contém os termos para descrever Auschwitz. A magnitude dessas experiências horríveis exigiria todo um novo vocabulário. A linguagem que conheço não possui palavras para descrever o que sinto.

As semanas passavam. Já era junho e ainda estávamos no campo. Mesmo agora as pessoas continuavam morrendo; milhares dos que haviam sido libertados tinham sucumbido ao tifo e às consequências da desnutrição. Alguns já tinham sido mandados para casa; outros, como nós, ainda aguardavam. Muitos não podiam voltar para seus países e desejavam emigrar para os Estados Unidos.

Fomos informadas de que o governo sueco receberia determinado número de sobreviventes para recuperação na Suécia, com todas as despesas pagas. Os médicos britânicos selecionaram os candidatos. Apenas pessoas que tivessem um documento do hospital certificando que elas tinham sido liberadas da quarentena eram elegíveis. Mamãe e eu decidimos tentar, assim como Mausi e a mãe dela. Pensamos que não havia ninguém esperando por nós em Praga, então não faria diferença se voltássemos algumas semanas mais tarde. Eu tinha o relatório necessário do hospital, mas mamãe não.

A ajuda veio do namorado escocês de Mausi, Sean. Ele sugeriu que mamãe entrasse no hospital com a desculpa de alguma doença e tivesse alta uns dias depois. Assim ela seria elegível para o projeto sueco. O médico prometeu cuidar da documentação necessária.

Assim, mamãe foi para o hospital. Ele ficava em um dos prédios de tijolos vermelhos, como aquele em que tínhamos nosso quarto, mas era na outra ponta do complexo, a uma boa distância de caminhada. Acompanhei mamãe, carregando a bolsa dela com alguns itens necessários; nós já tínhamos escova de dente, sabão, algumas roupas e, claro, cigarros. Eu a deixei lá de bom humor, tudo tinha corrido bem graças à carta do médico inglês. Eles lhe deram uma cama de verdade com lençóis em um quarto com outras mulheres. O hospital estava muito melhor agora do que no mês anterior, quando eu estivera lá com tifo. Porém, ainda havia uma escassez crítica de pessoal; havia talvez dois ou três médicos, mas os poucos cuidadores eram voluntários em vez de enfermeiras treinadas.

Fui ver mamãe no dia seguinte. Ela estava na cama, como deveria, mas muito menos feliz do que no dia anterior. Reclamava de dor de barriga e, de fato, quando ergueu seu cobertor para me mostrar onde doía, vi que sua barriga estava distendida e protuberante como uma bola em relação ao resto do corpo.

Falamos sobre nossa possível viagem para a Suécia e nos preocupamos em como manter nossas novas posses, já que os suecos não permitiam que nada fosse levado, nem mesmo roupas. Eles forneceriam roupas novas e outros itens necessários. Era compreensível que eles quisessem evitar que qualquer infecção ou animais daninhos entrassem no país. Ainda assim, depois dos anos em que a única coisa que possuíamos era a roupa do corpo, uma tigela e uma colher, estávamos apegadas à nossa riqueza adquirida. Cada uma de nós tinha um casaco, eu tinha um par de botas de borracha da loja alemã abandonada no campo, uma blusa e uma saia, um cobertor e lençóis, dados a nós pelo exército britânico, e um lenço azul, um dos dois que achamos no forro do meu casaco quando eu e Eva Kraus participamos do saque das lojas do campo.

Um tempo depois da libertação, recebemos algumas roupas, usadas, mas limpas. Acho que elas foram coletadas da população alemã e distribuídas entre os ex-prisioneiros. Ganhei um par de calças pretas boca de sino e outros itens, mas as calças eram o melhor. Eu tinha muito orgulho delas. Seria uma pena perder itens tão valiosos, que provavelmente também não estavam disponíveis na Praga do pós-guerra. Planejamos amarrar tudo em um fardo e mandar para Praga com o trem seguinte que levaria repatriados para casa. Alguém poderia ser bondoso e guardar as coisas para nós até o nosso retorno. A temporada na Suécia duraria apenas algumas semanas.

Então mamãe me contou algumas coisas que queria que eu lembrasse. Eu me esqueci do que ela disse, mas sei que eram palavras importantes e sábias, do tipo que pais dizem aos filhos em momentos de viradas importantes na vida.

Quando eu saí, prometi voltar no dia seguinte.

Naquela noite, Mausi e eu fomos convidadas para uma festa. Eu estava ansiosa por isso. Era uma reunião particular com música, não como os bailes na praça em que qualquer um podia aparecer sem convite. Seria nos aposentos dos oficiais superiores, entre eles o médico escocês de Mausi.

Foi uma noite muito agradável: havia biscoitos, chocolates e bebidas; a atmosfera era animada, mas civilizada. Contudo, eu não me diverti tanto quanto poderia. No fundo da minha mente havia uma preocupação insistente com a minha mãe. Ela provavelmente estava sofrendo, e eu também me perguntava por que ela achava necessário me falar sobre aquelas importantes regras de vida. Eu queria ir para casa, mas não podia estragar a festa; nós, garotas, tínhamos vindo juntas em um jipe do exército e eu só podia voltar junto com as outras. Felizmente, não era muito tarde quando chegamos em casa.

O dia seguinte era o terceiro desde que mamãe havia entrado no hospital e, segundo o plano, ela poderia receber alta. Eu esperava que ela estivesse se sentindo bem. Nós mal tínhamos tempo de nos registrar para a Suécia; se nos atrasássemos perderíamos completamente a chance.

Fui ao quarto onde a tinha visitado no dia anterior, mas percebi que devia ter cometido um erro, porque a cama estava vazia. Eu queria perguntar para as mulheres onde estava minha mãe, mas então vi a bolsa dela na cama.

Eu me virei para as mulheres. "Onde está a minha mãe, onde está a minha mãe, onde está a minha mãe?" Perguntei, e minha voz foi ficando cada vez mais alta até que eu estivesse gritando.

Silêncio; ninguém respondeu. Elas todas me olharam sem dizer uma palavra. O silêncio se tornou insuportável, mas eu já sabia. Finalmente, uma das mulheres disse em eslovaco: *"Tvoja mamička zomrela"*. Sua mamãe morreu. Então elas ficaram em silêncio de novo.

"O que vou fazer?", gritei. "O que eu vou fazer? O que eu vou fazer agora?"

Agarrei a bolsa e comecei a correr de volta. Pelo caminho todo, soluços secos saíam da minha garganta. Foi um longo caminho, uns vinte minutos andando. Eu queria chorar, mas não tinha lágrimas. Eu sabia que deveria chorar, mas só conseguia soluçar, como uma tosse, e falava em voz alta: O que vou fazer? O que vou fazer…?

Fiquei terrivelmente preocupada com o que seria de mim. Se ao menos conseguisse me lembrar do que mamãe havia me dito… Ela sabia que estava morrendo; foi por isso que me deu aquele importante conselho de vida. E eu esqueci o que ela disse. Revirei meu cérebro para me lembrar das últimas palavras da minha mãe. Talvez se eu me lembrasse me ajudaria a decidir o que fazer. O que eu deveria fazer? O que seria de mim? Eu repetia sem parar essas questões por todo o caminho, tropeçando com a bolsa volumosa.

Entrei correndo no quarto onde Mausi e a mãe dela estavam sentadas, ambas fazendo algo trivial.

"Mamãe morreu", gritei. "Mamãe morreu." Elas me olharam incrédulas. Notei em seus olhares que elas achavam que eu tinha enlouquecido.

"Sente-se, venha, e nos conte o que aconteceu. Se acalme." Mausi falou comigo suavemente, passando seu braço à minha volta, mas ela não acreditava em mim.

"Eu estou dizendo! Mamãe morreu. Minha mãe está morta. O que vou fazer agora? Como vou viver sem mamãe?"

Senti um peso enorme, como algo apertando meu peito por dentro, e o tempo todo os soluços continuavam. Mas eu não estava chorando. Não saíam lágrimas dos meus olhos. Eu me sentia especialmente preocupada, muito preocupada. O que aconteceria agora? O que eu faria? Senti muita pena de mim mesma. Estava sozinha. Eu não tinha mais ninguém. Mamãe estava morta. O que seria de mim? Eu não pertencia a ninguém. Eu estava sozinha... ninguém se importava. E eu tinha me esquecido do que mamãe havia me dito ontem. Havia sido ontem? Foram as últimas palavras dela. Eram tão sábias; ela tinha me contado as coisas mais importantes que sabia, toda a sabedoria que havia acumulado na vida, e eu, criatura horrível que sou, tinha esquecido suas últimas palavras.

De repente me ocorreu que isso não era tudo. Na noite anterior eu estava dançando. Talvez eu estivesse dançando no momento que minha mãe morreu. Eu não estava ao lado dela. Mamãe morreu sozinha enquanto eu ria em uma festa. Quem sabe quando ela morreu? Eu nem tinha perguntado, saí correndo rápido demais.

Sob a grossa camada de gelo que eclipsava todas as minhas emoções, estava a culpa. Já naquele momento eu sabia que nunca conseguiria me perdoar. A culpa de ter permitido que minha pobre mãe morresse dessa forma ficou comigo por toda minha vida. A morte da minha mãe me assombrou em sonhos em centenas de variações. Se ao menos eu pudesse voltar para aquela noite amaldiçoada e desfazer esse cenário...

24

TÚMULO

NÃO VI O TÚMULO DA minha mãe nem estive presente no enterro dela. No mesmo dia que cheguei com a notícia, Mausi me levou para o oficial de repatriação e pediu a ele que me avançasse na lista de espera. Ela me convenceu a voltar a Praga e não ir para a Suécia. Talvez eu encontrasse parentes ou amigos que pudessem me acolher. Abri mão do meu direito à recuperação sueca; Mausi disse a ele que eu agora era órfã e deveria ser tratada com consideração especial. Eles falaram em tcheco e ele foi muito gentil e honesto. Ele me colocou no próximo transporte para Praga, que partiria na manhã seguinte.

Não havia funerais de verdade em Bergen-Belsen. Ainda assim, eu não queria que minha mãe fosse enterrada em uma vala comum anônima. Eu queria que ela tivesse uma sepultura separada com seu nome nela. Isso, porém, eu não podia arranjar nas poucas horas que restavam até a minha partida.

Sean, Mausi e outra mulher, Elly, que havia sido colega de escola de mamãe em Brno, prometeram cuidar do funeral e para que mamãe tivesse um túmulo separado.

* * *

Anos depois do fim da guerra, uma organização foi estabelecida em Hamburgo por pessoas que se lembravam das mulheres judias que haviam trabalhado lá durante a guerra. O objetivo era homenagear nosso grupo de cerca de quinhentas mulheres que haviam trabalhado em Freihafen, Neugraben e Tiefstack. Eles colocaram placas memoriais nos lugares em que moramos, escreveram e contaram sobre nós para as gerações mais novas.

No fim dos anos 1990, a força por trás dessa organização, Herr Heiner Schultz, convidou algumas de nós, ex-prisioneiras, para visitar Hamburgo. Recusei o convite. Nunca mais queria pisar na Alemanha de novo.

Eles continuaram mandando cartas, educadamente tentando me fazer mudar de ideia. Eu ainda recusava. Mas então recebi o itinerário que eles haviam planejado para nós e, entre as várias visitas aos *Gedenkstätten* (memoriais), estava Bergen-Belsen.

Isso mudou minha postura. Era uma chance de visitar o túmulo de minha mãe.

Havia seis de nós: quatro de Israel e duas da República Tcheca. Tudo foi arranjado com perfeição, acomodações em um hotel no centro de Hamburgo, tours guiados de lugares judaicos importantes, refeições em restaurantes, transporte… tudo funcionou sem problemas.

Na manhã da nossa viagem a Bergen-Belsen, comprei um buquê de flores para colocar no túmulo da minha mãe. O campo é agora uma base da Otan de acesso restrito, mas nossos anfitriões haviam arranjado uma licença especial para entrarmos. O cemitério fica dentro do complexo cercado. A localização do memorial com as valas comuns e o monumento é a uma certa distância dali, onde ficava o antigo campo de concentração que foi queimado.

O cemitério parecia um parque bem cuidado. Não há túmulos no sentido comum, mas várias fileiras de montes baixos e verdes, com caminhos de areia entre eles. Aqui e ali há algumas lápides com um nome e uma data.

Como eu poderia achar o túmulo da minha mãe? Andei por entre as fileiras e notei que as datas nas pedras aumentavam cronologicamente. Havia algumas com a data de maio de 1945, então junho. Continuei procurando e encontrei um com a data de 27 de junho. Minha mãe morreu no dia 29 de junho. Alguns passos à frente havia uma árvore. Decidi que se uma pessoa foi enterrada a cada dia entre as duas datas, mamãe devia estar sob a árvore. Coloquei as flores no montinho elevado e fiquei ali por um tempo. Eu esperava algo, talvez um sinal de que era o lugar certo, que eu estava ao lado dos restos da minha mãe. Os outros ficaram de longe, respeitando minha privacidade.

Não recebi sinal algum. Tudo em volta permaneceu silencioso e verde como antes. Contudo, eu agora tinha certeza de que havia feito a coisa certa indo à Alemanha.

25

RETORNO A PRAGA

No DIA SEGUINTE À MORTE da minha mãe, dia 30 de junho, eu estava em um ônibus dirigido por seu proprietário tcheco que fazia o transporte como voluntário. Eu levava dois fardos: o meu e o de Mausi. Ela tinha me pedido para levá-lo a Praga para que sua amiga Ruth o guardasse, até que ela e a mãe voltassem da Suécia. Claro que eu não tinha mala; as coisas estavam simplesmente amarradas em uma trouxa com um cobertor do exército. O que havia na minha trouxa? Um par de botas pretas de borracha saqueadas dos depósitos alemães em Bergen-Belsen e um par de calças azuis da marinha britânica com uma aba abotoada na frente. Havia também a blusa e a saia florida, que os britânicos haviam coletado com a população alemã e distribuído para os sobreviventes. Mas acima de tudo estava o meu tesouro: uns oitenta maços de cigarros britânicos Woodbine.

Havia mais umas quarenta pessoas no ônibus. Eu não conhecia nenhum dos outros passageiros. Eram todos prisioneiros libertados de diversas nacionalidades: para eles Praga era uma estação de conexão. Eu me sentei com uma menina eslovaca chamada Marta. Eu me sentia muito sozinha. Meus companheiros de viagem não sabiam que eu tinha perdido minha mãe no dia anterior. Mesmo que soubessem, não teriam se importado;

todo mundo estava tomado por suas próprias preocupações e seus medos em relação ao futuro.

Viajamos o dia todo pela Alemanha, passando por cidades destruídas por bombas, enquanto o bucólico interior e as vilas seguiam intocados, pacíficos e verdes. Nosso motorista tcheco seguiu dirigindo até o anoitecer, porque não queria passar a noite em território alemão. Era tarde da noite quando cruzamos a fronteira para a Tchecoslováquia. O ônibus parou na cidade mais próxima, Františkovy Lázně.

O lugar parecia sem vida, não havia ninguém à vista, e as janelas dos hotéis antiquados em volta da praça estavam escuras. A área havia sido libertada pouco tempo antes, todos os hotéis estavam fechados e não havia hóspedes. Depois de várias tentativas, nosso motorista encontrou um hotel cujo zelador, depois de ouvir quem eram os passageiros, estava disposto a nos deixar passar a noite.

Que luxo! Fiquei espantada. Eu havia me esquecido que tamanho conforto existia. Caminhei pelos corredores com carpete, pelos corredores cheios de espelhos, mobília polida e pesadas cortinas de veludo. Recebemos um quarto luxuoso, com um banheiro reluzente e uma enorme cama de casal, feita para os hóspedes ricos e mimados do pré-guerra que vinham curar suas doenças e exibir suas joias.

Duas pessoas dividiam um quarto; minha colega era Marta. Nós parecíamos estranhas nesse entorno. Eu usava minha capa de chuva, calças que tinham vindo dos depósitos britânicos e botas de borracha. Preferi vesti-las em vez de carregá-las. Nos meus ombros estavam as duas trouxas. Mas o mais estranho de tudo eram os olhos arregalados refletidos no espelho. Poderiam ser os meus olhos? E quem era essa garota alta que eu não via em um espelho de corpo inteiro fazia três anos?

Eu me deitei na cama macia, em um lençol branco e engomado coberto por um edredom leve e fofo, e não consegui pegar no sono. Eu me revirava, e a cada giro a cama rangia e afundava em resposta. Acontecia o mesmo com a minha colega de quarto.

Diferentemente da princesa no conto de Andersen, que não consegue pegar no sono por causa da ervilha colocada sob uma pilha de colchões para identificar se ela era mesmo uma princesa de verdade, nós duas não conseguíamos pegar no sono porque as camas eram macias e fofas demais. Dormimos em beliches duros por muitos anos. No fim, puxamos o edredom fofo para fora da cama e passamos a noite dormindo no carpete.

Na manhã seguinte nosso motorista dirigiu até Pilsen, sua cidade natal. Ele nos levou até a estação de trem, arranjou as passagens para nós e nos desejou boa viagem.

Continuamos o resto do caminho até Praga de trem.

PARTE III
1945 — SÉCULO XXI

26

Primeiras semanas em Praga

O trem chegou a Praga ao meio-dia do dia 1º de julho. Lá estava eu então, na minha cidade natal, sozinha, sem papai nem mamãe, a duas semanas do meu aniversário de dezesseis anos.

Na estação de trem, duas pessoas do Escritório de Repatriação receberam nosso grupo. Eles deram para cada um de nós uma carteira de identidade rosa e levaram as pessoas, que não tinham onde ficar, para um albergue nas proximidades. Deixei minhas duas trouxas ali e tentei encontrar tia Manya.

Eu me lembrava do bonde que ia para o distrito de Podolí, mas não tinha dinheiro para a passagem. Mostrei para o condutor meu cartão rosa de repatriada e ele disse que eu não precisava pagar. As pessoas me olhavam de um jeito estranho, e percebi que deveria parecer estranha para elas. Eu não sabia por quê. Achei que não havia nenhuma marca visível em mim que pudesse explicar os olhares. Achava que era a forma como eu estava vestida, com botas de borracha e capa de chuva em um dia de verão. Só muito mais tarde eu ouvi de outros que algo na expressão do rosto, especialmente nos olhos, revelava a violência dos anos passados em Terezín, Auschwitz e Bergen-Belsen.

Subi as escadas para o pequeno apartamento de Manya e toquei a campainha. A porta se abriu e lá estava minha tia Manya. Ela não me reconheceu.

Quando me viu pela última vez eu era uma criança de treze anos, agora eu era uma adulta de dezesseis.

"Sim?", disse ela.

Eu não conseguia responder.

"Dita?", perguntou ela hesitante. Assenti.

Ela olhou atrás de mim, escada abaixo.

"Mas onde está a sua mãe?"

"Mamãe morreu dois dias atrás."

"Mas não pode ser... ela escreveu uma carta... ela disse que vocês duas tinham sobrevivido e que voltariam logo..."

E então ela me puxou, me abraçou e choramos juntas.

De forma incongruente, ela comentou: "Você teve sorte de me pegar em casa; eu estava prestes a sair". Como se eu tivesse aparecido para uma visita casual.

De repente ela parou e disse: "Você não está sozinha, sua avó está viva! Eu escrevi para vocês em Bergen-Belsen, mas vejo que não receberam a carta. Ela sobreviveu em Terezín e seu tio Leo a acolheu. Ela está com ele, aqui em Praga".

Fiquei chocada. Vovó estava viva! Mamãe e eu havíamos vivido nosso luto por ela quando ficamos sabendo por uma mulher, que chegou com o transporte de maio, que vovó estava em seu leito de morte. Então ela havia se recuperado e estava viva! Ela havia sobrevivido três anos no gueto.

No dia seguinte fui buscar as duas trouxas, a minha e a de Mausi, porque Manya disse que eu podia ficar com ela. Para ela, era a coisa mais natural e óbvia, e eu ainda estava atordoada demais para pensar no inconveniente que poderia estar lhe causando.

Tia Manya havia recentemente sido nomeada diretora de uma escola especial para crianças com problemas de audição. Portanto, nesse verão ela não estava de férias como os professores, mas trabalhou em julho e agosto. Ela vivia em um apartamento de um quarto, mas como a cozinha era bem grande, ela a havia transformado em uma espécie de sala de estar com uma cama extra.

Zdenka, a irmã de Manya, teve a função de visitar vovó e prepará-la para as notícias. "Devagar", Manya avisou. "Não devemos sobrecarregá-la. Ela está velha e frágil e está à espera de Dita e a mãe."

Zdenka disse a vovó apenas que Liesl estava muito doente. Assim, aos poucos, a velha mulher foi informada e, três dias depois, Manya, Zdenka e eu fomos finalmente vê-la.

Ela estava sentada na sala de estar do tio Leo e da tia Verica, com as mãos cruzadas no colo. Seu cabelo grisalho estava preso com grampos na nuca, seus grandes olhos castanhos, um pouco protuberantes, repletos de uma grande dor.

Contei a ela como papai havia morrido, o que mamãe e eu tínhamos sofrido em Auschwitz e Hamburgo e então em Bergen-Belsen. Ela queria saber tudo. Ela não chorou; só segurou a minha mão e acariciou a minha cabeça, e eu senti seu enorme e caloroso amor. A dor dela era imensa e inexprimível, mas eu estava anestesiada. Falei sobre pessoas morrendo e indo "para o gás" de uma forma banal. Eu sabia que deveria chorar e lamentar pelos mortos; tentei sentir tristeza, mas era incapaz de esboçar qualquer emoção. Tudo que eu podia sentir era uma muralha de gelo em torno do meu coração. Anos mais tarde li artigos de psicólogos sobre o dano emocional que o Holocausto havia causado nos sobreviventes e comecei a entender o que havia acontecido comigo. Eu senti esse embotamento das minhas emoções por muitos anos, e não sei se um dia me recuperei completamente.

Provisoriamente, fiquei com tia Manya, e vovó ficou com tio Leo. Nós esperávamos encontrar um apartamento e morar juntas.

Nos primeiros dias e semanas depois do nosso retorno dos campos de concentração, sobreviventes buscavam por suas famílias e amigos. Ninguém sabia se um ente querido estava morto ou ainda não havia retornado, ou talvez ainda estivesse hospitalizado em algum lugar da Alemanha. Se encontrava um conhecido, você começava a perguntar: Viu X ou encontrou Y ou sabe algo de Z? As pessoas normalmente sabiam de seus colegas de campo, mas havia tantos campos diferentes para os quais havíamos sido dispersados depois de Terezín e Auschwitz! Nas paredes do escritório da comunidade judaica havia listas com nomes de sobreviventes e pedidos de informação. Notas foram pregadas em estações de trem, além de cartazes com pedidos de contato. Todos os dias o rádio citava mais nomes, e certo dia ouvi o nome da minha mãe. Quem estava à procura dela era sua melhor amiga, Edith, de quem eu havia recebido o nome. Eu me lembrava dela por conta de uma visita quando eu tinha uns seis anos. Ela havia me levado a uma loja de brinquedos e me deixado escolher não um, mas três brinquedos. Ela ficou triste ao saber que Liesl estava morta, mas eu nunca mais soube dela.

Não foi fácil me ajustar à vida normal. Eu não tinha planos; nem me ocorreu pensar no que eu deveria fazer. Eu não tinha nada... não tinha renda. Até então eu nunca havia precisado tomar uma decisão; antes da deportação eu era uma criança e meus pais cuidavam de tudo. Nos campos nós éramos mandados para cá e para lá; os alemães eram os mestres das nossas vidas e precisávamos obedecer às ordens. Nunca pensei que eu precisaria ser responsável pela minha própria vida.

Eu era uma hóspede no minúsculo apartamento de Manya e queria me divertir. Eu comia o dia todo, mas, por mais que comesse, continuava com fome. O sentimento de fome durou por anos depois da guerra. Não era uma fome na boca ou no estômago, era fome na minha cabeça. Ela me levava a comer tudo que houvesse na casa, e nunca me sentia saciada. Eu já tinha ganhado peso depois da libertação e estava ficando bem gordinha. Em uma foto de julho de 1945 meu rosto parece bem inchado. Muito do meu cabelo havia caído depois do tifo.

A comida ainda estava disponível apenas com cupons de racionamento e faltava de tudo. Manya fazia questão de ter pelo menos pão suficiente na casa, porque eu era capaz de comer meio filão de uma vez. Eu não tinha nada para vestir. Era verão e eu queria um traje de banho e um vestido leve.

Manya me levou a várias instituições de caridade onde eu poderia escolher algumas peças de roupas usadas e, o mais importante, um par de sapatos de segunda mão. Eles não eram do meu tamanho, mas eu gostava deles. E daí se apertavam meus pés!

Antes de sermos deportados, minha mãe havia dado a Manya algumas coisas para guardar. Havia fronhas com seu monograma, que ela havia bordado para seu enxoval, um de seus dois casacos, um terninho azul que ela não precisaria no gueto, alguns utensílios de cozinha e, principalmente, o jogo de porcelana completo para doze pessoas.

Eu me lembro do dia em que um vendedor se sentou com mamãe à mesa redonda da sala de jantar e ela folheou um catálogo. Ela escolheu um jogo branco com uma faixa prateada. Eu ainda era pequena, mas mamãe disse que era para o meu casamento. Manya tinha acertado com alguns amigos para que guardassem nossa caixa com a porcelana cuidadosamente embalada em um galpão no jardim.

O irmão da minha mãe, Hugo, veio de Brno para Praga antes de sermos deportados e levou nossos álbuns de fotografias. A mulher dele era gentia, o que o protegeu da perseguição nazista. Tenho sorte de ter nossos álbuns de família, um tesouro que muitos sobreviventes consideram uma perda bastante dolorosa.

Meus pais também tinham emprestado alguns móveis para uma amiga da tia Lori quando fomos expulsos do nosso apartamento e precisamos nos apertar em um quarto. A boa mulher os guardou no seu aparamento durante toda a guerra e os devolveu em bom estado. Eu nunca a conheci e tampouco sei seu nome.

A questão da devolução de itens aos proprietários foi uma história dolorida e frustrante. A experiência dos judeus que voltaram foi que os gentios com frequência alegavam que as coisas tinham sido dadas a eles como presentes ou que precisaram vendê-las para pagar por pacotes de comida que enviaram ao gueto, ou até mesmo que as coisas haviam sido perdidas em bombardeios, embora só um punhado de prédios tenha sido destruído em Praga durante toda a guerra. Minha experiência foi uma exceção; tudo que meus pais esconderam, ainda que de pequeno valor, foi devolvido para mim sem problemas.

Manya saía de manhã, me deixava seu cartão de racionamento e dinheiro para comprar pães e queijo. Quando voltava de tarde, ela cozinhava uma refeição para nós duas. Eu não ousava ir à mercearia; tinha vergonha porque eu não sabia como fazer compras. O que se dizia? Me dê ou eu quero? Quanto queijo eu deveria comprar? Quanto é cem gramas, meio quilo? Demais ou muito pouco? Tímida demais para tentar, eu ficava só com o pão.

***

Passei muitas horas em filas de diversos escritórios. Era necessário ter documentos. Sem uma carteira de identidade não era possível obter um cartão de racionamento. Para ter uma carteira de identidade, era preciso ter um documento de registro da polícia que, por sua vez, exigia um documento comprovando meu último endereço antes da deportação. E assim por diante. No escritório da comunidade judaica, pedi auxílio por ser órfã. Eu precisava de um documento do tribunal provando que meus pais estavam mortos. Mas não havia prova da morte deles, então me deram uma declaração que reconhecia apenas a presunção da morte. Eu precisava de cópias dos meus históricos escolares para mostrar às autoridades que eu era tcheca e não alemã. Era uma preocupação sem fim.

No entanto, comecei a ter uma vida social.

Havia os dois irmãos Šabart, vizinhos da minha tia Lori. Eles eram um pouco mais velhos que eu e ambos tocavam violão. Lori convidava vovó e eu para o almoço com frequência, e então eu visitava os dois garotos e cantava com eles os últimos sucessos. Ensinei a eles as letras em inglês que eu havia aprendido com os soldados britânicos nos bailes em Bergen-Belsen e eles anotavam tudo animadamente. Eu gostava do irmão mais novo; ele era bonito, mas não mostrava interesse por mim.

Tia Verica também tentava achar companhia para mim. O filho dos amigos dela que tinha acabado de passar nos exames para a faculdade ia acampar no fim de semana com um grupo de colegas de escola, meninos e meninas. Quando vovó ficou sabendo que eu passaria a noite em uma tenda com estranhos, ela bateu o pé. Literalmente. Pobre vovó; bateu o pé no chão com tanta força que deve ter doído. Insisti com teimosia que iria. Ela estava com tanta raiva que ficou exausta. Ela não podia mais me disciplinar; havia perdido a autoridade sobre mim. Sua argumentação bem-intencionada não serviu para nada; eu tinha me cansado de ouvir o que eu podia ou não fazer.

Os jovens todos estavam em casais; eu era a única solteira. O menino que havia me convidado era muito gentil e atencioso. Mas eu era uma estranha, e eles haviam sido colegas de escola por anos. Viajamos de trem por uma meia hora e eles falaram de coisas sobre as quais eu não sabia nada, enquanto o que eu tinha para contar vinha de outro planeta.

Armamos o acampamento no rio Sázava. As meninas dormiram em uma barraca, os garotos em outra. Durante a noite, tivemos visitas: dois soldados russos. Os "libertadores" russos ainda estavam no país; esses dois aparentemente precisavam patrulhar os trilhos de trem ali perto.

Os garotos tentaram conversar com eles, mas eles queriam as mulheres, e nós garotas nos aglomeramos na nossa tenda e trememos de medo. Foi preciso muito tempo para nos livrarmos deles; eles ficavam tentando abrir a porta da barraca e estávamos em pânico, até que os garotos os convenceram, com a ajuda de alguns cigarros, a irem embora.

"Viu, nada de ruim aconteceu comigo", argumentei com vovó na manhã seguinte, tentando acalmá-la, mas eu sentia a tristeza dela ao perceber que era incapaz de me guiar na ausência dos meus pais.

Outra tentativa de tia Verica aconteceu quando ela arranjou um passeio com o vizinho ao lado, um solteiro com o dobro da minha idade. Ele tinha um carro — um luxo pouco comum na época — e nos convidou, Leo, Verica e eu para ir à cidade natal dele, onde ele tinha algumas terras. Verica aceitou imediatamente, mas acho que ela se arrependeu depois.

Dirigimos para o sul e depois de um tempo chegamos nos arredores de uma cidade pequena: Budějovice. O homem realmente era dono de uma grande casa de campo e de um moinho, e, além disso, de uma grande cervejaria. A cerveja era chamada Budvar pivo; em alemão o nome é Budweiser. O homem pareceu gostar muito de mim, e ficou tão óbvio que Verica insistiu para que eu e ela dividíssemos um quarto à noite.

Na manhã seguinte, frustrado, o homem encurtou nossa estadia e nos levou de volta para Praga. E foi assim que não me tornei a namorada do dono da cervejaria Budweiser.

Vovó e tia Manya também falavam sobre o meu futuro. Eu deveria estudar, ir à escola de novo. Em certo sentido, eu era mais madura que garotas da minha idade. Eu havia visto tortura e morte. Eu tinha aprendido a passar despercebida para não chamar atenção dos homens da ss. Eu estava cercada de mulheres adultas que falavam abertamente sobre assuntos íntimos, mas, em alguns aspectos, eu ainda era uma criança, imatura e ingênua.

Minha avó me lembrou de que eu quase não tinha educação formal, apenas os cinco anos do fundamental, e que meus pais desejariam que eu estudasse. Eu sonhava em me tornar artista, mas não achava que era preciso estudar para isso. Vovó ficou impotente; eu dispensava suas sugestões. Eu pintava meus lábios de um vermelho vivo que eu achava maravilhoso, mas que chocava todos os outros. Eu me matriculei em um curso de sapateado, porque queria ser como Ginger Rogers. A primeira aula foi com um fotógrafo, que tirou fotos das meninas em várias poses, e fiquei maravilhada quando vi minha foto no pôster na entrada da escola de dança.

27

ENCONTRANDO OTTO

CERTA MANHÃ, QUANDO EU ESTAVA na fila do Ministério do Interior, reconheci Otto Kraus, um dos professores do Kinderblock. Era o rapaz que Sonja Šulcová havia apontado para mim em Terezín como o irmão de Harry, o garoto de quem ela gostava. E eu o havia visto todos os dias no Kinderblock em Auschwitz. Ele era um homem muito bonito, mas um pouco baixo, da minha altura.

Ele também me reconheceu, sorriu e disse: "Eu me lembro de você, a menina com as pernas magras, sentada lá com seus livros ao lado da chaminé. Fico feliz que você tenha voltado".

Era o que sempre dizíamos quando encontrávamos alguém que havia sobrevivido aos campos. Tão poucos de nós haviam retornado, e nenhum era criança. Eu estava entre os mais jovens a terem sobrevivido a Auschwitz, e isso apenas porque na "seleção" eu tinha mentido sobre a minha idade. Com poucas exceções, nenhum dos judeus de Praga que havia voltado tinha menos de quinze ou mais do que quarenta e poucos anos.

Nós começamos a conversar, e Otto me convidou para ir com ele ao teatro na terça; ele tinha dois ingressos. Fazia umas seis ou sete semanas que eu havia voltado a Praga. Durante esse tempo, eu não tinha visto nenhum filme ou peça; tinha acabado de me ocorrer que eu poderia ir quando quisesse, que não havia mais restrições aos judeus.

"Aonde você vai quando acabar aqui?", perguntou Otto.

"Ao kille para pedir a pensão de órfã."

"Eu também tenho uma coisa para fazer lá, vamos juntos."

O escritório da Comunidade Judaica não era longe, e fomos conversando pelo caminho. Falamos de nós mesmos, e fiquei surpresa e cada vez mais impressionada com como Otto descrevia tão bem o que eu também sentia: o vazio das emoções, a falta de calor interior, a muralha de gelo envolvendo o coração. A habilidade dele para colocar em palavras o que eu sentia, mas não conseguia expressar, me atraiu e me surpreendeu. Fiquei feliz porque assistiríamos a uma peça juntos.

A peça que vimos se chamava *As escapadas de Nasredin*; era divertida, e não séria e pomposa como eu havia temido. Durante a peça, Otto pegou a minha mão e eu me senti lisonjeada por esse homem inteligente achar que eu era digna da sua atenção. Muito mais tarde ele admitiu que o segundo ingresso na verdade era para outra garota com quem ele estava saindo na época.

Acabou que Otto estava morando em um apartamento que dividia com Ruth e seu marido, Honza, um amigo de Otto e colega de campo; a mesma Ruth para quem eu devia entregar a trouxa de Mausi.

Otto teve a sorte de estar entre os primeiros a voltar a Praga depois da guerra. Ele sabia que seu pai não havia sobrevivido, mas tinha esperança de que sua mãe e irmão pudessem retornar dos campos. Assim, ele conseguiu as chaves de um apartamento de dois quartos em um prédio bem apresentável. O apartamento havia sido abandonado por uma mulher alemã com tanta pressa que deixara para trás suas roupas e até comida na mesa. Os apartamentos eram distribuídos pelo comitê de habitação de acordo com o tamanho da família. Mas fico triste em dizer que ninguém da família de Otto voltou, e então ele convidou seu colega de campo Honza Brammer e a mulher dele para dividirem o apartamento, para que não perdesse o direito a ele.

Assim descobri o endereço de Ruth e podia levar a trouxa de Mausi para ser guardada.

No entanto, as coisas aconteceram de forma diferente. Otto sugeriu que ele fosse buscar a trouxa. Na tarde seguinte, ele foi até o apartamento da minha tia e começamos a sair a partir desse dia. Dávamos longas caminhadas, falávamos sobre os campos e nossos sentimentos de perda e solidão. Em outro momento, ele me contou que no começo da guerra, antes das deportações dos judeus, ele estava em uma fazenda com um grupo de jovens homens e mulheres para aprender sobre agricultura. Eles eram sionistas e queriam ir para a Palestina se tornar fazendeiros e construir o país.

Ele mencionou casualmente que tanto Ruth quanto Mausi estavam nesse mesmo grupo.

"Ah", falei, "você conhece Mausi?"

"Eu conheço Mausi muito bem", respondeu ele. "Ela era minha namorada na fazenda e quase me casei com ela."

Fiquei surpresa e não sabia se sentia ciúmes ou ficava feliz por agora ele ser meu namorado.

"Por que você não se casou com ela?"

"Por causa do meu pai. Ele disse que só por cima do seu cadáver um filho seu se casaria com a filha de uma mulher de Bielitz-Biala, na fronteira com a Polônia, praticamente uma judia do Leste."*

---

* Os "judeus do Leste", ou *Ostjuden* em alemão, eram os judeus que viviam na região da Polônia, Lituânia, Romênia e do Império Russo. Em geral falantes de ídiche e mais tradicionalistas e religiosos, eram vistos com desprezo pelos judeus da Europa Central. (N. T.)

28

Mausi

Mausi e a mãe ficaram na Suécia mesmo depois de seu período de recuperação. Mais tarde elas se mudaram para a Escócia. Talvez Mausi ainda tivesse laços com Sean, o médico escocês, não sei. Acabou conhecendo um bom cavalheiro judeu, um *mohel* (um homem que faz circuncisões), chamado Jack Grant, e se casou com ele. Otto brincava chamando-o de Jack, o Estripador. Mas só quando eles não estavam ouvindo, é claro.

Eles moravam em Glasgow e tiveram três filhos, uma menina e um casal de gêmeos. Mausi era uma mãe e mulher exemplar. A mãe dela morou com eles até sua morte, em uma idade respeitável.

Quando estava em um curso de verão de inglês para professores em Londres nos anos 1960, Otto foi convidado para ir a Glasgow visitar os Grant. Eles o receberam calorosamente, o levaram para ver os pontos turísticos, como o chalé de Robert Burns (Mausi sabia que Otto também escrevia poesia) e os *lochs*.

Em certo momento, Otto perguntou casualmente se Mausi continuava pintando. Ela ficou um pouco agitada, foi evasiva, mas Jack ficou surpreso.

"Pintando?", perguntou, surpreso.

"Ah, nada", Mausi fez um gesto de desdém com a mão. "Isso ficou no passado."

De fato, desde o casamento ela não pintava, e o marido nunca tinha visto suas pinturas. Ele era um funcionário religioso, e ela, como "a mulher do reverendo", sentia que era inapropriado pintar.

Ainda assim, como o segredo tinha sido revelado, ela subiu para o sótão e trouxe sua coleção de pinturas. Elas não eram apenas muito boas e profissionais, mas muitas eram verdadeiros documentos históricos.

Alguns anos depois, a cidade de Glasgow a homenageou com uma grande exposição e um catálogo com sua biografia. Foi um grande sucesso, e Jack ficou muito orgulhoso de sua talentosa esposa.

Por muitos anos eles tiveram um apartamento em Israel e nós os víamos com frequência. Às vezes ela vinha sozinha e passávamos horas conversando. Eu gostava muito de Mausi; ela era prática, direta, curiosa e leal.

Nossos filhos sabiam do passado dela, e quando a viam sempre repetiam o que eu havia dito a eles: "Essa é a mulher que podia ter sido a mãe de vocês".

29

TEPLICE

No FIM DE JULHO ENCONTREI Margit de novo. Ela estava de volta a Praga e vivia com o pai, Elmer Barnai, que havia voltado dos campos de concentração. Sua mãe e sua irmã, Helga, haviam morrido. Barnai recebeu uma oferta de emprego como administrador de propriedades alemãs em Teplice-Šanov. A posição incluía um apartamento para ele, uma importante vantagem. Apartamentos eram tão raros que era quase impossível achar um vago. Os imóveis que haviam sido desocupados pelos alemães em fuga foram logo tomados por todo tipo de pessoa. Os melhores, é claro, foram tomados por oficiais, e o restante foi alocado para os prisioneiros que voltavam ou outros cidadãos que retornavam do exterior para sua terra natal liberada. Um Ministério da Habitação havia sido estabelecido, e para conseguir um apartamento bastava ir até lá e fazer uma requisição. Quando eu e vovó começamos a procurar por acomodação, já não havia nada disponível.

O pai de Margit me convidou para ir morar com eles em Teplice, onde nós poderíamos ir à escola e ter nosso próprio quarto. Meu desejo era aceitar na hora. Vovó ficou apreensiva; ela não sabia quem eram essas pessoas. O sr. Barnai veio fazer uma visita e convenceu vovó de que eu estaria em boas mãos. Ele queria muito que eu fosse, porque Margit havia declarado que só voltaria para a escola se eu fosse junto. Ela se sentia velha demais para retomar os estudos. Ela tinha dezessete anos, eu, dezesseis. Então minha pobre avó deu seu consentimento. Ela sabia que não tinha mais controle sobre mim, e não havia nenhuma perspectiva de um apartamento para nós duas. O que a agradou foi que eu iria para a escola de novo.

Otto não ficou muito feliz por eu não morar em Praga. A essa altura ele estava na universidade, estudando Literatura Comparada, Filosofia, Inglês e Espanhol. Todas as manhãs, Otto e o marido de Ruth, Honza, saíam juntos para a universidade. Honza, que estava quase no fim dos estudos quando os alemães fecharam as universidades tchecas, estava terminando o doutorado. Ruth preparava sanduíches para eles com mostarda, já que não havia outra coisa. Otto ganhava uma modesta bolsa de estudos que ele dividia em três partes, um terço para comida, um terço para o aluguel e um terço para cultura. Ele comprava livros, ia ao teatro ao menos duas vezes na semana. E tinha começado a escrever. Mas disso eu só soube mais tarde.

Nesses meses, logo depois do nosso retorno, ele ainda era muito magro, e se fosse um pouco mais alto, seria muito bonito. De início eu achava suas bochechas redondas não muito charmosas, mas ele era tão inteligente, e era tão interessante e divertido estar com ele, que abri mão do meu ideal de um namorado alto e magro.

Quando começamos nosso relacionamento, as escolas ainda estavam de férias, e além das idas aos vários escritórios para pedir documentos, nós dois estávamos livres. Nós nos encontrávamos com frequência, às vezes na cidade, normalmente no apartamento dele. Não demorou muito para que nos tornássemos namorados. Eu era totalmente inexperiente; além de beijar, eu não sabia nada sobre sexo. Mas Otto era tão gentil que relaxei e confiei nele. Quando voltei para a casa de Manya depois de termos feito amor pela primeira vez, eu tinha certeza de que todo mundo no bonde podia ler no meu rosto que duas horas antes eu havia deixado de ser uma menina e virado uma mulher.

No meio de setembro, o apartamento de Teplice estava pronto, e Margit e eu pudemos nos mudar. Era totalmente mobiliado com o equipamento do inquilino anterior, um médico; até mesmo seus instrumentos ainda estavam lá. Como a maior parte dos alemães da região dos Sudetos, ele precisou fugir imediatamente para a Alemanha no fim da guerra. Eu e Margit então tínhamos nosso próprio quarto com varanda, uma cama de casal branca, armários brancos, uma cômoda branca com gavetas e um espelho. Nós nos sentíamos como princesas.

Na época, Teplice, um famoso spa ao estilo de Karlovy Vary, estava repleto de refugiados. Eles vinham principalmente da parte mais ao leste da Tchecoslováquia, que agora pertencia à União Soviética. Os refugiados correram para as cidades dos Sudetos que haviam sido esvaziadas de sua antiga população alemã e tomaram conta das casas, fazendas e negócios. Eles eram apelidados de "caçadores de ouro". Havia também um grande grupo de pessoas de outros países que esperavam para voltar para casa. Barnai empregava uma delas como nossa governanta. Ela fazia uma maravilhosa sopa de leite com macarrão, mas logo voltou para a Romênia. Então começamos a comprar nosso almoço em um hotel próximo.

As aulas já haviam começado, mas isso não era problema. Todo o Estado ainda estava um caos, se organizando depois da ocupação de seis anos. Fomos colocadas no sexto ano da Escola de Teplice, com alunos apenas um ano mais novos, e o diretor da escola esperava que corrêssemos atrás dos anos perdidos. Precisamos de aulas particulares de latim, dadas por um professor aposentado com ares de velho mundo. Devíamos concluir as matérias de física, matemática, geometria, história, língua tcheca e literatura dos anos anteriores ao longo dos dois anos seguintes.

O pai Barnai, como passei a chamá-lo desde então, foi nomeado pelo tribunal como meu guardião, e, como eu tinha duas fontes de renda, uma pensão governamental por ser órfã e uma bolsa da comunidade judaica, eu não era um fardo para ele. Mas o pai de Margit tinha uma moral muito rígida; ele se sentia responsável pela nossa reputação e precisávamos informar a ele aonde íamos. Mas nem sempre agíamos segundo suas instruções e trapaceávamos.

Na primavera houve uma grande festa estudantil chamada Majales, para toda a escola, com música e dança. Pai Barnai foi junto para cuidar de nós, mas foi embora cedo e nos deu um horário para chegar em casa. Quando Margit e eu voltamos depois da meia-noite, pai Barnai abriu a porta e deu um tapa em nossas bochechas com um par de luvas de couro. Por que luvas, eu não sei. Talvez um símbolo da luva jogada como no desafio para um duelo? Eu e Margit não conseguíamos parar de rir e gargalhar em nossos travesseiros por conta da visão do pai Barnai em calças de pijamas, empunhando as luvas.

O apartamento era bem equipado; havia carpetes, lençóis e cortinas, potes e panelas e todos os utensílios de cozinha, e Barnai ainda trazia qualquer coisa que precisássemos das casas alemãs que administrava. Ele conseguiu um gramofone e vários discos. Margit, que tinha aprendido balé antes da guerra, me ensinou alguns passos, e nós dançávamos por horas em volta da mesa na grande sala de jantar.

Nenhuma de nós tinha o que vestir, e isso era um problema. As lojas mal tinham estoque, e as poucas opções eram feias e pouco atraentes. Ademais, só era possível comprá-las com cupons, o que talvez fosse suficiente para alguém com um guarda-roupa completo que precisasse substituir um item de vez em quando. Mas nós precisávamos de tudo, de roupas de baixo a meias, sem falar em vestidos, roupas de lã e casacos. Então Margit e eu decidimos que costuraríamos vestidos para nós.

Compramos uma caixa de tinta azul para tecido, pegamos dois lençóis, já que havia um bom estoque no apartamento, e os mergulhamos no balde com água azul. Quando secaram, começamos a cortá-los. Primeiro fizemos um corte redondo no meio para a cabeça. Então, costuramos duas linhas em ângulos retos para fazer as mangas — à mão, é claro; pois não tínhamos máquina de costura — e depois cortamos o resto. Quando tentei colocar meu "vestido", minha cabeça não passava, e o buraco precisou ser alargado. Mas a coisa não parecia muito um vestido, era mais um saco azul. Então acrescentamos uma faixa em torno da cintura para servir de cinto. Nos ombros fizemos várias dobras, e no fim costuramos uma bainha. Com essas roupas, fomos à escola. Curiosamente, ninguém na sala comentou ou fez piada do nosso visual.

Eu e Margit éramos muito populares com os meninos das classes mais velhas. Diferentemente das meninas da nossa sala, éramos mais maduras e fumávamos. Durante os intervalos, ficávamos no corredor atrás da escada com os meninos mais velhos para um cigarro. Um dia, fomos pegas pelo professor responsável e tivemos que nos apresentar ao diretor. A punição foi dura: fomos expulsas. Margit achou graça, ela não se importava de sair da escola, mas eu fiquei muito infeliz, especialmente por causa da vovó. O que ela diria? Perder minha chance de ter uma educação por causa de uma pequena transgressão estúpida das regras da escola?

O pai Barnai tentou convencer o diretor a ser mais compassivo. Acabou que o professor que tinha nos pegado era antissemita. Nós éramos as duas únicas alunas judias na escola. Mais tarde descobrimos que na reunião de colegiado ele foi intransigente e insistiu na punição. Ainda assim, ela foi reduzida a uma suspensão. No dia seguinte, fui à escola depois das aulas para falar com o sr. Weichet.

Weichet havia sido professor de Otto em Praga antes da guerra. Otto o tinha encontrado na rua alguns dias depois de seu retorno de Terezín, e o professor o convenceu a tentar os exames para a faculdade naquele verão. Otto estava na turma preparatória quando os alemães baniram os judeus das escolas. O conselho de Weichet foi bom, porque Otto passou e pôde se matricular na universidade no ano letivo de 1945–1946.

Otto sabia que Weichet havia sido transferido para Teplice e me disse para mandar saudações a ele. Acabou que Weichet se tornou o professor da minha classe. Assim, eu acreditava que ele poderia interferir em nosso favor.

Encontrei o professor no corredor vazio e lhe contei sobre como eu tinha começado a fumar nos campos, porque as mulheres diziam que fazia você sentir menos fome. O resultado é que meu pobre professor começou a chorar. Eu me senti péssima; me sentia culpada por usar esse argumento, ainda que fosse verdadeiro. Mas era injusto da minha parte causar as lágrimas dele, e isso me envergonhou profundamente.

Nós pudemos voltar para a escola no dia seguinte; o pai Barnai recebeu um telefonema de lá para comunicá-lo da decisão.

Escrevi para Otto sobre o incidente. Nós nos escrevíamos quase todos os dias.

Suas cartas sempre começavam com: Minha doce menina.

> *Praga 11/1/1945 (sic)*
> Minha doce menina, como eu sei quão difícil é a vida sem cigarros, chocolate e amor, estou lhe mandando os dois primeiros. Infelizmente, o correio não entrega amor, portanto, você precisará se satisfazer em ser amada a distância.
> Otto

Ele me criticou, disse que eu era uma criança irresponsável e imatura e disse que estava decepcionado. Depois disso levei meus estudos mais a sério para acalmá-lo e provar que eu não era estúpida.

Durante o ano em Teplice, fui a Praga duas vezes por alguns dias. Ficou acordado que eu voltaria de vez no fim do ano escolar e continuaria os estudos em Praga. Otto disse que não podia me amar a distância, e praticamente me fez escolher: ou ele ou Margit. Não era difícil decidir, embora eu tenha lamentado ter que deixar o conforto de Teplice.

30

O casamento

Terminei o sexto ano com Margit em Teplice e fui embora com alguma dor, mas eu também estava ansiosa para recomeçar minha vida com Otto. O plano era que eu continuaria a escola.

Tio Leo e tia Verica haviam trocado seu moderno apartamento de três quartos no centro da cidade por um pequeno em Košíře, uma região mais pobre de Praga. Eles estavam prestes a emigrar para os Estados Unidos e prometeram deixar o apartamento para vovó. A troca deveria acontecer depois que eles fossem embora. O acordo era lucrativo para eles, embora feito sem a aprovação do Ministério do Interior.

Fui obediente e me matriculei na escola para garotas ali perto, mas logo desenvolvi tamanha aversão pelas aulas que simplesmente desisti. Em vez disso, decidi frequentar a escola de Artes Aplicadas. Quando criança, eu passava muitas horas desenhando vestidos para minha coleção de bonecas de papel, e os adultos da família haviam concluído que eu tinha um futuro como estilista. Então resolvi fazer jus a essa previsão.

Eu agora estava bem. Viver com vovó era agradável; ela cozinhava e cuidava de mim. Por um tempo, nós fomos uma pequena família. Peguei nossos móveis com a amiga de Lori e amava a sensação de ter um lar de novo. Eu dormia no sofá da sala de estar e vovó usava o sofá de couro na cozinha. Era um pouco apertado, mas como vovó era bem baixinha, ela dava um jeito.

No entanto, logo descobrimos que o apartamento estava infestado de percevejos. Era uma chateação, mas assumimos o desafio. Eles eram só um clã comparados aos exércitos desses bichos em Terezín. Saímos do apartamento por uns dias, enquanto era dedetizado, mas só resolveu por um tempo, já que todo o prédio estava infestado e os percevejos logo voltaram para nossas camas. As picadas coçavam, e eu acabava me arranhando, mas fora isso eu não me importava. Um pequeno inconveniente; percevejos, rá!

Eu saía para a escola de manhã, carregando minha pasta de desenho e tintas. Ao meio-dia, comprava um pedaço de torta ou bolo em uma confeitaria. As tardes eram passadas com Otto, e de noite eu pegava o bonde para casa. Eu me sentia livre; a vida era interessante e Otto me amava. Exceto quando ele me levou para conhecer seus amigos; fiquei deprimida porque me senti estúpida e inadequada perto deles. Eles discutiam filosofia, política, ou os novos livros e peças, enquanto eu ficava entre eles como um enfeite, bonita, mas muda. Eu não tinha como participar da conversa e sentia que até Otto me achava ingênua e infantil. Eu me lembro de como ele tentou me explicar o que era filosofia e como fingi entender, embora não tivesse certeza de ter entendido.

O idílio durou pouco tempo. Tio Leo e Verica não conseguiram o visto para os Estados Unidos e precisaram de seu pequeno apartamento de volta. Para mim não havia problema, só peguei meus poucos pertences e fui morar com Otto. Mas minha pobre avó não tinha para onde ir. Eles chegaram e ela ficou na cozinha, tentando ocupar ainda menos espaço para não atrapalhar tia Verica.

Eu ainda ia à Escola de Artes, mas estávamos planejando nos casar.

Aconteceu assim. Nós estávamos voltando de algum lugar no centro da cidade, e enquanto esperávamos na parada do bonde, Otto disse em um tom casual:

"Eu te amo tanto que talvez eu me case com você."

Ele não perguntou "você quer se casar comigo?" ou "você quer ser a minha esposa?". Ele sabia que só dependia dele; não havia hipótese na cabeça dele de que eu pudesse recusá-lo.

Eu me senti honrada e nas nuvens.

Havia, porém, um grande obstáculo. Um dos documentos exigidos para uma licença de casamento era um certificado do censo populacional de 1930. A população da República tinha três opções de nacionalidade; tcheco, alemão ou judeu. Meus pais, cuja língua materna e educação haviam sido alemãs, se registraram como alemães. Eu só tinha seis meses, então a nacionalidade deles também era a minha, claro.

Agora, depois da guerra, eu era uma alemã, o inimigo, e não podia receber uma licença de casamento. As autoridades tchecas ainda não tinham conseguido diferenciar entre os alemães de verdade e os sobreviventes judeus falantes de alemão. Eu poderia até ter sido deportada da Tchecoslováquia para a Alemanha.

Isso quase aconteceu com vovó. Logo depois de seu retorno de Terezín, ela viu seu nome nas listas de cidadãos alemães que seriam expulsos, espalhadas por toda a cidade. Ela ficou preocupada e assustada, e quando ela me contou, eu só ri. Era tão absurdo que era obviamente um erro; achei que ela deveria simplesmente ignorar. Mas eu estava errada. Vovó tentou tirar seu nome da lista, mas todos os seus esforços foram em vão. Em seu estado de nervosismo, fez algo que para ela era pouco característico.

Ela foi até o escritório do Primeiro-Ministro e pediu uma audiência. Eles olharam incrédulos para a pequena mulher com seu chapéu preto antiquado, mas ela insistiu: diga a ele que Katharina Polach quer vê-lo. A secretária sorriu com condescendência, mas concordou.

O Primeiro-Ministro saiu pessoalmente de seu escritório para cumprimentá-la. Antes da guerra ele havia sido membro do parlamento e tinha conhecido bem o meu avô. Foi preciso apenas uma ligação para que o nome de vovó saísse da lista.

Eu não tinha dezoito anos e, segundo a lei, ainda era menor de idade. Para poder me casar, eu precisava de uma permissão do tribunal. Como pai Barnai era meu guardião legal, eu precisei viajar para uma audiência em Teplice. No dia marcado, nós — Barnai, Otto e eu — comparecemos diligentemente perante o juiz. Primeiro, ele checou os dados e depois perguntou a Otto: "Qual a sua profissão? Qual a sua renda? Onde você mora?". As respostas pareceram satisfazê-lo, mas então ele mandou os homens saírem e fiquei sozinha com o juiz. Ele me olhou de cima abaixo cuidadosamente, provavelmente para garantir que eu era madura suficiente e adequadamente desenvolvida. Então ele se inclinou para a frente, sorrindo de forma reconfortante e disse:

"Alguém a está forçando a esse casamento? Você está se casando de livre e espontânea vontade? Tem certeza de que quer ser a esposa desse homem?"

Quando respondi, ele explicou: "Enquanto isso, até completar dezoito anos, você pode seguir sob a guarda do sr. Barnai, ou seu marido pode se tornar seu guardião no lugar dele".

Não havia dúvidas quanto à minha decisão.

"Meu marido será meu marido, nunca meu guardião."

Eu ainda não tinha a licença para me casar. Tinha o certificado de domicílio exigido e um documento afirmando que eu era solteira, uma carteira de identidade, mas não conseguia superar o obstáculo da declaração de meus pais como alemães. Otto e eu tentamos ter um casamento judaico religioso. O rabino Sicher, o rabino-chefe da Tchecoslováquia, conhecia Otto desde que ele nascera, tinha sido professor da mãe de Otto em Náchod, além de ter realizado o *bar mitzvá* de Otto. Mas nem mesmo ele podia nos ajudar. Ele era obrigado a exigir os mesmos documentos para um casamento religioso que o escritório de casamentos civis.

Finalmente, decidi que uma trapaça era meu último recurso. Coloquei meu casaco largo e duro, que um alfaiate havia feito para mim do material do cobertor militar que eu tinha trazido de Bergen-Belsen (eu não tinha outro casaco de qualquer forma). Ele me fazia parecer maior, e mais uma vez fiquei na fila do Ministério do Interior. O funcionário era um homem jovem. Eu olhei diretamente nos olhos dele e falei: "Preciso de uma licença para me casar correndo. Estou grávida e meu namorado está disposto a se casar comigo. Mas, se ele precisar esperar, eu sei que ele vai escapar".

O rosto dele perdeu o verniz de oficialidade e, baixando a voz, ele perguntou: "Tudo bem se você recebê-la semana que vem?"

Alguns dias depois, finalmente estava em posse do documento que eu havia passado tantos meses tentando obter.

O casamento aconteceu no dia 21 de maio de 1947. A essa altura eu estava de fato grávida. Muito depois Otto admitiu que era crucial para ele saber se eu podia ter filhos. Ele sentia a perda de toda sua família com tanta intensidade que a coisa mais importante para ele era criar uma nova. Eu era ingênua, mas tive minhas dúvidas quando ele não tomou precauções. Mas ele me garantiu que, como fazia pouco tempo desde os campos, ele ainda não havia recuperado seus poderes de procriação. Fui facilmente convencida e acreditei nele; aos meus olhos ele era a autoridade em tudo.

Quando Metek Blum, o melhor amigo de Otto em Terezín, soube que eu estava grávida, ficou cheio de inveja. Ele não queria ficar para trás em suas conquistas, e o resultado foi que ele e sua esposa Věra (nome de solteira Joklová) tiveram sua filha Sonia apenas seis semanas depois do nosso primeiro filho, Peter Martin.

Durante a ocupação nazista, o exército tcheco havia sido dissolvido. Depois da guerra, todos os homens, até mesmo os de vinte e cinco anos, foram convocados para um breve serviço. Como tinha diploma de ensino médio, Otto foi colocado no curso para oficiais. Os grandes galpões militares ficavam em Praga, perto do nosso apartamento em Vršovice. Otto completou seus seis meses de serviço militar em maio de 1947.

Enquanto Otto estava no exército, eu me instalei em seu quarto no apartamento de Vršovice, que ele dividia com Honza e Ruth. Havia dois quartos e um pequeno cubículo atrás da cozinha, onde a irmã de Ruth, Ditinka, vivia. Ruth e Honza se ausentavam alternadamente por longos períodos; ainda assim, havia pouca privacidade para nós cinco. Esperávamos que logo Otto se tornasse gerente na fábrica do pai, assim nós poderíamos pelo menos viver em parte da mansão Kraus. Logo depois que os alemães ocuparam a Tchecoslováquia em 1939, os pais de Otto foram forçados a vender sua fábrica aos alemães por uma soma ridícula, mas nunca receberam o dinheiro porque contas de judeus haviam sido bloqueadas nos bancos. O novo proprietário alemão, chamado Meyer, permitiu que a família Kraus ficasse em sua mansão até a deportação. Quando voltou depois da guerra, Otto começou o longo processo de retomar a propriedade do pai. Era um procedimento complicado. As autoridades tchecas não estavam com nenhuma pressa de devolver as propriedades aos donos judeus; eles enrolavam e pediam infinitos documentos.

Os preparativos do casamento não foram muito elaborados. Eu tinha o terno azul da minha mãe, que tia Manya havia guardado durante a guerra e que só precisava de alguns ajustes. Comprei uma blusa branca e um chapéu combinando. Um dos poucos primos distantes de Otto que ainda restavam, tinha uma fábrica de sapatos em Vlašim e ofereceu sapatos azuis sem os cupons necessários. Pedi a ele que fizesse um par com saltos baixos; eu não queria parecer mais alta que Otto.

Tia Vala, uma parente de Otto, veio dois dias antes para cozinhar e fazer doces para os convidados do jantar. Otto conseguiu comprar um pouco de carne no mercado clandestino e tia Vala trouxe ingredientes para vários bolos. Durante dois dias antes do casamento a ajudei, embora não soubesse cozinhar nem fazer doces. Antes de sovar a massa, conforme fui instruída por Vala, tirei o anel do meu dedo.

O anel era uma antiguidade, um círculo grosso e dourado com um topázio bem no meio, onde o anel era mais largo. Ele tinha sido um presente da minha avó para o meu décimo segundo aniversário. Era herança da avó dela. Antes de sermos mandados no transporte, eu pedi a Zdenka que o guardasse para mim. Depois da guerra, a primeira coisa que Zdenka fez foi tirar o anel do dedo e me devolver.

Quando terminamos de assar os bolos e limpar a cozinha, eu não conseguia achar o anel. Tia Vala, Otto e eu procuramos por toda parte; até reviramos o lixo. Nada. Concluímos que de alguma forma ele devia ter ido parar em um dos bolos.

Na manhã seguinte, pegamos um táxi para o Palácio Clam-Gallas, onde eram celebrados os casamentos civis. Uma larga escadaria levava ao primeiro andar e, ao chegar lá, havia várias noivas e noivos com suas famílias. Cada cerimônia levava quinze ou vinte minutos. Era realmente como uma linha de montagem.

Nas escadas havia uma multidão de convidados, muitos com o uniforme do curso de Otto. Um de seus antigos amigos era Pat'a. Enquanto descíamos as escadas, agora marido e mulher, ele anunciou filosoficamente e com apropriada gravidade teatral: "De agora em diante você estará ainda mais sozinha do que estava antes".

Em casa, fizemos a refeição festiva com nossos convidados. Estavam lá, é claro, Metek e Vera, minhas tias Lori e Manya, vovó, as primas de Otto,

Eva e Hanka Kraus, tia Vala, Margit e o pai Barnai. Os bolos foram cortados, e todo mundo foi avisado para mastigar com cuidado, porque meu anel de ouro estaria em uma das fatias. Mas não estava. Ele apenas desapareceu misteriosamente e nunca mais foi encontrado.

Otto me consolou: "O velho anel era seu símbolo de donzela. Agora você tem um novo anel, o anel de uma mulher casada".

À tarde recebemos um bilhete avisando que receberíamos uma ligação dos Estados Unidos. Tio Otto Strass, o irmão da mãe de Otto, tinha resolvido nos parabenizar pelo casamento. Curiosamente, a mulher do tio Otto também se chamava Dita. Não havia telefone no apartamento de Vršovice. A ligação seria feita para o escritório da fábrica Kraus. Naqueles tempos, ligações internacionais eram uma raridade e precisavam ser mediadas pela companhia telefônica internacional.

Depois que o último convidado tinha ido embora, lavamos as louças, arrumamos as cadeiras e a mesa, varremos o carpete e tiramos o lixo. Então colocamos roupas quentes, porque estaria frio no escritório, e fomos esperar a ligação do tio Otto. Era muito excitante pensar que conversaríamos, cruzando essas longas distâncias, com alguém nos Estados Unidos.

A ligação havia sido anunciada para oito da noite. Mas o tempo passou, eram nove e então dez. O telefone não tocava. Nós nos sentamos nas desconfortáveis cadeiras do escritório e tremíamos de frio. Não podíamos simplesmente ir para casa e ignorar tio Otto. No fim, a ligação veio às duas da manhã. Foi assim:

"Alô, é você Otto?"

"Alô, alô, Otto. Sim, Otto e Dita aqui."

"Parabéns pelo casamento. Desejamos muitas felicidades a vocês."

"Obrigado. Como vai, tio Otto? E como está tia Dita?"

"Estamos bem, tudo certo. As meninas também querem parabenizá-los."

Uma voz fina de menina disse algo incompreensível em um sotaque norte-americano. Depois de um tempo, outra voz fina também disse algumas palavras. Tio Otto continuou:

"Por que vocês não vêm para os Estados Unidos? Larguem tudo, peguem suas escovas de dentes e venham para cá."

"Obrigado, tio Otto, mas gostaríamos de viver aqui em Praga. É nosso lar."

"Ok. Então, adeus. E escreva. Mandarei outro pacote em breve."

E foi assim que passamos nossa noite de núpcias.

31

A FÁBRICA KRAUS

No VERÃO DE 1947, OTTO foi finalmente nomeado proprietário da fábrica dos pais, mas não recebeu a posse. Com isso pudemos nos mudar para a mansão. O Treuhänder Meyer havia sido expulso da Tchecoslováquia com todos os alemães. O estado apontou uma gerente para administrar a fábrica. A maior parte dos outros funcionários ainda era da época em que a fábrica pertencia à família Kraus. A mansão era usada para os escritórios.

Transformamos dois cômodos conectados em nosso novo lar e nos mudamos. Havia uma enorme cozinha, com um antigo fogão a carvão de antes da guerra, quando a família empregava uma cozinheira. Agora já não era prático; mandamos desmontá-lo e compramos um fogão elétrico. O pequeno cubículo atrás da cozinha, onde a cozinheira dormia, se tornou o escritório de Otto. Ele tinha uma escrivaninha, uma cadeira e um abajur e podia escrever ali sem ser perturbado. Seu primeiro livro foi *Země bez Boha — A terra sem Deus*. Foi publicado com ótima recepção, e Otto foi considerado um autor jovem e promissor.

Como escritor publicado, Otto foi aceito no círculo dos jovens literatos tchecos. Graças ao poeta Kamil Bednář, que trabalhava para Václav Petr, o editor do primeiro romance de Otto, ele conheceu Zdeněk Urbánek, Karel

Nový, Bohuslav Březovský (sua mulher, a dra. Březovská era nossa pediatra na clínica infantil), Ivan Diviš, Jiří Kolář e outros. Eles se encontravam em uma cave na Malostranské náměstí, discutiam ou liam seus últimos trabalhos e bebiam vinho. Otto não bebia vinho, ele preferia uma xícara de café, mas essas discussões eram de alguma forma inspiradoras. Uma vez acompanhei Otto, me sentei lá como um enfeite, escutei-os discutindo e me senti privilegiada por estar na companhia de gênios.

Ivan Diviš se tornou um amigo próximo. Ele com frequência vinha visitar Otto em nossa casa apertada e os dois tinham longas conversas filosóficas. Certa vez, quando fomos buscá-lo no apartamento dos pais, onde ele morava, a mãe de Ivan disse a Otto: "Fico feliz por ele sair com você. Com você ele não bebe".

Quando voltou dos campos, Otto não tinha mais família próxima. Seu pai havia sido assassinado nas câmaras de gás em Auschwitz. Seu irmão, Harry, supostamente havia levado um tiro tentando escapar durante a evacuação do campo. E Marie, a mãe de Otto, tinha morrido depois da liberação, em um hospital alemão, como minha mãe Liesl. A irmã de Marie, Ella, vivia em Londres, e seu irmão, Otto Strass, nos Estados Unidos.

No entanto, havia a prima da mãe dele, tia Vala, na pequena cidade de Náchod, e ela, o marido, tio Vena e as crianças, Věra e Pavel, cujo apelido era Papen, eram agora os parentes mais próximos e amorosos de Otto. Antes de nos casarmos, Otto me levou a Náchod para me apresentar e para que eles aprovassem sua escolha. Aparentemente, passei no teste.

Nós os visitávamos com frequência, e em uma de nossas visitas compramos duas dúzias de latas de carne de cavalo. A comida era escassa, e a maior parte só era disponibilizada com cartões de racionamento. Carne de cavalo era no geral desprezada, considerada adequada apenas para os mais pobres, mas o goulash de carne de cavalo de Náchod podia ser comprado sem cartões de racionamento.

Papen estudava farmácia em Praga. Tio Véna tinha uma farmácia perto da praça principal de Náchod e queria que o filho a assumisse um dia. Papen estudava sem muito entusiasmo e se tornou farmacêutico, mas nunca trabalhou numa farmácia. Ele tocava trompete, tinha uma banda de jazz e ficou bem famoso.

Ele e Milena, sua namorada, vinham nos visitar com frequência. Papen amava comer, seu rosto bonito estava sempre corado e brilhante, como se a gordura emanasse de seu corpo rechonchudo. Então Otto dizia: "Vá à despensa e mate um cavalo". E nós comíamos uma maravilhosa refeição de goulash de cavalo com batatas.

Papen morreu no palco, como convinha à sua profissão. Ele ergueu os braços com a batuta, caiu para a frente e estava morto. Que pena! Ele ainda era jovem, só cinquenta e dois anos.

Na mansão eu me sentia como uma rainha. Eu tinha um marido famoso, dois quartos confortáveis, um pequeno jardim, uma grande cozinha e um carro, um antigo Praga de antes da guerra com jeito de caixote. Em 1939, logo antes de Hitler ocupar a Tchecoslováquia, os pais de Otto haviam feito preparativos para emigrar para a Inglaterra. Eles enviaram um grande baú com roupas para toda a família, incluindo seus casacos de pele e até mesmo roupa de cama. O baú passou todos os anos da guerra em um dos depósitos ferroviários de Londres, intocado pelos pesados bombardeios. Tia Ella o havia mandado de volta para Praga. Ah, que maravilha foi! De repente tínhamos cobertores, lençóis, toalhas, roupões de banho; em resumo, tudo de que precisávamos.

Nosso problema era vovó. Ela não tinha onde morar. Estava hospedada com tio Leo e Verica. A partida deles para os Estados Unidos havia sido adiada, e eles estavam apertados no apartamento de Košíře. A falta de casas havia se tornado ainda pior que nos primeiros dias depois da guerra. Era preciso estar em uma lista de espera do Ministério da Habitação, e as pessoas esperavam por anos antes de receberem uma oferta, que muitas vezes se mostrava imprópria para a habitação humana.

Depois de muito procurar, Otto descobriu um quarto para alugar no sótão de uma antiga casa perto da nossa. A sra. Adamová, a proprietária, estava disposta a alugá-lo para vovó. Não era um lugar confortável, a entrada era pelo pátio, as escadas eram íngremes, o aquecimento, inadequado. Mas não havia solução melhor. A sra. Adamová era uma boa mulher, e ela e vovó, que era tão modesta e flexível, se deram muito bem.

O bebê estava previsto para dezembro, no dia de Natal. Mas o 24 passou, e o dia seguinte também, e as dores do parto começaram no dia 27. Estava congelando. Otto saiu várias vezes durante a noite para ligar o motor do carro, temendo que ele não fosse dar a partida quando precisássemos correr para o hospital. O veículo feio, mas robusto, havia ficado sem pneus, sobre blocos de concreto, na garagem da fábrica durante toda a guerra. Não havia combustível disponível para carros particulares, sem falar nos pneus e outras peças, então o Treuhänder Meyer não podia usá-lo. Quando foi apontado como proprietário da fábrica, Otto encontrou o carro todo empoeirado, mas funcionando. Ele comprou quatro pneus de segunda mão no mercado clandestino. Luxos como pneus novos não existiam. Ele não conseguia, porém, encontrar um quinto para o estepe. Ainda assim, havia tão poucos carros na época que eu me sentia orgulhosa e privilegiada de ser vista em um imponente carro de seis lugares.

Na madrugada do dia 28, foi hora de ir ao hospital. O melhor amigo de Otto, Metek, que era um tanto esnobe, opinou que Otto não podia permitir que sua mulher desse à luz em um hospital público; precisava ser em um sanatório particular.

Foram muitas horas de grande dor, mas tudo correu normalmente para um primeiro filho e nem precisei de pontos. O bebê pesava 3,15 quilos. Otto e vovó chegaram logo depois e foi uma grande alegria. A única sombra foi quando Otto me contou que enquanto ele estava dando ré para sair do quintal para a rua, havia atropelado nosso filhote de pastor alemão, Lump.

Naqueles tempos, a mãe ficava no hospital por três ou quatro dias depois de dar à luz. Mas no dia seguinte fiquei com febre, e acabou que eu tinha um furúnculo no seio direito. Amamentar se tornou extremamente doloroso. Fui tratada com uma nova e incrível descoberta, a penicilina. Era administrada via injeção, a cada três horas, de dia e de noite.

Uma semana mais tarde eu estava "curada" e pude ir para casa com o bebê. Havíamos pensado em um nome muito antes do nascimento, sem saber, é claro, se seria menino ou menina. Caso fosse menina, seria Michaela, isso era certo. E, se fosse menino, escolhemos Peter Martin, os nomes dos dois encantadores filhos de Viktor Fischl. Viktor era o irmão do bom amigo de Otto, Pat'a.

No entanto, o furúnculo voltou e foi extremamente dolorido. Otto me levou correndo para um clínico geral na nossa rua, um velho conhecido da família Kraus. Ele fez uma cirurgia imediatamente. O seio direito ficou danificado e não produzia mais leite. O médico me disse que eu não poderia amamentar meus próximos filhos por mais do que algumas semanas.

Não sei quem estava mais feliz, eu ou minha avó. Ela vinha todos os dias, pegava o bebê no colo e cantava para ele e o teria segurado nos braços o tempo todo se não houvéssemos proibido. Era a época das regras rígidas; todo mundo seguia os conselhos do dr. Spock. Um bebê era alimentado de três em três horas pontualmente e não quando estivesse chorando. Vovó era à moda antiga, Otto dizia, e precisávamos obedecer ao pediatra. O médico dizia que bebês precisavam chorar, era bom para desenvolver seus pulmões.

Aliás, nosso médico era o dr. Epstein, professor de pediatria, e antes da guerra um de seus alunos havia sido o dr. Mengele.

Otto decidiu que nosso filho não seria circuncidado. Ele não queria que ele fosse marcado como um judeu para o resto da vida. Em Auschwitz, Otto testemunhara uma cena assustadora, quando um de seus colegas prisioneiros teve seu prepúcio cortado pelo barbeiro do campo para "torná-lo um judeu". O próprio Otto não havia sido circuncidado porque nascera prematuro. Seus pais adiaram o procedimento até que ele ganhasse peso, e então simplesmente deixaram para lá. Para um judeu em Praga era um detalhe sem importância. Mas em Auschwitz ele poderia ter sido a próxima vítima do barbeiro com a lâmina cega.

Peter era um bebê muito bonito, e eu, uma mãe muito orgulhosa. Eu também gostava do fato de tê-lo tido tão jovem e fantasiava com o dia que dançaríamos juntos quando ele crescesse. Eu era jovem, mas também muito tola e inexperiente.

Um dia, fui visitar Ruth, nossa antiga companheira de apartamento, para lhe mostrar meu filho. Não era longe. Eu o vesti com roupas quentes, o cobri no carrinho com a colcha e andei pelas ruas frias de inverno. Quando voltei, uma hora depois, Otto e vovó estavam na rua com expressões preocupadas, olhando de um lado para outro, à minha procura. Provavelmente eu não avisara para onde ia, suspeitando que não permitiriam. Que bronca eu levei! Como pude fazer uma coisa dessas, sair com o bebê nesse frio congelante, colocando-o em perigo, ele podia pegar pneumonia, que irresponsável eu era! E, sim, me senti culpada, mas protestei alto, dizendo que eu era madura o suficiente para saber o que estava fazendo. Por que eles não confiavam em mim?

Vivíamos de modo bem ordenado. Otto trabalhava duro na fábrica, se esforçando para conseguir pedidos para lingeries e camisolas femininas. Ele citava o pai, que descrevia seu produto como "roupas de trabalho para certas mulheres". A matéria-prima era escassa, e os chefes de fábricas têxteis precisavam ser subornados. Nosso amigo Matek aceitou a oferta de Otto e se tornou comprador para a fábrica. Ele era um gênio em sua função. Ele próprio havia restituído a destilaria do pai e, portanto, tinha acesso a quantas garrafas de conhaque ou uísque quisesse. Nenhum oficial do Ministério do Comércio recusava um presente desses. E então os rolos de chifon, seda e renda começaram a aparecer com regularidade.

Eu tentava coordenar a casa com a ajuda de vovó. Toda semana eu levava Peter à clínica de bebês, onde a dra. Březovská o examinava e anotava seu progresso. De tarde, costumávamos visitar Metek, sua esposa, Vera, e sua bebê, Sonia, ou eles vinham até nós. Havia outros amigos e, claro, o primo Papen e Milena. Zdeněk Eliáš (antes Eckstein), um dos antigos colegas de campo de Otto, se sentava ao lado de Peter e o entretinha por horas. Era muito tocante ver os dois — o homem jovem, de vinte e quatro anos, e o bebê — rindo juntos.

Outro amigo, o poeta Josef Hiršál, também costumava nos visitar. Mas o que ele queria mesmo era ver as lingeries. Certa noite, quando as costureiras haviam ido embora, Otto o levou até a fábrica. Quando Hiršál viu a pilha de calcinhas na mesa de embalagem, ele apertou um punhado delas contra o peito e as jogou para cima, de onde elas flutuaram até cair na sua cabeça, enquanto ele exaltava: "Tantas mulheres, tantas mulheres…".

Às vezes Otto dava a Metek itens de roupa de baixo para senhoras. Alguns burocratas as preferiam ao uísque de Metek. Isso me deixava com muita inveja. Por que as mulheres dos oficiais ganhavam novas camisolas enquanto eu não ganhava nada? Eu ainda não tinha quase nada para vestir, e lá estavam eles dando coisas para pessoas que com certeza tinham muito mais do que eu, e não sobrava nada para mim. Até Metek ficou do meu lado nessa discussão. Mas Otto insistia que os negócios tinham prioridade. O motivo não era pão-durismo. Cada rolo de material era alocado pelo Ministério do Comércio, e de cada um a fábrica era obrigada a produzir um número fixo de itens. Era só graças à talentosa modelista, a sra. Šandová, que uma ou duas peças extras eram tiradas de cada rolo.

Eu me lembro de como fiquei magoada quando a prima de Otto, Eva Kraus, se casou, e eu, já visivelmente grávida, fui ao casamento no único vestido de gestante que tinha. Era preto com uma gola branca, e Eva comentou: "Pelo menos para o meu casamento você poderia ter colocado um vestido melhor".

Uma tal de sra. Maternová foi designada pelo Estado para ser a gerente da fábrica Kraus quando o "arisator"* alemão foi preso depois da guerra. Claro que o escritório dela era o melhor quarto da mansão, enquanto o contador e duas secretárias ocupavam os outros. A sra. Maternová era uma mulher baixa e gorducha de meia-idade, com cabelos loiros, sempre bem penteada (o marido dela tinha um salão de cabeleireiro perto da Václavské Náměstí) e cuidadosamente maquiada, com muitos anéis em seus dedos roliços.

Quando Otto se tornou proprietário, ele não demitiu a sra. Maternová. Ele não se sentia suficiente capaz de cuidar do negócio sozinho. E pensou que poderia confiar nela. Um grande erro!

Maternová havia gerenciado a fábrica por quase dois anos. Era uma mulher ambiciosa, sorrateira e dissimulada, que conspirou com dois funcionários, a modelista e o chefe de expedição. As peças extras que Metek usava como propina antigamente eram vendidas pela sra. Maternová, e o lucro compartilhado com seus dois cúmplices.

Claro que a sra. Maternová não ficou feliz por Otto ter se tornado seu chefe. Na superfície ela fingia estar cooperando, mostrava a ele os livros de contas e o deixava tomar as decisões. Mas, pelas costas, fazia de tudo para minar sua autoridade. Em nossa ingenuidade, Otto e eu ficamos muito amigos dela, até o golpe comunista em fevereiro de 1948.

---

* Os nazistas chamavam todos os não judeus de arianos. Quando eles expropriaram as propriedades judaicas, chamaram isso de *arisation*.

32

Uma nova realidade política

Três anos após o fim da guerra, os comunistas organizaram um golpe em Praga e tomaram o governo. Eles chamaram uma multidão de trabalhadores para a praça Staroměstské sob o pretexto de apoiar os sindicatos. E então eles foram até o presidente Beneš afirmando que as pessoas pediam sua renúncia. A farsa funcionou, e os comunistas ascenderam ao poder.

De repente, houve uma mudança completa de atitude. Uma atmosfera de medo dominou a vida de todos. Antigos pequenos funcionários se tornaram chefes todo-poderosos.

As pessoas, especialmente as "capitalistas", foram convocadas para interrogatórios; em cada prédio, informantes foram apontados para relatar o que ouviam dos inquilinos. Houve até casos de figuras públicas conhecidas desaparecendo sem deixar rastro. Bandeiras vermelhas com slogans pró-soviéticos foram penduradas por toda parte. Se alguém quisesse manter seu emprego ou enviar os filhos para a escola, era preciso se tornar membro do Partido. Novos "comitês nacionais" emitiram documentos de "cidadãos leais", sem os quais ninguém podia ser empregado. Todas as fábricas particulares e grandes negócios foram expropriados pelo Estado. Eles chamaram isso de "nacionalização".

A fábrica Kraus foi uma delas.

Poucos dias depois do golpe comunista, a sra. Maternová chamou Otto até seu escritório e, na presença do resto da equipe, lhe entregou um envelope com um sorriso triunfante no rosto. Era um *dekret*, um documento afirmando que a partir de então Otto Kraus não era mais proprietário da fábrica Kraus de Lingeries Femininas e não tinha autoridade alguma. A fábrica agora era propriedade do Estado. Ele não poderia ter contato com os empregados, nem diretamente nem por telefone. Além disso, ele deveria deixar o lugar imediatamente, entregar as chaves, e não poderia levar nada da fábrica ou do escritório (a sra. Maternová nem me deixou pegar de volta minha própria máquina de costura, que havia sido colocada temporariamente na fábrica. Ela insistiu que tudo que estivesse na fábrica pertencia agora ao Estado. Fiquei feliz quando soube mais tarde que seu marido havia pedido o divórcio).

Na verdade, a fábrica Kraus não deveria ter sido "nacionalizada", pelo menos não de início. Em um primeiro momento, somente fábricas com cinquenta ou mais empregados foram expropriadas. O governo depois nacionalizou até pequenos negócios. Na época, havia quarenta e nove empregados, incluindo a sra. Maternová e a equipe administrativa, registrados na fábrica Kraus. Mas Maternová falsificou os números e assim conquistou seu objetivo de se tornar gerente absoluta de novo.

Porém, o que Maternová não conseguiu, por mais que tenha se esforçado e sido persistente, foi nos fazer sair da casa. Precisávamos esperar sermos alocados em um apartamento alternativo, e não havia nada disponível. Durante a guerra nenhuma construção foi feita. Muitos recém-casados precisavam morar em apartamentos apertados com os pais, adiando o nascimento de filhos. Netos adultos foram morar com os avós, para que quando os avós morressem, o neto tivesse direito ao apartamento. Famílias que ocupavam mais quartos do que o permitido precisavam aceitar inquilinos ou se mudar para um apartamento menor. Tudo era registrado; nada escapava do olhar vigilante do Grande Irmão. E havia informantes bem-dispostos por toda parte, uma antiga tradição dos tchecos.

Maternová usou todos os seus contatos no Partido Comunista para nos despejar, mas simplesmente não havia imóveis disponíveis. Ela ficou com raiva e nos atormentava constantemente. Obrigava os empregados a nos espiar e relatar a ela todos os nossos movimentos. Eles lhe reportavam quem vinha nos visitar, quanto tempo ficavam, quando saíamos e quando voltávamos. Ela até desligava a chave elétrica geral nos fins de semana, quando os escritórios fechavam, nos deixando com o bebê, que então tinha apenas poucas semanas de vida, sem luz, aquecimento ou água quente.

Certa noite, no fim de fevereiro, ladrões invadiram o estoque da fábrica e roubaram uma grande quantidade de rolos de tecido. O prédio ficava nos fundos da mansão, e a janela do quarto dava nessa direção.

Fomos acusados de deliberadamente permitir a invasão, e talvez de tê-la arranjado. Tinha havido uma outra tentativa de invasão no verão anterior, quando Otto ainda comandava a fábrica, mas ele tinha ouvido o barulho pela janela aberta, e quando deu um grito, os ladrões fugiram. Maternová argumentava que deveríamos ter ouvido os ladrões como da última vez, e não chamamos a polícia porque a fábrica não era mais nossa. Mas era inverno agora, a janela estava fechada, e não tínhamos ouvido nada.

Não adiantava argumentar, Otto foi chamado a comparecer em juízo. Nenhum advogado ousou representá-lo, o capitalista opressor da classe operária. Ele apareceu sozinho diante do juiz, e quando começou a falar, o juiz o calou dizendo: "Eu não falo com capitalistas como você". Contudo, por sorte não havia provas suficientes e o caso foi arquivado.

Contudo, para conseguir qualquer emprego, todo mundo precisava apresentar um documento chamado Declaração de Lealdade ao Estado. Esses documentos eram emitidos por um setor local do Partido Comunista. Não havia chance de Otto, o colaborador de ladrões, conseguir esse documento.

Minha prima Jenka veio ao nosso resgate.

Jenka era minha prima de segundo grau. Era poucos anos mais velha que eu e era casada com Ivan, um funcionário do partido. Ela também era membro do partido e acreditava de coração na doutrina da justiça social. Eles moravam não muito longe, e nós duas sempre passeávamos juntas com os bebês nos carrinhos.

Graças aos contatos do marido dela, Otto estava prestes a conseguir esse fundamental certificado de Lealdade ao Estado. Ivan me disse para buscar o documento no lugar de Otto. Era como uma cena de filme. Ele me instruiu a me vestir sem maquiagem e a não falar uma palavra, só dizer meu nome e esperar. Eu estava morta de medo. Fiquei em pé em silêncio na porta do sombrio escritório com homens de rostos sisudos sentados em suas respectivas mesas. Ninguém falou comigo. Depois do que pareceu uma eternidade, um dos homens fez um sinal para que eu me aproximasse. Ele me deu um pequeno pedaço de papel e eu saí apressada, esperando que ninguém me parasse. O documento declarava:

> Certificado
> A comissão de Segurança Interna e Nacional
> Por meio do presente certificamos que o sr. Otto Kraus (data de nascimento, endereço, cidadão tcheco) é, segundo evidência dos inquilinos do Conselho dos Trabalhadores, leal à Nação e ao Estado.
> Assinado: Secretaria de Segurança Nacional

Como Otto era um escritor publicado e tinha muitos bons amigos no mundo literário, ele foi aceito pelo Ministério da Cultura como encarregado de literatura inglesa. Qualquer livro que fosse publicado na República tinha que ser aprovado pelos *aparatchiks* do partido. Otto gostava do trabalho, que consistia em ler novos livros em inglês e escrever uma recomendação para tradução. O que o irritava, porém, é que suas recomendações eram com frequência rejeitadas por "não serem politicamente corretas". Escritores de renome mundial eram chamados de direitistas, imperialistas, antissocialistas e contrarrevolucionários. Otto tinha orgulho de ser a única pessoa no "mais vermelho" dos ministérios que não era membro do Partido Comunista.

Jenka foi fundamental não apenas ao arranjar esse importante documento para Otto, mas também encontrou uma solução para o nosso problema habitacional. No prédio alto em que ela vivia havia uma pequena *garçoniére* — um apartamento de solteiro — no térreo, ocupada por uma médica solteira. Como ela também tinha acomodações no hospital em que trabalhava, ela na verdade não podia manter a *garçoniére*. Jenka conseguiu fazê-la sair e o lugar foi dado a nós.

Ele consistia em um quarto de uns dezesseis metros quadrados e um pequeno banheiro com vaso sanitário, pia e banheira. Quando cama de casal, armário, mesa, duas cadeiras e berço foram colocados ali, ficou quase impossível se mover. Em um canto do quarto havia um recuo de uns cinquenta centímetros com uma pia e um fogareiro a gás de duas bocas, acima do qual ficava um armário para os utensílios de cozinha e alimentos. Recusá-lo não era uma opção.

Certa manhã, Jana, a mulher de Pat'a, chegou à nossa pequena *garçoniére* carregando duas grandes malas. Ela tinha resolvido que deveríamos fazer geleia. Frutas e verduras eram escassas em 1948, três anos depois do fim da guerra, e ela havia comprado vários quilos de maçãs em algum lugar. Descascá-las e cortá-las levou três horas, mas nos divertimos conversando e rindo juntas. Enquanto as maçãs cozinhavam com bastante açúcar, brincamos com Peter, meu bebê de seis meses.

Quando a fruta estava cozida, nós a colocamos em dois grandes potes de cerâmica que eu havia herdado de alguém. Nós os carregamos até a janela para esfriar, mas no meio do caminho os potes quebraram por conta do calor e os fundos se soltaram. A meleca fervendo caiu no tapete, criando dois montes fumegantes e uma poça, que o pequeno tapete começou a absorver lentamente. O topo do monte pôde ser salvo, mas muito da geleia grudou no tecido felpudo. De joelhos, começamos a esfregá-lo para tentar salvá-lo. Era nosso único tapete.

Perto da noite nós desistimos. O açúcar havia endurecido, e o tapete parecia uma tábua, impossível de ser enrolado. Mas havia um consolo: quando pessoas vinham nos visitar, elas fungavam e sempre exclamavam: "Ah, que cheiro delicioso de maçã".

Nessa época alguns dos nossos amigos estavam se preparando para se mudar para o recém-criado Estado de Israel. Alguns já tinham partido, como Ruth Bondy; o marido dela, Honza, a seguiria em breve. Era uma oportunidade para trocarmos de apartamento. Nós poderíamos nos mudar para o apartamento de Vršovice, e Honza para nossa *garçoniére*. Éramos dois adultos com um bebê, tínhamos direito a dois quartos, e também queríamos acomodar vovó. Mas ninguém podia saber que Honza planejava emigrar.

Conseguimos isso por intermédio de um amigo em comum, um antigo colega de campo de Otto e Honza que era membro do Partido Comunista e tinha "contatos".

Finalmente pudemos trazer vovó para morar conosco, e ela ficou feliz por poder passar o dia todo com o pequeno Peter. Ela era muito discreta e nunca interferia ou nos criticava, embora provavelmente tivesse muitos motivos para fazê-lo. Eu era jovem, não tinha vinte anos, era cabeça oca e incompetente. Peter já tinha um ano. Ela o segurava no colo, cantava para ele em uma voz trêmula e o deixava colocar os três pares de óculos que ela tinha sobre o nariz dela, um em cima do outro.

O idílio não durou muito. Honza havia partido para Israel, nossos melhores amigos Metek e Věra Blum também. O regime se tornava cada vez mais opressivo, quem podia estava indo embora. Havia uma atmosfera de urgência, as pessoas sentiam que a emigração não seria permitida por muito mais tempo.

Otto concluiu que precisávamos partir. Ele sabia que enquanto trabalhasse no ministério "vermelho" não conseguiria uma licença para ir embora, então pediu demissão. A Comunidade Judaica lhe ofereceu uma posição e ele aceitou prontamente. Anos mais tarde, ele descreveu a si mesmo como sendo o desorganizador do Movimento Sionista em Praga. Ele foi treinado pelo chefe do departamento de Aliyah, um homem que tinha sido mandado de Israel para cuidar da emigração não apenas dos judeus tchecos, mas também de outros, especialmente dos judeus poloneses que passavam pela Tchecoslováquia a caminho de Israel.

No escritório da Comunidade Judaica, Otto recebeu um escritório com uma mesa, e quando abriu a gaveta, encontrou um milhão de coroas tchecoslovacas em dinheiro vivo. Nervoso, correu para o chefe israelense, que calmamente pegou o dinheiro e lhe explicou que aquilo eram fundos para a Aliyah. O trabalho de Otto desde o primeiro dia consistia em queimar evidências de como esse e mais dinheiro que financiava a Aliyah (ascensão em hebraico) de milhares de sobreviventes do Holocausto para Israel havia sido adquirido. Ele e uma secretária alimentavam todos os dias o pequeno fogão com documentos incriminatórios. Sua outra tarefa era vender o *shekel* simbólico que cada potencial emigrante precisava comprar por dez coroas para poder se registrar para a Aliyah.

Otto era sionista desde antes da guerra. Já mencionei que ele pretendia se mudar para a Palestina, como o território era chamado antes de se tornar o independente Estado de Israel. Por dois anos, de 1940 a 1942, ele frequentou o *hachshara* (treinamento agrícola) para aprender agricultura e pecuária. Ele tinha uma relação romântica com o solo, fazia aulas de hebraico e lia livros sobre história judaica e sionismo. Ele amava os campos e os cheiros do estábulo. Seu sonho era morar em um kibutz. Otto foi influenciado por A. D. Gordon, que escreveu que todos os judeus deveriam se tornar arados do solo socialista na terra de Israel.

Ele aprendeu a cultivar vegetais, arar com bois, ordenhar vacas e coletar esterco do estábulo. Havia diversos grupos de *hachshara* por toda a Boêmia e a Morávia, trabalhando em fazendas de grandes proprietários. A fazenda onde Otto havia trabalhado com Ruth e Mausi pertencia à Ordem do Monastério. Os frades esperavam que os habitantes da vila fossem à igreja todos os domingos. Os jovens judeus eram um fenômeno estranho, e as pessoas da vila temiam que seus hábitos liberais pudessem influenciar seus filhos e filhas. Para Otto, o *hachshara* terminou quando ele foi deportado, junto com seus pais e o irmão mais novo, Harry, para o gueto de Theresienstadt.

Sob o Mandato Britânico, a imigração para a Palestina acontecia clandestinamente: as pessoas precisavam pular para fora do navio e chegar à costa durante a noite; com frequência elas eram capturadas e mandadas para a prisão.

No entanto, desde que Israel havia se tornado independente, judeus não apenas podiam, como eram encorajados a imigrar e se instalar no país. O significado da palavra hebraica *"Aliyah"* é "subir, ascender"; assim, quem quer que se mude para Israel, na verdade chega mais alto. O jovem Estado recebia bem os recém-chegados; a jornada era até financiada pelo Fundo Judaico, e navios e aviões levavam judeus de todas as partes do mundo.

Na Tchecoslováquia a possibilidade levou uma onda de sionistas entusiasmados, a maior parte sobreviventes dos campos de concentração, a deixar o velho país e construir sua nova pátria. Os que ficavam estavam ligados a parceiros não judeus ou planejavam partir mais tarde, quando terminassem os estudos.

Nós estávamos casados havia mais de dois anos. Eu era jovem e inexperiente e segui as decisões de Otto cegamente, porque confiava nele. Ele sabia muito e explicava tudo para mim; me contou sobre os kibutzim e a história judaica, falou sobre Herzl, o visionário do Estado Judaico, e até me ensinou algumas palavras de hebraico.

A vida na Tchecoslováquia estava ficando cada vez mais desagradável. O regime era restritivo; as pessoas das classes média e alta estavam sendo perseguidas, e era possível ser preso por crimes como contar uma piada sobre o governo. As pessoas estavam fugindo pela fronteira com a Alemanha ou a Áustria, e para nós, judeus, a Aliyah era uma solução bem-vinda. As autoridades tchecas permitiam, ainda que com relutância, a emigração para Israel.

Ainda assim, o procedimento era complicado, e nós tivemos que superar muitos obstáculos que a burocracia pôs no nosso caminho. O primeiro passo era fazer um arranjo adequado para o nosso apartamento. Vovó não poderia ficar nele depois que saíssemos. Ela se recusou a emigrar conosco, dizendo: "Eu sou como uma árvore velha. Árvores velhas não podem ser replantadas".

O amigo de Otto, o poeta e artista Jiří Kolář, procurava desesperadamente um apartamento maior. Ele morava em um apartamento de um quarto com a mulher, a sogra e um bebê. Se trocássemos de apartamento, vovó poderia ficar com o dele, e ele teria nossos dois quartos. Mas isso precisava ser feito de forma engenhosa, para que as autoridades não descobrissem o subterfúgio. Os detalhes foram complicados demais para descrever aqui. No fim, infelizmente, o arranjo planejado falhou. Depois da nossa partida, ficamos sabendo que Kolář não conseguiu nosso apartamento e teve que ficar com um só quarto. Vovó não pôde permanecer no nosso e na verdade ficou sem teto. Sua única solução foi se mudar para Brno, sua cidade natal, onde lhe prometeram um quarto em um lar de idosos judaico. Enquanto esperava por uma vaga, ela encontrou uma acomodação temporária com os Formánek, seus antigos vizinhos. Sua cunhada, Olga, também uma sobrevivente de Terezín, vivia no lar de idosos, e as duas tinham um relacionamento próximo de uma vida inteira. O destino delas também foi parecido no sentido em que ambas haviam perdido a família inteira exceto por um neto. Minha avó tinha a mim, e Olga tinha Uri Bass, meu primo de segundo grau.

O passo seguinte no preparo da nossa emigração era lidar com a burocracia. Para podermos deixar o país, precisávamos preencher formulários, colar selos caros neles, ficar em uma fila e entregá-los ao funcionário. Ele, é claro, exigia uma pilha de documentos pessoais, dentre os quais uma liberação das autoridades tributárias, confirmando que não devíamos impostos. Aqui surgiu um novo problema.

Por motivos tributários, o pai de Otto tinha dividido as propriedades entre os quatro membros da família, e eles eram listados como coproprietários. O

Treuhänder alemão, é claro, nunca tinha pagado os impostos pelos antigos proprietários judeus, e agora as autoridades da Receita exigiam os pagamentos de todo o período da guerra. Não importava que todos os integrantes da família, exceto por Otto, haviam morrido, que durante a ocupação alemã a família Kraus não era dona da fábrica. Os funcionários do setor tributário exigiam sua parte. E, assim, não tivemos escolha, era pagar ou esquecer a Aliyah.

E de onde se tira esse dinheiro? Eu não me lembro exatamente como juntamos o valor do resgate. Recebemos certo desconto, e Otto tinha guardado algum dinheiro. Finalmente conseguimos a liberação, e o pedido para nossa licença foi prontamente aceito.

Depois de alguns meses recebemos nosso visto de saída. Claro que ainda não era o passo final. Todos os emigrantes precisavam enviar uma lista detalhada dos itens que pretendiam levar consigo. Nós podíamos levar o chamado "elevador" conosco para Israel no navio, que era um grande contêiner de madeira com nossos pertences. A lista precisava incluir todos os itens, os brinquedos do bebê, fraldas, nossa roupa de baixo, toalhas, lençóis, potes e panelas, colheres, garfos, cada livro pelo título, cada peça de mobília em descrição detalhada. Eu guardei a lista como souvenir.

Mais uma vez algumas semanas se passaram antes de termos a aprovação da lista. Contudo, muitas coisas haviam sido cortadas. Assim fomos proibidos de levar nosso tapete, a máquina de costura, meu colar e um isqueiro de ouro, a máquina de escrever de Otto, não doze xícaras e pires, mas apenas seis, não doze garfos e facas, apenas seis, não oito lençóis, apenas quatro. Com a ajuda do Sindicato dos Escritores, que apontou Otto como correspondente de um dos jornais tchecos, escrevendo artigos sobre Israel, ele depois conseguiu uma permissão especial para levar a máquina de escrever.

Porém esse não foi o fim da história. Cada item da lista precisava ser inspecionado por um avaliador oficial. Contudo, como era uma época de emigração em massa para Israel, os poucos avaliadores licenciados não tinham horário disponível, exceto dali a semanas. Houve mais uma longa espera até o dia em que um jovem emburrado apareceu e começou a avaliar todos os itens da nossa lista. O procedimento levou horas; ele pegou cada livro, cada lenço, pantufa e chocalho de bebê e revirou e espalhou, e então escreveu o preço. Não o preço de um objeto usado, mas o preço que custaria em uma loja. A soma era chocante. Eu jamais havia imaginado que tínhamos tamanha fortuna em nosso pequeno apartamento.

A taxa que tínhamos que pagar ao Estado para que nos permitissem levar nossas posses para o exterior era de dez por cento do total. Decidimos vender tudo que pudéssemos, exceto o que levaríamos conosco. A venda foi marcada para o domingo seguinte, mas Otto achou que não haveria compradores. Para nossa surpresa, o dono de uma lavanderia vizinha apareceu e comprou tudo. Ela teria levado mais se tivéssemos mais a oferecer.

Agora havia dinheiro para pagar o avaliador e o estado. A caixa de madeira, que parecia um pequeno contêiner de navio, foi encomendada a um carpinteiro, e nós nos inscrevemos na Comunidade Judaica para o transporte seguinte. O Ministério do Interior na época emitia apenas um passaporte coletivo para os emigrantes. Assim eles garantiam que ninguém viajaria para outro lugar além de Israel. A Comunidade Judaica era obrigada a mandar uma pessoa com os documentos acompanhar o grupo até a fronteira.

A nossa partida foi marcada para o início de maio de 1949. Esse era um novo problema. A caixa precisava ser carregada na estação de trem, na presença dos oficiais de alfândega, e a data que nos deram era depois da data da nossa partida. Alguém precisava estar presente no controle de alfândega, não necessariamente os proprietários. Mas quem?

O problema foi resolvido na forma de Stella Fischl, a cunhada do nosso amigo Pat'a. Pat'a estava indo embora no mesmo transporte que nós e, como ele não tinha muita coisa, nós deixamos que ele as colocasse na nossa caixa. Stella prometeu supervisionar o carregamento, e nós ficamos felizes. Não poderíamos ter encontrado alguém mais confiável.

Não era permitido levar nenhum dinheiro para fora da República. Isso não nos incomodou, porque não tínhamos mais nada sobrando de qualquer forma. O tio de Otto nos Estados Unidos havia prometido nos emprestar uma quantia para o começo, que ele mandaria diretamente para Israel. Na época não imaginávamos o quão diferente as coisas acabariam acontecendo.

Depois de pagar nosso shekel obrigatório, chegou o dia em que nos despedimos da vovó, pegamos nosso pequeno Peter, com apenas dezoito meses de idade, nossas malas e o carrinho e tomamos um táxi para a estação de trem.

Vovó provavelmente sabia que não nos veríamos novamente, mas eu estava preocupada demais com todos os arranjos para pensar nisso. Hoje, quando eu mesma sou idosa, percebo que pessoa única ela era, que foi se despedir de nós com tanto altruísmo, sem uma gota de autopiedade ou reclamação. De Israel nós escrevemos cartas detalhadas para ela, descrevendo nossa vida, e ela sempre respondia com preocupações sobre o nosso futuro. Pobre vovó! Ela não viveria muito mais. No inverno ela pegou pneumonia, e os Formánek a levaram para o hospital. Ela morreu lá, apenas dez meses depois da nossa partida. Tia Olga me mandou uma carta descrevendo as circunstâncias, com uma foto da cerimônia de cremação. Ela mostra um corredor com três fileiras de pessoas idosas vestidas de preto, todos conhecidos, nenhum parente exceto Olga.

33

JORNADA PARA ISRAEL

NA ESTAÇÃO DE TREM HAVIA grande comoção. Nosso grupo consistia em mais ou menos uma centena de pessoas, embarcando com suas bagagens para a primeira perna da viagem, até a Itália. Entre elas, havia vários dos nossos amigos: Pat'a Fischl; o casal Eva e Pavel Lukeš com a mãe de Eva, a sra. Králová; Annetta Able com o marido e o bebê; Eva Weissová, Eva Schlachetová e outros conhecidos. Muitos estavam acompanhados de parentes e amigos, dizendo adeus, se abraçando e secando as lágrimas.

Nós nos acomodamos em um compartimento de seis lugares, três adultos de cada lado, com nosso pequeno Peter indo do colo do papai para o da mamãe e vice-versa. Para a criança, nós havíamos preparado um jeito de dormir. Era uma caminha suspensa, que prendíamos no bagageiro acima das nossas cabeças e acolchoávamos com alguns cobertores. Na verdade, Peter foi o único que conseguiu dormir durante toda a viagem. Não havia como nenhum de nós dois dormirmos. Ficamos sentados eretos em bancos de madeira durante dois dias e uma noite. Ninguém podia sair do trem nas estações em que parava. Às vezes passavam horas antes que ele prosseguisse.

Comida não era problema. Todo mundo havia trazido mantimentos suficientes e garrafas d'água para toda a jornada. Mas o fio de água que saía da pia no banheiro sujo não era suficiente para lavar as mãos, muito menos as fraldas sujas do bebê. Não havia fraldas descartáveis naquela época.

Tínhamos nosso jeito engenhoso que havia sido inventado no gueto de Terezín para esquentar comida de bebê. Peter era a única criança no nosso vagão e, claro, ele logo se tornou o queridinho de todos.

Logo chegamos à fronteira com a Áustria, e animação e nervoso tomaram conta de nós. Nossa acompanhante era uma mulher jovem, bonita e animada que divertiu as pessoas da fronteira com bebidas, salames e outros bens que não estavam disponíveis na República. O objetivo era deixá-los tão felizes que eles não seriam muito rígidos no controle das bagagens. Além disso, ela tinha algumas garrafas escondidas no seu compartimento. Elas continham mercúrio líquido, o que descobrimos ser mais caro que ouro. Era assim que a comunidade judaica no exterior conseguia levar contribuições financeiras escondidas para o jovem Estado de Israel. No momento em que o trem passou pela fronteira, a alegria e o alívio da tensão fizeram com que todos nós gritássemos, cantássemos e batêssemos palmas com alegria.

Uma de nossas companheiras de viagem era a sra. S., que havia trabalhado com Otto no escritório da comunidade judaica e tinha o ajudado a queimar documentos. Logo antes de chegarmos na fronteira, ela pediu a Otto para guardar um maço de cigarros para ela, explicando que tinha mais do que era permitido levar para fora da República.

Quando o controle acabou e as pessoas da alfândega foram embora, Otto disse: "Pelo favor que te fiz, me deixe fumar um dos seus cigarros".

"Ah, não, não, não pode!", exclamou ela.

Em cada cigarro havia notas de dólar enroladas. Otto a encarou, sem palavras. Se ele tivesse sido pego, a pena não seria apenas a prisão, mas ele também nunca mais teria permissão para emigrar.

Além de lamentar não podermos ver Viena e as cidades italianas pelas quais passamos, a viagem seguiu sem intercorrências. Dormir era impossível nos compartimentos lotados, mas algumas pessoas ficavam em pé nas janelas do corredor, e então um de nós podia cochilar um pouco no banco de madeira, com um casaco como travesseiro.

No segundo dia, tive meu primeiro vislumbre do mar. Eu nunca o tinha visto antes, e minha impressão era de que o peso enorme de uma quantidade gigante de água pressionava a terra. Nosso destino era o campo de refugiados de Trani, uma pequena cidade litorânea na Itália. O campo tinha sido estabelecido no fim da guerra e agora abrigava um grande número de sobreviventes de toda a Europa que esperavam por vistos para os Estados Unidos ou a Austrália. Alguns deles estavam ali havia três ou quatro anos e eram muito eficientes em trocar moedas.

Nossa acomodação foi uma enorme cabana com colchões para dezenas de pessoas, sem nenhuma privacidade.

Todos os judeus tchecos, até nosso pequeno Peter, possuíam duas libras inglesas e meia, o único dinheiro que podíamos levar da República. Como estávamos ansiosos para explorar a cidade, o sr. Krull, um dos veteranos do campo, trocou as libras inglesas por dinheiro israelense, com um pequeno saldo para nós em liras italianas. E então andamos em grupo até a cidade, onde nos sentamos em um café ao ar livre na praça, bebemos uma taça do vinho local e nos sentimos muito chiques.

Nosso navio estava atrasado, então tivemos que esperar mais alguns dias. Embora as condições de superlotação e falta de higiene nos lembrassem dos campos de concentração, não ficamos incomodados com isso, porque agora éramos livres. Finalmente o *Galila* chegou e fomos levados a Bari, nosso porto de embarque.

Em vez do transatlântico que eu esperava, uma embarcação mais parecida com um barco de pesca do que com navio de passageiros estava ancorada no longo píer de pedra. Uma tábua de madeira levava ao deque, e ao lado dela havia uma mesa na qual duas pessoas conferiam os passageiros em uma lista. Uma grande multidão de umas mil e quinhentas pessoas com crianças, trouxas e malas se acotovelava, se apertava e se empurrava, sem qualquer aparência de ordem, para entrar no navio. Eles gritavam e gesticulavam muito, e nós só ficamos observando esse comportamento pouco civilizado. Eu me lembrei das brigas dos prisioneiros famintos pelos barris de comida nos campos de concentração.

Eram judeus do Marrocos, Tunísia e Argélia que, como nós, estavam a caminho de Israel. Nosso grupo tcheco decidiu não se juntar ao combate e esperou pacientemente pela nossa vez no píer. Sabíamos que não tínhamos chances de embarcar antes da multidão do norte da África. Alguém tinha nos dito que uma boa acomodação era garantida para mulheres com crianças, e acreditamos nisso.

Foi uma espera exaustiva. Durante todo o dia, um vento forte soprou areia e poeira em nossos rostos, bocas e cabelos. Eu cobri a cabeça do menino com minha echarpe e tentamos protegê-lo do vento. As horas passaram, todo mundo ficou irritado; não havia onde sentar e não havia banheiros.

De repente alguém chamou nosso nome: "Kraus? Há uma família Kraus?". Era um marinheiro do *Galila* e, quando ele nos encontrou, pediu uma mala da nossa bagagem, dizendo que reservaria lugar para nós no navio. Demos a ele nossa roupa de cama, sem saber quem ele era, esperando que não fosse um golpe e pensando que talvez nunca mais fôssemos ver nossos cobertores de novo.

Já estava quase escuro quando finalmente embarcamos. Descemos um lance de escadas e depois outro, até que chegamos em um grande depósito abaixo da linha d'água. Era um pandemônio: gritos e empurrões, homens e mulheres lutando por beliches disponíveis; o ar era sufocante; e já havia o fedor de muitas pessoas juntas. Não encontramos nossos cobertores em lugar algum, só achei uma cama vazia e nada para Peter.

Era demais para mim e eu comecei a chorar desconsoladamente. Onde estavam nossos cobertores? Onde estavam as acomodações melhores para mães com crianças? O beliche era tão estreito que uma pessoa magra mal conseguiria dormir nele, muito menos com uma criança. Como passaríamos vários dias nessas condições?

Otto resolveu ir atrás do marinheiro que tinha levado nossa trouxa. Ele voltou depois de um tempo, com um grande sorriso no rosto.

"Seque suas lágrimas, ponha um batom e venha comigo."

Com Peter nos braços, eu o segui um lance de escada acima, depois outro e estávamos no deque. Então, fomos ainda mais alto, para o convés superior. Ali havia cabines, e uma delas, no meio do navio, era a nossa. Nossos cobertores estavam abertos sobre três camas confortáveis; havia uma pia com torneiras para água quente e fria, uma mesa e, nela, um cesto de frutas. Não apenas qualquer fruta, mas laranjas e bananas, iguarias que não víamos desde antes da guerra. Era literalmente como sair do submundo e ir direto para o céu.

Depois de um tempo, o camareiro-chefe do navio bateu na nossa porta. Ele se apresentou e descobrimos que era um parente da mulher do primo de Otto, Pepík. Pepík Kraus era filho de um dos muitos irmãos do pai de Otto. Pepík tinha conseguido emigrar a tempo, antes de Hitler ocupar a Tchecoslováquia. Ele tinha dito a esse parente, o camareiro, para cuidar de nós, e agora éramos seus protegidos particulares. Fomos convidados a comer na sala de jantar para passageiros pagantes, junto com o capitão e os oficiais. Ele disse que poderíamos usar seu banheiro particular e me deu um pedaço de sabonete Palmolive, um luxo inacreditável!

Nossa cabine se tornou também o refúgio de muitos amigos. Annetta vinha várias vezes por dia para amamentar seu bebê longe da multidão, outros vinham se lavar na pia porque os cubículos de chuveiros coletivos estavam sempre lotados. Havia mil e duzentas pessoas no navio, que tinha capacidade máxima para seiscentas. Os que estavam no compartimento inferior simplesmente passavam seus dias no convés, e a maior parte deles também dormia lá. Os passageiros ganhavam cupons de comida e eram chamados para as refeições em três turnos.

No entanto, para mim foi como tirar férias. Sem cozinhar, sem tarefas, só brincando com meu menino e me bronzeando. Quando chegamos à Haifa, depois de três dias, na verdade, eu não queria sair do navio.

Porém, os três dias no mar foram a única parte boa de toda nossa Aliyah.

Amanhecia quando o navio chegou a Haifa, e vimos o sol da manhã iluminando a maravilhosa cidade que sobe a encosta do monte Carmel. A visão era de tirar o fôlego. Nós estávamos na Terra de Israel!

O primo de Otto, Pepík, graças a quem obtivemos a cabine no navio, nos aguardava no porto. Quando nos viu no convés, ele acenou entusiasmado. Mas já era fim da tarde quando desembarcamos, principalmente porque eu não estava com pressa, e a comida da sala de jantar era deliciosa. Havia outra fila, para registrar os recém-chegados e para a alfândega, e nem mesmo Pepík, que tinha conhecidos entre os funcionários do porto, podia ajudar. Além do mais, ele era taxista e precisou voltar ao trabalho. E nós também fomos cobertos com o inseticida DDT, para matar qualquer piolho portador de tifo que houvesse em nós (os recém-chegados do Norte da África ficaram profundamente ofendidos. Eles afirmaram que só eles foram desinfetados com DDT enquanto os novos *olim* — imigrantes que fazem Aliyah para Israel — da Europa ou da América não precisaram passar por um tratamento tão degradante).

Após os procedimentos alfandegários, um caminhão nos levou para o acampamento chamado Shaar Aliyah, no pé do monte Carmel. Era dia 16 de maio, aniversário do meu avô. O que meu avô, o ardente social-democrata, teria pensado de sua neta indo morar no Estado Sionista de Israel?

Nossa tenda tinha dez camas, e a dividimos com Pavel, Eva, a mãe dela, Pat'a, Manka e mais dois amigos. Além das centenas de tendas, havia algumas cabanas de madeira no campo, uma cozinha, um escritório e, também, uma clínica improvisada, alguns lavabos e um banheiro. Havia uma longa fileira de pias a céu aberto, mas a água era morna. O complexo era fechado com uma cerca de arame farpado, e as pessoas não podiam sair. Comida gratuita era distribuída três vezes por dia, mas a maior parte dos itens era estranha e desconhecida para nós. Recebemos pão pita, tahine, azeitonas e algo chamado halvá, que pensamos ser feito de mel cristalizado e tinha um gosto de caramelo. Se tivesse vários recipientes, você mantinha o halvá doce separado das azeitonas e sardinhas; se não, iria tudo junto na mesma tigela. O problema não era a falta de pratos, mas de mãos para carregá-los.

Na primeira noite estava muito quente; era o *hamsin*, a versão israelense do siroco.* No meio da noite, uma súbita lufada de vento levou embora o topo da tenda e começou a chover. Colocamos nossas camas o mais longe do buraco possível, mas, mesmo assim, ninguém conseguiu dormir.

Todos os dias depois da nossa chegada, Otto ficava no portão esperando meu tio Ernst-Benjamin. Ele era o irmão mais novo do meu pai, que tinha conseguido imigrar para a Palestina no último momento antes da ocupação nazista. Ele sabia que nós estávamos para chegar; tínhamos mandado um telegrama para ele antes da partida e outro imediatamente depois de chegarmos. O que não sabíamos é que ele tinha virado policial e não conseguiu ser liberado. Ele não tinha como se comunicar conosco, nenhum telefone ou endereço para correspondência. Enquanto isso, todos os nossos amigos haviam sido recebidos por seus parentes israelenses. Nosso único alívio diário era quando o primo Pepík nos visitava no fim da tarde e nos dava algumas moedas dos seus ganhos do dia e uma ou duas garrafas de suco de frutas.

---

* Vento quente que sopra do deserto. (N. T.)

Depois de dez dias de espera, Otto decidiu tomar as rédeas da situação e começou a agir.

Nós tínhamos esperado, talvez de forma ingênua, que Pepík ou meu tio fossem nos aconselhar sobre onde nos instalar e onde procurar trabalho. Pepík era muito entusiasmado e compassivo, feliz por ter um parente por perto, depois de ter sido por tantos anos o único membro da família Kraus em Israel. Ele chamava Otto de "sangue do meu sangue", que se tornou o apelido dele para nossos amigos quando falavam dele. Mas o "sangue do meu sangue" não tinha respostas para nossas perguntas.

Então Otto conseguiu informações a respeito de um campo melhor perto de Netanya. Na manhã seguinte, subimos em um caminhão aberto com o pequeno Peter, nossa bagagem e mais alguns *olim* e viajamos para Pardessia.

Pardessia era similar ao acampamento que havíamos deixado. Também havia uma cerca e a mesma fila de torneiras; contudo, havia um buraco na cerca, e as pessoas entravam e saíam por ele sem dificuldades. Havia uma parada de ônibus ali perto, e Otto se enfiou no ônibus junto com a multidão que gritava e empurrava e viajou para Tel Aviv, ou melhor, Jaffa, para finalmente ver meu tio.

Tio Ernst-Benjamin e tia Hadassa ficaram felizes em vê-lo, mas nenhuma ajuda prática podia ser esperada deles. Desde a chegada do tio Ernst-Benjamin à Palestina, ele havia vivido no Kibutz Ashdot Yaacov, ao norte. Ele se casou com Hadassa, uma moradora do kibutz vinda da Polônia, e eles tinham duas crianças pequenas. Mas eles recentemente haviam deixado o kibutz e ainda estavam no processo de se acomodar. Apesar de meu tio ser advogado e ter estudado para se tornar juiz em Praga, em Israel ele precisou aceitar um posto na polícia e mal conseguia pagar as contas. A moradia deles era a metade de um apartamento em uma casa árabe não terminada em Jaffa; a outra metade era ocupada por uma grande família búlgara de novos *olim*. Só havia um chuveiro. Como a cozinha tinha sido tomada pelos búlgaros, o banheiro se tornou a cozinha da tia, onde ela cozinhava com dois fogareiros a gasolina que ficavam sobre banquinhos de madeira. A cada sexta-feira ela tirava tudo de sua "cozinha" para que as duas famílias pudessem tomar banho. Estava claro que não podíamos esperar soluções de nenhum dos nossos parentes.

Conselhos práticos vieram dos amigos Eva e Pavel Lukeš. Eles tinham se instalado em uma vila perto de Netanya, onde tinham parentes. Otto descobriu que Pavel trabalhava em uma fazenda e havia trabalho para ele também. Ele comprou uma espécie de enxada grande com cabo curto chamada de *turyia*, e ele e Pavel se tornaram trabalhadores agrícolas. Todas as manhãs eles ficavam em pé, com alguns outros perto do silo da cidade, onde os fazendeiros locais contratariam trabalhadores pelo dia. O trabalho consistia principalmente em arar em volta das árvores do *pardessim*, os pomares de cítricos. Esses fazendeiros originalmente não eram fazendeiros. Eles tinham sido comerciantes, advogados ou industriais na Alemanha e na Tchecoslováquia. Eles emigraram bem na hora, antes da guerra, e pagaram muito dinheiro por seus vistos de entrada na Palestina, então ainda comandada pelos britânicos. Eles estabeleceram várias vilas onde cultivavam vegetais, laranjas e criavam frangos.

Agora os fazendeiros ficavam observando seus trabalhadores para garantir que não estavam enrolando. No fim do dia, pagavam um salário magro, não sem antes discutir sobre a pausa do almoço.

Enquanto isso, eu ficava com o pequeno Peter no grande campo, compartilhando a tenda com estranhos. As condições eram absurdamente pouco higiênicas. Não havia piso, as camas de metal ficavam no chão de terra. A comida que eu pegava do ponto de distribuição ficava coberta de moscas antes que eu chegasse à tenda. Logo a criança ficou doente, primeiro com diarreia, e depois com uma infecção no ouvido. Ele tinha febre, não comia, não conseguia dormir e chorava sem parar. Fiquei desesperada. Não havia escolha, eu precisava conseguir ajuda da minha família em Jaffa.

Minha tia Hadassa foi simplesmente maravilhosa. Ela percebeu imediatamente o que eu não tinha notado: a vida do bebê estava em perigo. Ela nos levou para a clínica de Kupat Cholim, onde esperamos, junto com dezenas de outras crianças doentes, pela nossa vez de ver o pediatra. Era o ano da grande onda de recém-chegados, especialmente do Norte da África, e o sistema de saúde, que não estava preparado para tamanha multidão, estava entrando em colapso por conta da sobrecarga. Não havia médicos, enfermeiras ou leitos suficientes. Para conseguir uma senha para o médico, tia Hadassa havia acordado antes do amanhecer e ficado na fila da clínica. Ela voltou por volta das sete horas com a senha nove ou doze e preparou seus próprios filhos para a escola. Meu pequeno primo Doron estava no terceiro ano, e Edna, que ainda não tinha três anos, na creche. Então tia Hadassa me acompanhou com a criança doente de volta ao médico; ele só falava hebraico e eu não conseguia me comunicar com ele.

Na primeira consulta ele fez uma incisão no tímpano de Peter e isso aliviou a dor. Mas aconteceu que, além de tudo, ele tinha pegado sarampo. Não existiam visitas domiciliares, então a criança precisava ser levada todos os dias à clínica, e todo o procedimento de ficar na fila para a senha, levar meus pequenos primos à escola e então voltar e esperar de novo na clínica, foi repetido dia após dia. Toda vez isso durava a manhã toda. Claro que a pequena Edna também pegou sarampo, mas o dela foi um caso ameno. Por fim, Peter se recuperou e nós pudemos pensar em nos instalarmos em algum lugar para começarmos nossa nova vida.

Enquanto eu ficava em Jaffa, Otto permaneceu na vila em que trabalhava. Ele alugou um quarto na casa de uma viúva idosa em troca de tarefas no quintal e no jardim. Assim ele não apenas trabalhava o dia todo no sol com sua *turyia*, mas precisava fazer trabalho duro extra para a viúva até escurecer. Nos fins de semana, ele ia a Jaffa com uma sacola de tomates e pepinos que seus empregadores lhe vendiam com desconto. Nós dois nos sentíamos culpados por ser um inconveniente para minha pobre tia e sua família. Os quatro adultos e as três crianças dormiam em dois pequenos quartos, sendo que um deles sequer tinha janela.

34

Na vila

Depois de várias semanas, no meio de julho, Otto chegou com a boa notícia de que havia uma acomodação para nós. O comitê da vila tinha construído seis unidades pré-fabricadas para alugar para os novos *olim*. E assim nós pegamos nosso pequeno Peter, que a essa altura estava saudável de novo, e viajamos para Shaar Chefer, perto de Netanya.

As seis cabanas de madeira ficavam em uma colina. Havia quatro unidades de um quarto e cada duas famílias compartilhavam um pequeno banheiro. Não havia eletricidade nem estradas. A mercearia mais próxima ficava a dois quilômetros de distância, o que tornava fazer compras uma tarefa árdua. Eu precisava arrastar o carrinho com o pequeno Peter pela areia, e a volta, com o peso das compras, era ainda mais difícil.

Nossos vizinhos eram Pavel, Eva, que estava grávida de cinco meses, e a mãe de Eva. Nós compartilhávamos o banheiro com eles, além da enorme panela de metal e o fogareiro a óleo no qual esquentávamos água para lavar a louça e a roupa. Não havia aquecedor. No verão bebíamos água morna; no inverno tomávamos banhos frios. Juntos compramos uma geladeira de segunda mão. O homem do gelo vinha três vezes na semana com blocos de gelo enrolados em sacos. Com uma grande chave de fenda e um martelo, ele cortava meio bloco para os que podiam pagar por uma geladeira maior e um terço do bloco para os que eram como nós. Nós o enrolávamos em duas camadas de saco para que durasse. Era preciso se planejar para abrir a geladeira o mínimo possível, para que o gelo não derretesse antes da próxima compra.

Nossa pequena unidade continha um quarto e um cubículo com uma pequena pia com uma bancada de mármore falso de cada lado. As louças e os mantimentos ficavam guardados em duas prateleiras abaixo, escondidas por uma cortina. Eu cozinhava em dois pequenos fogareiros a óleo. O combustível era chamado de *naft* e era vendido uma vez na semana por um homem com um barril em uma carroça puxada por cavalos. O pavio dos fogareiros precisava ser trocado com frequência porque ele queimava e deixava as panelas pretas.

Mas mesmo em Israel, como na Praga do pós-guerra, a comida era escassa. Nós não apenas tínhamos pouco dinheiro, mas era o tempo da *tsena* (austeridade). Mal tinha se passado um ano desde a perigosa Guerra de Independência de Israel, e o país estava no processo de absorver centenas de milhares de recém-chegados. Assim, as reservas haviam se esgotado. Havia até mesmo cartões de racionamento para certos itens. Porém, como o ganha-pão da vila era basicamente a criação de frangos, as aves que não podiam ser vendidas por conta de uma asa quebrada ou outro dano eram baratas e abundantes. Também não havia escassez de ovos, estivessem quebrados ou tivessem uma aparência estranha.

Nós vivíamos apertados. A cada manhã Otto ia com sua *turyiah* para o depósito da vila para ser contratado como trabalhador pelo dia. No fim da tarde, Otto trazia o dinheiro com o qual pagávamos as despesas do dia seguinte, a *naft*, o gelo e o ingresso de cinema do fim de semana para o filme que seria exibido ao ar livre no muro do centro cultural local.

Eu também tentei ganhar algum dinheiro. Ofereci meus serviços de costureira para as esposas dos fazendeiros, para encurtar ou alongar seus vestidos, ou remendar cotovelos e joelhos nas calças e camisas dos seus maridos. Não havia muita demanda, mas de tempos em tempos eu recebia algum trabalho.

Nesse meio-tempo recebemos a notícia de que nossa caixa havia chegado no porto de Haifa e que devíamos ir buscá-la logo; caso contrário teríamos que pagar uma taxa de armazenagem. O custo do frete em si era de algumas centenas de libras.

Felizmente havia tia Ella, a irmã da mãe de Otto que morava em Londres. A família dela havia sido rica e vivera em uma mansão luxuosa em Liberec, no norte da Tchecoslováquia. Ela e o marido tinham conseguido fugir apenas algumas horas antes da ocupação nazista. Eles deixaram tudo para trás e escaparam para Londres, onde o filho deles estava estudando. Os britânicos não lhes deram permissão de trabalho, e durante toda a guerra eles viveram com pouco, ele vendendo miçangas e ela costurando e crochetando vestidos para as senhoras judias.

Quando a tia soube que precisávamos pagar o frete da nossa caixa, ela logo vendeu seu casaco de pele e mandou o dinheiro. Ela era esse tipo de pessoa: calorosa, pé no chão, prática. Nós ouvimos a história do casaco de pele muitos anos mais tarde, não dela, mas de um amigo em comum.

Depois de alguns meses, aqueles entre os novos *olim* que eram considerados adequados pelo comitê da vila receberam uma oferta para serem membros da cooperativa. Eles convidaram Otto para uma conversa e lhe disseram que por mil libras nós poderíamos receber uma casa de dois quartos, um pequeno galinheiro e um terreno de três dunams (1 duman = 10 × 100 metros) para cultivar vegetais.

Essa foi a hora de Otto procurar seu tio norte-americano, que havia prometido ajuda financeira. Otto planejava tudo cuidadosamente; ele nunca teria arriscado emigrar com mulher e filho apenas com as pobres sete libras e meia a que tínhamos direito, sem nenhum apoio financeiro. Antes da nossa emigração, ele entrou em contato com seu tio, Otto Strass, que devia à família Kraus uma boa quantidade de dinheiro, emprestada antes de sua emigração, e lhe pediu um empréstimo. Isso precisava ser feito em segredo, oralmente, de forma alguma por carta, que os censores comunistas poderiam ler. Apenas quando Otto teve a garantia de ajuda futura, começou a planejar nossa Aliyah.

O tio norte-americano prometeu o dinheiro, e Otto aceitou com a condição de que não fosse um presente, mas um empréstimo que ele pagaria.

O empréstimo nunca se materializou.

A carta seguinte dos Estados Unidos trouxe a triste notícia de que tio Strass havia morrido. Um tumor tinha sido encontrado em seu cérebro e ele morreu na mesa de operação. Ele tinha apenas quarenta e poucos anos. Sua mulher Dita e duas filhas pequenas estavam sem sustento, e nós sem esperanças de um empréstimo.

Otto decidiu usar suas habilidades de fazendeiro para começar a cultivar vegetais. Alugamos três dunams e uma mula para arar o campo, que tinha sido deixado nu por muitos anos. Moishe, a mula, era propriedade da cooperativa e, assim como diz a expressão, era teimosa. Ela se recusava a entrar no estábulo. Levá-la para fora não era problema, mas ela se recusava a entrar de volta.

No fim, Otto encontrou a solução: ele a fazia andar de costas, com o rabo primeiro. Eu precisava guiar Moishe, segurando as rédeas perto da cabeça dela, e quando chegávamos ao fim do campo, fazê-la dar a volta para o próximo sulco. Certa vez, eu devo ter ficado do lado errado do animal de alguma forma, porque subitamente a pata dela acertou meu pé. Eu gritei, o que a fez empacar. Não importava o quanto eu batesse nela, ela ficava parada em cima do meu pé. Só quando Otto superou seu ataque de riso, veio me resgatar. Felizmente, o chão era macio suficiente para que meu pé afundasse, e houve pouco dano.

Como Otto se considerava um agricultor profissional, ele decidiu não cultivar o mesmo que todo mundo, como pepinos, cebolas e pimentões. Aipo era uma planta rara na época e alcançava um bom preço, assim como couve-flor e alface.

Todos os dias no fim da tarde, quanto Otto voltava de arar os pomares com sua *turyiah*, íamos para o nosso campo. Era um trabalho duro. Enquanto o pequeno Peter brincava na beira do campo, nós carregávamos os pesados canos com irrigadores de um lugar para o outro, a cada vez tínhamos que desmontá-los e juntá-los de novo algumas fileiras à frente. Também compramos alguns sacos de excremento de galinha e o espalhamos com pás. A irrigação precisava ser ligada depois de escurecer para evitar que a água evaporasse no calor do dia, e um de nós precisava voltar ao campo mais tarde à noite para desligá-la. A irrigação automática ainda não tinha sido inventada.

O clima em Israel é favorável e a colheita foi muito boa. O preço dos produtos variava: às vezes subia, outras caía para abaixo do custo de produção. No fim do ano, os cálculos mostravam que, embora não tivéssemos perdido, o saldo pagava meramente a compra dos canos. Nenhuma dívida, mas também nenhum lucro.

E agora? Guardar as mil libras necessárias para morarmos na vila pareceu pouco realista. Seguir como trabalhadores rurais não era uma opção. Depois de um ano inteiro em Israel, não tínhamos feito progresso algum.

Desde o primeiro dia após nossa chegada em Haifa, vários *shlichim* (emissários) tinham ido às tendas para atrair novos membros para seus kibutzim. Um deles, David, nos visitou várias vezes e insistiu para que fôssemos com ele ver seu kibutz. Ele havia sido fundado muitos anos antes por pioneiros da Tchecoslováquia, da Romênia e da Polônia. Ele continuou a nos visitar na vila e sempre repetia o convite. Na última vez, fomos com ele.

O kibutz era um lugar agradável, com gramados, muito verde, um atraente jardim de infância e um refeitório coletivo. Para o jantar havia pão, margarina, azeitonas, tomates, pepinos, sardinhas, geleia e chá. E, para completar, cada pessoa recebia uma tigela de creme azedo fresco.

Isso nos ganhou! Eu me apaixonei pelo creme e nós nos mudamos para o kibutz como novos membros em potencial.

Mas essa já é a próxima história.

35

GIVAT CHAIM

Eu estava ansiosa para me mudar para o kibutz. Tínhamos vários amigos lá, alguns dos quais tinham vindo no mesmo navio que nós, outros haviam sido membros do movimento sionista quando Otto era ativo nele, antes da guerra. Eu esperava que a vida no kibutz fosse mais fácil do que na vila.

O kibutz Givat Chaim é um dos mais antigos kibutzim de Israel, fundado por pioneiros sionistas em 1933 (kibutz — singular; kibutzim — plural). Givat Chaim ganhou seu nome de Chaim Arlosoroff, um dos primeiros líderes do movimento sionista. Ele ficava no vale Chefer, no centro de Israel, perto da cidade de Hadera. O movimento kibutzista era dividido em várias correntes de esquerda, da extrema à mais moderada, mas as estruturas sociais básicas eram bem parecidas. O principal pilar do movimento era a igualdade entre todos os membros. A propriedade era do coletivo, e o lema era: todo mundo contribui de acordo com sua habilidade e recebe de acordo com suas necessidades. O ideal nunca foi, é claro, alcançado plenamente, mesmo com a melhor das intenções; alguns membros eram sempre mais iguais do que outros.

Então, por exemplo, quando nossa pequena família se juntou ao kibutz, recebemos o trabalho menos desejável, que os membros antigos detestavam fazer. Fui posta para lavar louça na cozinha; à mão, é claro, já que o kibutz ainda não tinha conseguido comprar uma máquina de lavar. Minhas mãos ficavam imersas no sabão por horas, até ficarem doentiamente brancas e rachadas como a parte de baixo de um cogumelo. Além do mais, o número de pessoas para comer era maior que o número de pratos, colheres, garfos e facas, e eu era constantemente apressada para trabalhar mais rápido, para que os *chaverim* (um membro do kibutz é chamado de *chaver* ou *chavera*, o que quer dizer amigo ou membro) não precisassem esperar um prato limpo para começar a comer.

Otto se tornou ajudante de cozinha e carregava os grandes e pesados potes e latas de leite, embora ele tivesse pedido por trabalho nos campos, contando a eles sobre seu aprendizado de dois anos nas fazendas da Tchecoslováquia. Mas o princípio do *sadran avoda* (a pessoa cuja tarefa é apontar os *chaverim* para áreas de trabalho) era mandá-lo para lugares em que faltavam mãos, não onde você, o novato, queria trabalhar. O raciocínio por trás dessa política absurda e de visão a curto prazo era: nós cumprimos nossa pena na cozinha nojenta e nas tarefas de limpeza; agora é sua vez. Isso afastou dezenas de novos membros em potencial.

David, nosso novo amigo, que ficou muito feliz por finalmente ter conseguido nos atrair para o kibutz, nos levou para dar uma volta, nos mostrou os estábulos com dezenas de vacas — que, todo ano, recebiam o prêmio de produção de leite em Israel —, patos, gansos e frangos em modernos galinheiros, um pomar de laranjas, de bananas, os vinhedos. Visitamos a clínica e os quartos para doentes, as casas para crianças com seus parquinhos bem equipados, a lavanderia, o refeitório coletivo, o centro cultural com biblioteca e sala de música, e a padaria, que assava pão fresco para os *chaverim* todos os dias. Havia também um sapateiro, que consertava os sapatos dos moradores; um depósito de roupas, onde a roupa lavada era separada, consertada e passada e onde uma costureira até fazia novos vestidos para as *chaverot* mulheres.

Otto e eu ficamos devidamente impressionados, mas o que eu mais queria ver era o quarto onde moraríamos. Os membros mais antigos, que no início haviam vivido em tendas e depois em cabanas improvisadas, agora já estavam estabelecidos em fileiras de casas sólidas, semiconectadas. Cada família tinha um quarto com varanda, e como as crianças ficavam em dormitórios, um quarto era suficiente para o casal. O kibutz tinha recentemente erguido várias fileiras de cabanas de madeira, com quartos de cerca de catorze metros quadrados por unidade e um gramado na frente. Nossa cama de casal, uma mesinha e duas cadeiras foram tudo que conseguimos colocar no quarto. O resto dos nossos móveis, que haviam vindo no contêiner de Praga, foi aceito com alegria por diversos vizinhos. Dessa forma, nosso amigo Pat'a ficou com o sofá verde, uma das três peças salvas do meu apartamento de infância. Ele foi muito útil para ele e suas amigas. O belo Pat'a estava novamente solteiro, após ter se divorciado de Jana em Praga. O sofá verde se mudou para outros lares, mas agora está de novo comigo.

Durante os primeiros dias, não precisamos trabalhar. Era necessário adaptar nosso menininho Peter ao ambiente. As crianças do kibutz viviam em casas separadas, não com os pais. Por razões de segurança, as casas das crianças ficavam todas juntas, no centro do assentamento.

Peter tinha dois anos e meio e só falava tcheco. Agora ele precisava viver com crianças cuja língua ele não conhecia, com uma babá que não o entendia. Nós o levamos até a casa das crianças pequenas para que ele conhecesse a babá e as outras crianças. A babá Zipora nos recebeu calorosamente, mas insistiu que déssemos ao menino um novo nome, porque Peter não era hebraico e as crianças não conseguiriam pronunciar. Ela insistiu para que decidíssemos rápido, para que ela pudesse dizer às crianças como chamar o novo menino. Otto e eu refletimos sobre isso à noite e decidimos chamá-lo de Shimon. Havia uma certa lógica na escolha. O Shimon da Bíblia foi chamado de Pedro depois do seu batismo. Nós só invertemos o procedimento, de Peter, o cristão, e ele se tornou Shimon, o judeu. Além disso, eu gostava do nome.

Eu ficava com Shimon na casa das crianças toda manhã, até que ele gradualmente concordou em ficar lá sozinho. De noite, depois de um banho, ele era posto em sua caminha, como as outras cinco crianças de sua idade. Eu segurava a mão dele até que ele adormecesse e então ia embora, como faziam todos os outros pais. As crianças do kibutz estavam acostumadas com isso e elas davam boa noite e caíam no sono. Contudo, nós éramos pais sem experiência; não notamos o que significava para uma criança perder sua língua e seu nome, ou dormir longe dos pais, em meio a crianças estranhas.

Shimon mordia as outras crianças e os pais reclamavam, nos mostrando a marca dos dentes de nosso filho nos braços da sua prole. Claro que ele as mordia, o que ele podia fazer? Elas falavam com ele em uma língua que ele não entendia, e quando ele falava, elas o encaravam sem compreender. E mamãe e papai tinham ido embora também! Eu ainda temo que o dano que involuntariamente causamos ao nosso filho mais velho possa ter tido um papel em seus problemas mentais posteriores, apesar de os médicos terem garantido que não era o caso; as pontadas de culpa e dor pela vida infeliz de Shimon estão sempre comigo.

Levou um tempo para que ele começasse a se comunicar em hebraico e parasse de morder. Ele tinha dois anos e meio e era bastante verbal em seu tcheco nativo. Ele continuava a me chamar de *Mámo*, até um dia, quando ele já tinha cinco anos e me perguntou: "Por que eu te chamo de *Mámo* quando todas as outras crianças chamam suas mães de *Imma*?". Ele havia esquecido seu tcheco completamente. A partir de então eu também passei a ser *Imma*.

Havia algo na estrutura do kibutz que permaneceu um enigma para mim. Todo mundo era igual, é verdade, mas ainda havia diferenças nos status dos *chaverim*. Alguns membros prosperavam com base na reputação que tinham conquistado muito tempo atrás. Nachum, por exemplo, era considerado um trabalhador excepcional — uma qualidade muito valorizada —, mas eu o via enrolar no café da manhã por mais tempo que qualquer outra pessoa e ter longas conversas com o eletricista, ou o supervisor do aquecimento, em vez de trabalhar. Alguns *chaverim* tinham privilégios ou uma consideração especial que eu não compreendia.

Eu também não tinha certeza se a supervisora da cozinha era minha chefe. Ela tinha o direito de me dar ordens, ou eu tinha o direito de dizer não? Pelo primeiro ano, os recém-chegados não eram membros plenos, apenas candidatos. Eles me aceitarão quando nossa candidatura for discutida na assembleia geral? Talvez eu tenha feito algo errado e eles podem votar para não entrarmos?

Eu estava confusa e não me sentia em casa. Com frequência eu tinha crises de enxaqueca e o estômago embrulhava. Por outro lado, havia liberdade, nenhuma casa para cuidar, nenhuma compra para fazer ou roupa para lavar, mas eu também não conseguia relaxar, porque sentia que estava sendo constantemente observada. Na verdade, a sensação de que isso era apenas um episódio provisório e impermanente ficou comigo pelos sete anos que vivemos no kibutz. Eu nunca desfiz todas as minhas malas, simbólica e literalmente.

Embora as crianças ficassem separadas dos pais a maior parte do dia, elas ainda eram o tesouro mais querido e mimado do kibutz. Havia as casas dos bebês e das crianças pequenas, os jardins de infância com pequenas cadeiras, camas e muitos brinquedos, balanços, escorregadores, tanques de areia e tratores de brinquedo. Cada casa para crianças pequenas tinha duas unidades para seis crianças. Havia um quarto, uma grande sala para comer e brincar, um banheiro e cubículos com pequenos vasos sanitários, uma varanda coberta e um playground ao ar livre com uma cerca de madeira colorida em volta. As primeiras classes da escola moravam em dormitórios com uma sala de aula anexa, enquanto as crianças maiores iam para uma escola de verdade, nos limites do kibutz. Toda a equipe, incluindo os professores, era de membros do kibutz. Quando o kibutz precisava de outra babá ou professor, um de seus membros era escolhido para estudar a profissão. Claro, se a pessoa não quisesse, ela podia recusar. Por outro lado, se alguém pedisse para estudar algo de que gostasse, mas sem utilidade para o kibutz, seria vetado pela assembleia geral.

Havia, porém, algumas exceções. Primeiro, o kibutz ainda tinha o princípio da ajuda voluntária pelo bem da nação. Eles mandavam algum *chaver* experiente para ajudar a estabelecer um novo kibutz na fronteira, ou para ensinar crianças de rua nas cidades. Se um membro tivesse uma ideia promissora para uma nova fonte de renda, ela com frequência era apoiada na assembleia geral.

Assim, por exemplo, aconteceu com Honza Beck e seu Bubatron. Honza era louco por marionetes. Ele era um adulto com alma de criança. Com suas mãos hábeis ele entalhou e pintou as cabeças e membros dos bonecos, inventou um engenhoso mecanismo para seus movimentos e construiu um palco dobrável. Com uma equipe de ajudantes, ele viajava o país com suas apresentações de contos de fadas.

Sua produção mais amada era um conto em que Buba Ziva (*buba* é boneca em hebraico) — assim chamada em homenagem ao primeiro bebê nascido no kibutz Givat Chaim — tinha o papel principal. Buba Ziva também se tornou a heroína de um livro infantil, e o Bubatron de Honza se tornou extremamente popular em todo o país. Ele tinha vindo da Tchecoslováquia um bom tempo antes da guerra, mas ainda sabia falar tcheco. Honza era uma pessoa alegre, cheia de energia e ideias malucas. Nós ficamos muito amigos e nossa amizade durou até sua morte prematura.

A maior parte da renda do Givat Chaim vinha da fábrica de enlatados Gat, mais tarde Pri-Gat. Inicialmente, ela produzia suco de laranja e geleias, mas gradualmente se expandiu para azeitonas e todo tipo de frutas e legumes em lata, além de amendoins salgados. Na época dos cítricos, grandes caminhões chegavam diariamente para descarregar toranjas e laranjas. Depois que o suco era extraído, a polpa era deixada do lado de fora, onde virava uma verdadeira montanha e fermentava, e seu cheiro permeava o kibutz inteiro por todo o inverno. Era a comida favorita das vacas. Aliás, as vacas também amavam música, e Franta, o supervisor do estábulo, deixava o rádio tocando música clássica o dia inteiro. Era o segredo para sua enorme produção de leite.

Como a maior parte dos kibutzim em Israel, o Givat Chaim não cultivava produtos agrícolas só nas suas terras, mas no inverno cuidava de vários campos estatais no Negev.

Dois ou três *chaverim* carregavam um trator e outros equipamentos agrícolas em um caminhão e dirigiam para o sul, onde ficavam por longos períodos, semeando, cultivando e colhendo. Nesses tempos, os israelenses ainda estavam cheios do espírito pioneiro, se voluntariando prontamente para tarefas que beneficiariam a nação e o novo Estado. Eu gostava desse espírito, e quando me pediam para doar meu sábado livre para colher uvas, ou para fazer alguma outra tarefa urgente, durante o período que eles apropriadamente chamam em hebraico de "temporada de queima", eu nunca recusava.

Outra contribuição voluntária dos kibutzim para o bem-estar do estado era a assimilação de membros do chamado movimento da Aliyah da Juventude. O objetivo do movimento era cuidar dos jovens que tinham vindo para Israel sem os pais, às vezes órfãos ou filhos de grandes famílias que ainda não tinham se instalado e estavam nos acampamentos.

O kibutz lhes oferecia acomodação, um professor e uma mãe da casa, que cuidava deles. Eles estudavam em meio período, trabalhavam e aprendiam hebraico em outro meio período. Era uma boa forma de introduzir os adolescentes à vida no novo país. O kibutz, é claro, não fazia isso sem outras intenções. Era esperado que os jovens ficassem e se tornassem novos membros. O Estado também contribuía para pagar os custos.

Mas eu nunca consegui me adaptar à ideia de que, para me tornar uma verdadeira mulher do kibutz, era necessário abrir mão de cosméticos, esmalte ou maquiagem, saltos altos e brincos. Parecer bem arrumada era visto com desaprovação no geral. Nas cidades, mulheres de kibutz eram reconhecidas por suas roupas pouco atraentes, seus cabelos curtos ou presos em um rabo de cavalo. Quando eu ia visitar minha amiga ou meu tio em Tel Aviv, eu levava meus sapatos de salto em uma bolsa, vestia-os no ônibus, passava batom e maquiagem e torcia para não encontrar ninguém do kibutz.

Kibutzniks nunca usavam guarda-chuva na chuva forte, parecia a eles um luxo desnecessário. Eles rejeitavam o comportamento social educado de seus lares anteriores; eram os novos revolucionários, que não dançavam valsa ou tango, mas dançavam hora, e à mesa falavam de boca cheia. Em vez de cerimônias de casamento, os *chaver* e *chavera* apenas declaravam diante da assembleia geral que de agora em diante eles eram um casal e se mudavam para um quarto juntos. A partir desse momento, eram considerados casados. Isso, no entanto, mudou depois que o Estado começou a estabelecer ministérios com departamentos e oficiais exigindo documentos; em resumo, uma burocracia. Então até mesmo kibutzniks precisavam se casar, com um rabino, é claro.

Nosso amigo Arnošt em certa ocasião nos disse que no dia do seu casamento ele perdeu o ônibus para voltar do trabalho na cidade. O rabino, no entanto, estava com pressa e não podia esperar. Outro kibutznik substituiu Arnošt e se casou com a noiva no seu lugar. O rabino não foi informado.

Otto e eu ainda éramos *"olim chadashim"*, o que quer dizer novos imigrantes, e, portanto, tínhamos direito a um auxílio do Estado, além de aulas de hebraico por meio ano. Não sabíamos nada sobre o auxílio — o kibutz o recebia por nós — mas recebemos as aulas de hebraico. Isso foi, porém, uma questão complicada.

Todo o grupo de recém-chegados deveria receber aulas duas vezes por semana durante duas horas. Mas, primeiro, não havia uma sala de aula permanente; cada vez precisávamos encontrar uma sala com cadeiras e mesas, e normalmente não havia lousas. Nosso professor era Ruben, também tcheco. Nosso grupo era formado por recém-chegados poloneses, húngaros e tchecos, e não havia uma língua comum na qual explicar as palavras em hebraico. Ruben tentou o ídiche, que nós tchecos não sabíamos, mas com nosso conhecimento de alemão, demos conta de alguma forma. O problema, entretanto, foi aumentado pelo fato de que Ruben não sabia ídiche também, só alemão. Ele despreocupadamente superou esse obstáculo improvisando e mudando o gênero dos substantivos alemães. Por exemplo, "das Haus" virou "der hois" ou "die Arbeit" virou "dus orbeit" e, como último recurso, "der Bart" "dih bohrt". Em vez do pronome pessoal alemão "ich", ele dizia "yach". Outro obstáculo era que Ruben costumava ficar ocupado com outras coisas e não aparecia para nossa aula. Ou alguns dos alunos eram convocados para tarefas urgentes que não podiam ser adiadas e as aulas não aconteciam por falta de participantes. Eu duvido que, no fim, tenhamos tido mais do que uma dúzia de aulas de hebraico.

Aprendi hebraico no trabalho, na cozinha, no refeitório, na lavanderia e no jardim de infância. Muitos membros do kibutz não sabiam alemão, tcheco ou inglês, então eu simplesmente precisava aprender hebraico. Eu me lembro de uma vez, quando usei a exclamação *Ježíš Maria*, que é uma expressão comum para todos os falantes de tcheco, não importa se judeus ou cristãos, e fui criticada por uma *chavera*: "Nós judeus não dizemos isso em Israel".

Uma grande ajuda veio de nosso novo amigo Matti Megged. Matti era um professor assalariado, não um membro do kibutz, e ele e a mulher, Hanna, viviam em uma cabana perto da nossa. Matti estava especialmente interessado em nosso grupo tcheco porque tinha estado em Praga havia pouco tempo — algo a ver com armas para Israel. Precisávamos nos comunicar em inglês e no pouco hebraico que falávamos, e o resto eram gestos. Eu me lembro de Matti nos contar algo que havia acontecido com ele em Praga. Um dia, quando ele e um amigo israelense estavam andando de bonde, comentaram sobre os grandes peitos de uma garota sentada na frente deles. Ela manteve os olhos abaixados, mas depois de um tempo, quando se levantou para sair, a jovem mencionou casualmente pelo canto da boca: "Ela não apenas tem peitos grandes, como fala hebraico". Hoje isso não surpreenderia ninguém, com as centenas de milhares de turistas israelenses, mas, em 1948, ninguém falava hebraico em Praga.

Matti passou muitas horas com Otto e comigo, fazendo várias perguntas, querendo saber tudo sobre nosso passado.

Ele era uma exceção; a maior parte dos israelenses não queria ouvir histórias do Holocausto. Muito mais tarde ouvi falar que o próprio Ben-Gurion tinha dito que qualquer homem que houvesse sobrevivido aos campos deveria ser um kapo ou ter colaborado com os nazistas, e qualquer sobrevivente mulher seria prostituta. Não me impressiona que então os kibutzniks ignorassem o assunto com um gesto de desdém, dizendo: "Sim, sim, claro, mas você não sabe o que passamos aqui, com a guerra, os exércitos árabes, o Palmach".

Uma característica importante da vida no kibutz era a cultura. Toda semana um filme era exibido no ginásio: um para os adultos; outro para as crianças. Várias vezes por ano todos os membros ganhavam um ingresso para uma apresentação de teatro em Tel Aviv, Hadera ou Netanya. O transporte era arranjado. Nós nos sentávamos em bancos na caçamba aberta de um caminhão, enrolados em um casaco quente ou cobertor por cima de nossas roupas de Shabat. Eu me lembro da primeira peça em hebraico que vi. Era chamada *Ele anda nos campos* e não entendi nem a trama nem os diálogos.

Uma vez por ano acontecia uma feira do livro na frente do centro cultural, e cada um de nós podia escolher um livro. Claro que eram todos em hebraico. Eu sempre doava o meu para um dos *chaverim* mais velhos. Com frequência havia palestras sobre vários assuntos e, acima de tudo, havia concertos. Naqueles anos, até mesmo músicos e atores de ponta estavam dispostos a se apresentar para os kibutzim, normalmente por uma pequena taxa, mas também de graça.

Então, por exemplo, Frank Pelleg, o famoso cravista, deu uma série de palestras sobre música barroca, tocando amostras no piano. Ele chegava de tarde, mas, como a apresentação era de noite, o *chaver* do "departamento de cultura" procurava por alguém para receber o artista. Pelleg era originalmente da Tchecoslováquia, onde seu nome era Pollak, então eu e Otto prontamente nos voluntariamos e nos demos perfeitamente bem com ele. Nós nos tornamos amigos de verdade e mais tarde visitamos ele e a mulher, Inge, várias vezes na casa deles, na rua Vitkin em Haifa. Eu me lembro de ele nos contar como havia trazido escondido a partitura da ópera *Brundibár* para Israel.

Durante os quarenta anos do regime comunista na Tchecoslováquia, Israel foi considerado um inimigo ocidental imperialista, e as viagens entre os dois países eram duramente restritas. Mas Pelleg foi convidado a se apresentar em Praga. Lá ele conheceu Eliška Klein, a irmã do famoso compositor Gideon Klein, que havia morrido no Holocausto. Ela tinha a partitura da ópera infantil de Hans Krása, *Brundibár*, que havia sido montada no gueto de Terezín e feito um grande sucesso; todo mundo que esteve no gueto se lembrava dela e a amava. Eliška confiou o manuscrito a Pelleg e ele o levou para Israel em sua mala. Era uma tarefa arriscada, já que as autoridades proibiam que tais "tesouros nacionais" fossem tirados do país. As pessoas na alfândega vasculhavam a bagagem de estrangeiros com muito cuidado, principalmente em busca de material de propaganda. Se ele tivesse sido pego, certamente teria causado um incidente diplomático. Mas aparentemente os oficiais de fronteira não tinham instruções para confiscar partituras, então ela ficou segura na mala de Pelleg.

Em 1955, Pelleg confiou a partitura a Otto, que, junto com o professor de música Adi Nair, montou a ópera com as crianças do kibutz. Era a primeira produção de *Brundibár* em Israel. A performance aconteceu no Givat Chaim, quando comemoramos dez anos desde a liberação de Terezín, e dezenas de sobreviventes de todo o país foram assistir.

Não tínhamos apenas artistas de "fora" oferecendo entretenimento (aqui preciso colocar uma explicação do que quero dizer com "de fora": pessoas ou lugares que não faziam parte do kibutz eram referidos como sendo "de fora". Alguns *chaverim* tinham pais "fora". O barbeiro que vinha duas vezes ao mês cortar nosso cabelo era "de fora". Matti, o professor, era "de fora". As crianças "de fora" com frequência vinham passar férias com seus parentes do kibutz). Nós também tínhamos nosso próprio coral, conduzido pelo professor de música do kibutz, e até mesmo um grupo de teatro amador, comandado por Chanan, um aficionado por teatro. O coral ensaiava à noite, depois do trabalho, e as músicas precisavam estar prontas para festas como Pessach e Chanuká.

A principal festa, a qual os *chaverim* dedicavam mais atenção não era, no entanto, nem o Pessach nem o Rosh Hashaná ou o Yom Kippur, mas o Purim. O Purim é uma festa menor que celebra um evento na antiga Pérsia. A rainha Esther, que era judia, e seu tio Mordecai, salvaram os judeus de serem assassinados pelo malvado Haman. O Purim é celebrado com máscaras e fantasias, como o carnaval de outros países.

Os preparativos começavam com muitas semanas de antecedência. Fantasias chiques eram costuradas ou construídas e decoradas, e peças elaboradas eram preparadas para o grande evento. A cada ano um tema era escolhido, além da tradicional história da Megilat Esther. Uma vez foi "os anos vinte", outra vez "na praia" ou "no zoológico". Uma peça memorável foi "moda do pré-Primeira Guerra".

Nosso amigo Pat'a era o produtor, e nós, o grupo tcheco com alguns de nossos colegas húngaros e poloneses, atuávamos na peça. Ensaiávamos no banheiro comunitário tarde da noite, depois de termos colocado as crianças na cama. Todo mundo inventava personagens novos e engraçados e ríamos sem parar.

A cena era num parque público, com uma babá empurrando um carrinho de papelão, atrás do qual se agachava Efraim, com uma touquinha de bebê e uma chupeta. Havia um casal idoso, ele com uma cartola, se apoiando em uma bengala, ela usando um enorme chapéu decorado com todo um jardim de flores. Eva e Peter usavam shorts de crianças e jogavam bola. Um policial girava seu bastão e um jovem casal namorava em um banco. Parecia uma foto de dias passados.

Havia prêmios para as melhores fantasias. Um ano o ganhador foi nosso encanador. Ele tinha construído um vaso sanitário falso completo, com caixa de água, incluindo a corrente para puxar, nas suas costas, e o assento era como um avental na frente.

Nenhum dos membros do kibutz era religioso; ninguém usava kippá. A comida feita nas duas cozinhas — a das crianças e dos adultos — não era *kosher*. Nos primeiros anos, quando ainda havia falta de comida, nosso kibutz tinha até criado porcos para a carne. O chiqueiro era escondido atrás do estábulo, e os porcos prosperavam com as sobras das duas cozinhas. Os porcos eram uma atração amada pelas crianças do jardim de infância. Algumas das cozinheiras eram *chaverot* da Tchecoslováquia e da Hungria e sabiam como fazer um goulash de verdade. Ainda assim, membros que vinham de famílias judaicas tradicionais da Polônia ou da Romênia eram incapazes de superar seu desgosto por porco e pediam um prato vegetariano.

* * *

Todas as festas judaicas eram celebradas. No Pessach havia a refeição de Seder. no enorme ginásio, todo decorado com guirlandas e flores. Nosso mentor, Chaver Segal, reescreveu e modernizou a Haggada, que ele transformou em uma celebração da primavera e da liberdade, embora o êxodo de Israel do Egito fosse mencionado de passagem. Mas nós bebíamos os obrigatórios quatro copos de vinho, e nosso coral, do qual eu era uma participante entusiasmada, cantava as canções tradicionais. Sempre havia muitos convidados, a maior parte parentes próximos dos membros do kibutz, e nos sentíamos animados por uma noite realmente maravilhosa.

Havia outra festa chamada "Chag Ha' mayim", que queria dizer elogio da água. Acho que pode ter sido uma antiga tradição de orações para a chuva, que o kibutz reviveu. Ela acontecia ao ar livre, nos campos, no fim do verão. O público se sentava em pilhas de feno. As meninas em vestidos coloridos de saia rodada e os meninos em camisas esvoaçantes dançavam alegres pelos restolhos, e o auge da festa era um súbito jato de água que se lançava no ar. Era uma celebração maravilhosamente alegre. Eu me pergunto se ainda acontecem festas assim nos kibutzim hoje.

272 *Dita Kraus*

36

MINHA CARREIRA DE SAPATEIRA

MEU TEMPO LAVANDO LOUÇAS NÃO durou muito. No kibutz era entendido que os membros trabalhariam onde fossem alocados; as únicas exceções eram mulheres em estado avançado de gravidez ou convalescentes.

Quando eu estava grávida da nossa filha Michaela, me permitiram trabalhar na oficina de costura como ajudante da costureira, o que era considerado um trabalho "leve". Sara, a costureira, era uma mulher magra e pálida com uma expressão mal-humorada que, por princípio, era contra falar algo de bom para quem quer que fosse e nunca elogiava meu trabalho. Eu conseguia costurar uma linha perfeitamente reta do início ao fim, mas o máximo sinal de satisfação que ela me dava era um aceno de cabeça enquanto passava a próxima peça de roupa.

Se Sara era magra, seu marido era esquelético. Seu peito parecia a parte de dentro de um prato de sopa, e os joelhos que apareciam protuberantes sob seus shorts cáqui folgados eram a parte mais grossa das suas pernas. Com o tempo os dois tiveram um bebê, um menino com os membros finos como palitos de dente.

O marido costumava vir à oficina de costura discutir algum tópico importante com a esposa em sua voz baixa e monótona, coisas como quem iria pegar o leite e o pão para o chá da tarde no refeitório e quantas fatias eles precisariam. Às vezes ele voltava para dizer que talvez devesse trazer quatro fatias em vez de cinco.

Ainda assim, eu amava trabalhar na oficina de costura porque eu gostava muito de roupas, e estar perto da fonte me permitia ter a primeira escolha nos materiais quando os rolos de tecido eram entregues. As mulheres do kibutz recebiam uma roupa de trabalho por ano e um vestido de Shabat a cada dois anos. Eu ainda me lembro do vestido azul-celeste de trabalho, mas que era tão bonito que eu o usava no Shabat, embora fosse feito de um material barato. Pelo menos duas *chaverot* me imitaram.

Depois que minha filha nasceu, me permitiram ficar na sala de costura por mais várias semanas. Todos os bebês eram mantidos na casa destinada a eles, e as mães iam de seu lugar de trabalho amamentá-los a cada algumas horas. Era, portanto, conveniente trabalhar no kibutz e não nos campos ou pomares. Mas, depois que meu bebê desmamou, eu fui novamente considerada uma trabalhadora hábil que não precisava ser mimada com trabalho leve.

Depois do jantar fui chamada para o "escritório de trabalho". Todo ano um membro do kibutz era obrigado a se tornar o "oficial de trabalho" cujo papel era designar trabalhadores para vários setores: uma tarefa odiada, mas necessária. Conforme o ano progredia, o "oficial" normalmente ficava mais desagradável e agressivo. Ele tinha uma falta constante de mão de obra, já que a demanda sempre excedia a oferta. Alguém ficava doente e precisava ser substituído; outra pessoa tinha trabalhado no Shabat e precisava ganhar um dia livre durante a semana; uma terceira precisava ir a Haifa visitar um parente doente.

Para alguns trabalhos desagradáveis, simplesmente não havia ninguém disposto, então eles precisavam ser impingidos aos recém-chegados. Os aspirantes a novos membros eram mais fáceis de serem convencidos a lavar louça ou limpar o chão do refeitório depois que descobriam que todos os veteranos tinham feito esses trabalhos quando chegaram pela primeira vez no kibutz. Claro que todo mundo tinha que contribuir, mesmo que não fosse algo de seu agrado. Um novato simplesmente não podia rejeitar uma exigência tão carregada de moral.

Como eu já era um membro pleno que havia passado da fase de lavar louça, Ezra, o oficial de trabalho, me ofereceu tarefas mais atraentes. Eu podia me tornar ajudante de uma das professoras do jardim de infância ou assistente da cozinheira. Também precisavam de uma pessoa nos vinhedos para colocar as uvas em caixas. Fiquei confusa.

"Eu gostaria de fazer um trabalho manual, algum tipo de artesanato. Sou boa com as mãos, costuro muito bem…"

"Não, não, esses trabalhos são só para os incapazes. Você é jovem e forte."

Nós nos despedimos sem solução.

Nos dias seguintes fui mandada a toda parte para substituir trabalhadores ausentes. Não gostei de nenhum dos trabalhos. Logo foi minha vez de cumprir um turno como guarda-noturna. Todas as mulheres eram tiradas de seu trabalho rotineiro uma ou duas vezes por ano durante duas semanas. Os homens faziam turnos de guardas-noturnos com uma arma na periferia do kibutz. As crianças dormiam na casa das crianças, e era necessário ouvir se alguma chorava. No inverno, precisávamos ter certeza de que elas estavam bem cobertas e não tinham chutado seus cobertores. Quando as crianças choravam, nós lhes dávamos uma bebida e as confortávamos até que dormissem de novo. Se uma delas chorasse por muito tempo, acordávamos a mãe. Conhecíamos todas as crianças e claro que sabíamos onde seus pais moravam.

Eu gostava do trabalho noturno porque, quando eu acabava de dobrar todas as fraldas do enorme cesto que havia em cada um dos quartos, eu me sentava na varanda, onde podia ouvir os sons dos outros prédios e tricotar ou ler. Durante meu turno no ano anterior, eu havia produzido presentes de aniversário para o nosso filhinho, um jogo de bingo com gravuras, feito com papelão, e alguns bichos de pelúcia. A melhor parte do turno da noite era o amanhecer. De todos os quartos emergiam os *chaverim* sonolentos com seus macacões e chapéus cáqui[*] a caminho do trabalho, enquanto eu era sortuda e iria dormir confortavelmente na minha cama. Ao meio-dia eu acordava,

---

[*] A forma mais comum de se cobrir a cabeça em Israel costumava ser um chapéu de tecido cáqui, que era prático não apenas como proteção do sol quente, mas também servia para limpar o suor do rosto ou como recipiente para as laranjas e nozes que se colhia sob as árvores. Era chamado de *kova tembel*. *Kova* em hebraico significa chapéu e *tembel*, tolo. E, de fato, a pessoa com o chapéu puxado para baixo sobre a testa parecia um pouco tola. O famoso desenho do "pequeno Srulik" com seus shorts cáqui e o *kova tembel* se tornou uma espécie de símbolo da "israelidade"… de ser pioneiro, voluntário… o sal da terra.

tomava banho, ia para o refeitório almoçar e então tinha tempo livre até que fosse hora de pegar o pequeno Shimon. Eu adorava.

No entanto, duas semanas depois isso acabou e eu precisava me decidir por um trabalho permanente.

Ezra pareceu ceder. Ele me ofereceu um trabalho na oficina de barris. Não era uma função que exigia habilidade, como eu havia pedido? Era um trabalho de carpintaria, com madeira cheirosa; certamente eu gostaria.

Pareceu bom. Eu conhecia a oficina onde os barris acabados eram empilhados do lado de fora, com as tábuas virgens de castanheiro colocadas em fileiras uniformes lá dentro. A madeira é um dos meus materiais favoritos, e fiquei ansiosa para mexer com ela e produzir objetos úteis como barris. O cliente principal era nossa fábrica de conservas, que precisava deles para as azeitonas.

Ezra me acompanhou pessoalmente e disse a Lova, o chefe dos barris: "Aqui está o novo trabalhador que você pediu".

Lova me olhou em dúvida, mas pareceu disposto a tentar. O trabalho que eu deveria fazer não exigia muita força física ou conhecimento prévio. Ele me levou até uma máquina, uma estrutura alta de metal com uma abertura e algo parecido com uma prensa. Ele puxou uma alavanca e dois botões e a coisa começou a rugir. Então ele demonstrou o que eu precisava fazer: pegar uma tábua estreita em uma pilha de peças cortadas do tamanho certo e enfiá-la na abertura. A tábua entrava reta e saía curvada, como uma banana ou um berço. Não era complicado ou difícil de aprender. Eles me observaram colocar duas ou três tábuas na prensa, Lova assentiu, e os dois homens foram embora.

E assim trabalhei por horas. Na outra ponta da oficina havia outras máquinas manejadas por alguns *chaverim*, mas o barulho era tão alto que conversar era impossível. Eu me inclinava para baixo, pegava uma tábua, a enfiava na abertura, ia para o outro lado removê-la, colocava-a na pilha, uma camada virada para a direita, a seguinte para a esquerda, voltava para a frente, me inclinava, pegava outra peça, enfiava na máquina, e assim por diante, sem pausa. O dia pareceu interminável; o tempo não passava. Eu estava ficando mais anestesiada e mais burra a cada hora. Finalmente acabou; as máquinas foram desligadas e pude ir para casa.

Tomei uma decisão. Apesar do material de que eu tanto gostava, apesar da satisfação de Lova com o resultado do meu primeiro dia, eu estava determinada a não seguir como fabricante de barris.

Preciso parar aqui e dar uma explicação sobre o status das mulheres no kibutz: a filosofia básica de todo o movimento do kibutz era a igualdade absoluta entre os membros. A propriedade era de todos: cada integrante tinha direitos e responsabilidades iguais. Posições de gerência como tesoureiro ou secretário do kibutz eram ocupadas em rotatividade. Nenhuma pessoa valia mais do que outra, fossem trabalhadores dos campos, professores, encanadores ou contadores.

Ainda assim, por baixo dessa ideologia iluminada e liberal, permanecia a convicção histórica dos machos da espécie: ele era o mestre do universo e, apesar de sua benigna indulgência para com a fêmea, ainda era superior.

Por exemplo, nenhuma mulher era motorista de caminhão, um trabalho que permitia aos homens guardarem algum dinheiro para seu uso pessoal. Eles recebiam dinheiro para comida em viagens longas, mas levavam sanduíches do refeitório e gastavam o dinheiro em doces para seus filhos. Naturalmente eles nunca admitiam o verdadeiro motivo para o seu monopólio, afirmando que estaria além da resistência de uma mulher dirigir um caminhão.

Nenhuma das *chaverot* podia viajar para o exterior como Lova, que ia para a Itália todo ano selecionar pessoalmente a madeira dos barris. Na cozinha, contudo, toda a equipe era de mulheres, exceto, é claro, pelo "menino da cozinha", que carregava latas de leite e baldes pesados de batatas descascadas para os recipientes gigantes.

Eu me ressentia dessa atitude machista. Percebia que o oficial de trabalho estava só esperando que eu desistisse e admitisse que essas tarefas masculinas eram demais para mim. Fui até ele dizendo que o trabalho monótono da máquina de dobrar madeira não me agradava e, como eu me considerava uma pessoa razoavelmente inteligente, um trabalho tão automático me transformaria em uma cretina. Ele concordou de forma condescendente. "Eu sabia", disse ele, "mas você estava muito ansiosa para fazer um trabalho de homem."

"Eu posso fazer alguns dos trabalhos de homem", eu o lembrei.

Eu me referia ao meu período na fábrica de conservas, onde havia me sentado em uma longa mesa junto com outras *chaverot*, enchendo latas com pedaços de toranja. Uma vez, em um turno da noite, o homem que estava operando a máquina de fechar latas soltou um berro e deu um pulo pra trás. Seu dedo tinha ficado preso na máquina. Ele precisava ser levado ao hospital. E agora? Todo o turno seria perdido. Não havia ninguém para substituí-lo tão de última hora. Eu me ofereci como substituta. Já observara David trabalhar e parecia bem simples. As latas vinham deslizando por um tobogã. Ele então pegava a que estava mais próxima com a mão esquerda e, com a mão direita alcançava uma tampa da pilha, colocava no topo da lata e apertava um pedal. A máquina prendia a tampa, e a lata fechada rolava para uma esteira, de onde as mulheres a colocavam em caixas de papelão.

O supervisor ficou em dúvida: ele deveria permitir que uma mulher operasse uma invenção tão sofisticada? Ele tirou o oficial de trabalho da cama, sem ousar decidir sozinho. Eles conferenciaram, olhando na minha direção. Finalmente o supervisor se aproximou de mim e disse: "Quer mesmo tentar? É perigoso; você viu o que aconteceu com David".

Tensos, ambos observaram enquanto eu realizava a perigosa tarefa, que nenhuma mulher nunca tivera permissão de fazer. Era brincadeira de criança; só era preciso ficar atento para proteger os dedos. Logo desenvolvi um ritmo, e o turno pôde continuar. No fim, a cota normal foi concluída e eu me senti exultante por ter furado o balão da condescendência masculina.

"Simplesmente não há vagas em nenhuma das oficinas nesse momento", disse-me Ezra, consultando sua lista. "A única vaga é na oficina de sapatos. Mas como você não é uma sapateira treinada", ele ergueu os olhos para mim e sorriu, "é impossível."

"Eu poderia me tornar aprendiz e aprender sapataria durante o trabalho", argumentei.

Ezra balançou a cabeça. "Você provavelmente não conhece Yaacov, o sapateiro. Ninguém desejaria trabalhar com ele."

Eu conhecia, sim, Yaacov; seu filho mais novo e o nosso tinham a mesma idade e viviam juntos no mesmo jardim de infância. Eu o via todas as noites quando estávamos dando banho em nossas crianças e colocando-as na cama. Ele não parecia assustador. "Se Yaacov não tiver nada contra", falei, "estou disposta a tentar."

No dia seguinte comecei minha carreira na oficina para reparos de sapatos.

A sapataria ficava em um prédio baixo e espaçoso, bem ventilado por grandes janelas dos quatro lados. O lugar era sombreado por velhos eucaliptos, que haviam sido plantados quando o kibutz ainda era novo. Ao longo das paredes havia prateleiras nas quais ficavam sapatos de todos os tamanhos, cores e idades, junto com os moldes do sapateiro (modelos de pés em madeira usados para produzir sapatos). Havia também um pequeno quarto trancado onde Yaacov guardava os couros, solas, estoques de agulha, linha e facas. A maior parte do depósito estava cheia de sapatos velhos descartados, todos aqueles que ao longo dos anos haviam sido declarados impossíveis de remendar. Havia também caixas com pares de sapatos feitos sob medida pelas mãos do próprio Yaacov e que haviam sido rejeitados pelas pessoas para quem tinham sido criados. Ele não os jogava fora na esperança de que algum dia pudessem caber em outra pessoa. Eram os esqueletos no armário de Yaacov, e ele tentava esquecer da sua existência.

Assim como os vestidos femininos, cada membro tinha direito a um par de sandálias por ano e um par de sapatos de Shabat a cada três anos. Sapatos de trabalho eram disponibilizados com mais regularidade, e se você trouxesse seu par gasto, podia obter um novo. Claro que os sapatos descartados nunca eram jogados fora, mas acrescentados à pilha no depósito, e quando este ficava lotado, uma nova pilha era criada em um canto da sala principal.

Tradicionalmente, Yaacov e seu ajudante Mimon — do qual falarei mais depois — produziam todos os sapatos eles mesmos. Quando me juntei à oficina, o número crescente de membros do kibutz já tinha tornado impossível atender à demanda por sapatos. Então foi tomada uma decisão na assembleia geral, que se reunia toda noite de Shabat, para que comprássemos os sapatos das crianças no depósito central de abastecimento para os kibutzim em Tel Aviv.

Claro que isso obrigava Yaacov a viajar para Tel Aviv pelo menos uma vez na semana. Ele recebia o dinheiro habitual para cobrir a passagem e uma refeição na cidade. Pobre Yaacov; ele deve ter passado muita fome, porque quando colocávamos as crianças na cama à noite, eu olhava invejosa para os doces que ele trazia para seu filhinho depois de um dia em Tel Aviv.

Para os *chaverim*, e especialmente para as *chaverot*, Yaacov costurava sapatos de qualidade. O cliente se sentava na única cadeira de altura normal da oficina, colocava o pé em uma folha de papel e Yaacov traçava seu contorno a lápis, com calos e dedos tortos incluídos. Então ele media a parte interna e o arco com uma fita de alfaiate, os anotava em letras grossas em seus próprios hieróglifos, acrescentando o nome — apenas o primeiro nome — e também o que o cliente desejava em termos de cor e tipo de couro.

Com os homens a coisa era fácil; eles podiam ter o estilo mocassim ou o clássico sapato com cadarços, as cores eram marrom ou preto. As mulheres eram mais exigentes.

"Eu quero o mesmo modelo que você fez para Miriam, mas com um salto mais alto e não em branco, mas em verde. Sabe, não verde-escuro, mas um tom claro para combinar com meu novo vestido de Shabat."

Yaacov, de boca fechada, assentia e fazia um rabisco no papel.

Uma semana mais tarde, a *chavera* aparecia para buscar seu novo sapato, mas Yaacov a mandava embora; "talvez na semana que vem, me pergunte na quinta".

A quinta chegava e passava, outra semana se passava e então outra. Cinco ou seis semanas depois os sapatos estavam prontos, com saltos altos, brilhantes e novos em sua caixa. Mas, em vez de verdes, eram brancos.

"Mas eu pedi que me fizesse sapatos verdes", choramingava a mulher.

"Do que você está falando? Eu anotei aqui; olha, exatamente o que você queria. Brancos como o de Miriam."

A *chavera* tinha duas possibilidades. Ou ela ficava com o par branco ou o deixava na sapataria e esperava sua próxima vez em dois ou três anos.

Uma terceira possibilidade estava fora de questão. Era bem sabido no kibutz que Yaacov sofria do coração, e ninguém ousava deixá-lo nervoso, o que poderia levar à hipertensão e, Deus o protejesse, a um ataque cardíaco ou pior.

Às vezes não era a cor, mas o tamanho que estava errado. Yaacov devia ter escrito Chaim no papel com o desenho do pé, mas havia três Chaim no nosso kibutz, e o pé do mais alto era, é claro, dois ou três tamanhos maior que do Chaim baixo. O pequeno poderia talvez ficar com os sapatos grandes e enfiar jornal na frente, mas o Chaim alto jamais poderia usar os sapatos menores do Chaim baixo.

E assim os sapatos órfãos e sem dono eram acrescentados aos esqueletos no armário de Yaacov, juntando poeira no depósito trancado. De vez em quando ele conseguia empurrar um par para algum morador indiferente que não notava a mudança das modas. Nenhum de nós ousava mencionar os rejeitados na frente de Yaacov.

Comecei meu primeiro dia na oficina de reparos de sapatos cheia de boa vontade e ansiosa para aprender a profissão e ser útil. Ganhei um enorme avental azul, ocupei meu lugar em um banquinho baixo na mesa de trabalho e coloquei uma grossa prancha de madeira no colo. Um pesado tripé de ferro foi colocado na prancha. Toda a martelação era feita no tripé, e nas primeiras semanas minhas coxas ficaram azuis, violeta e amarelas. Depois de um tempo me acostumei com a dor e ela já não me incomodava.

Ganhei um martelo especial de sapateiro com uma ponta larga e chata e a frente bifurcada, que podia ser enfiada embaixo de pregos tortos para puxá-los. Yaacov me deu uma velha sandália e me disse para substituir o salto.

"O salto é feito de camadas; você coloca a chave de fenda entre elas e puxa camada por camada até chegar em uma que não esteja gasta. Então, faz um desenho no papel do tamanho certo, copia em um pedaço de couro e corta o novo salto. Fixa com esses pregos médios, tomando cuidado para não deixar a ponta afiada sair do lado de dentro."

Como eu adorava isso! Consertar coisas velhas e torná-las úteis de novo é uma das minhas paixões. Sandálias e mais sandálias, saltos e mais saltos, eu consertava e nem sentia o tempo passar. O odor de pés que emanava das sandálias não me incomodava. Só uma coisa seguia me incomodando: e se eu fizesse algo errado, alguma besteira, ou perguntasse algo tolo que pudesse deixar Yaacov bravo e elevar sua pressão? Eu tentava me comportar com bastante controle, sendo boazinha como um cordeiro, o que não é da minha natureza, mas eu sempre dizia "sim", e observava o rosto dele em busca de qualquer sinal de desgosto.

Eu tinha bons motivos para me preocupar. Vira com meus próprios olhos a cena assustadora quando Baruch, um dos mais respeitados veteranos do kibutz, havia pedido novos sapatos de Shabat um ano antes da sua vez. Baruch era um homem grande e pesado, com um andar estranho e torto, e seus sapatos simplesmente não duravam o tempo necessário. Ele os segurava em suas mãos grandes e não havia dúvidas de que tinham chegado ao fim da vida.

"Esse ano você não tem direito a sapatos novos", foi o veredito de Yaacov.

"Mas não posso mais usar esses", implorou Baruch.

"Eu disse que você não vai ganhar outro par esse ano. Volte no ano que vem. Fim de papo."

Qualquer outro *chaver* teria desistido e talvez usado sandálias durante os meses frios do inverno, ou suas botas de trabalho no Shabat. Mas Baruch era uma pessoa teimosa. Ele não cedeu e continuou a explicar em sua voz baixa e constante que apesar das regras ele precisava de um novo par de sapatos, embora fosse contra o princípio dos direitos iguais…

Yaacov não respondeu. Ele ficou em silêncio, parou de martelar e o encarou. Ele estufou o peito, seu rosto ficou vermelho, as veias saltaram na testa e pareceu que a qualquer momento ele sucumbiria a um ataque apoplético.

Quando Baruch viu o que tinha causado, parou no meio da frase e começou a recuar para a porta como um caranguejo e logo se foi, com seus velhos sapatos arruinados ainda nas mãos. O rosto de Yaacov gradualmente recuperou a cor normal, e depois de um tempo pôde voltar ao trabalho.

Eu tinha uma sensação terrível de que Yaacov não sobreviveria a muitos outros incidentes como esse.

Apesar disso, eu havia criado um plano para reorganizar a sapataria e fazê-la funcionar de acordo com o muito estimado princípio dos direitos iguais. O sistema de Yaacov não era um sistema, mas o caos: quando um *chaver* ou uma *chavera* traziam seus sapatos para serem consertados, eles eram depositados ao lado do banquinho dele, onde formavam um monte fedido. Ele então pegava o par de cima, que poderia ter chegado no mesmo dia, e consertava, e talvez o seguinte também. Enquanto isso, outro par havia chegado, e os de cima eram sempre feitos primeiro, enquanto os de baixo ficavam para sempre sem conserto. Quando o dono vinha buscar suas botas, elas ainda estavam no fundo da pilha, muitas vezes durante semanas.

Yaacov dava de ombros.

"Você mesmo pode ver quanto trabalho temos; sua vez ainda não chegou."

A maior parte dos *chaverim* aceitava a resposta, com medo de despertar o mau humor de Yaacov. Alguns, porém, ficavam desesperados porque não tinham botas extras para usar no trabalho. Para eles, Yaacov tinha a solução perfeita: ele esticava a mão atrás de si e dava ao *chaver* outro par consertado da prateleira. Esses sapatos, é claro, pertenciam a outra pessoa. Quando o proprietário vinha pegá-los, Yaacov declarava que as botas perdidas não podiam ser reparadas

— elas simplesmente tinham que ser jogadas fora —, ou ele explicaria que elas estavam embaixo da pilha em algum lugar, esperando para serem consertadas.

Percebi que precisaria agir com muito cuidado, talvez até em segredo, para introduzir uma ordem na sapataria.

Certo dia, quando Yaacov estava em Tel Aviv, removi alguns pares do topo da pilha ao lado do banquinho e os coloquei em fila na prateleira por ordem de chegada.

Na manhã seguinte, esperei a reação de Yaakov com nervosismo. Nada aconteceu, ele não fez comentário algum. Talvez Yaacov tivesse ficado feliz pela pilha ter milagrosamente diminuído. E assim a cada semana, quando ele estava afora, eu arranjava os sapatos que chegavam, um atrás do outro, e lentamente o sistema ficou estabelecido. Yaacov parecia aliviado por ter se livrado das reclamações dos demais kibutzniks. Com o tempo, os *chaverim* pararam de procurá-lo, e eu me tornei a intermediária. Yaacov podia trabalhar no seu canto, cortando solas e saltos das grandes folhas de couro, e não precisava ouvir a conversa em torno da mesa de trabalho. Ele até me deixava varrer o chão, mas só em volta da bagunça, claro, para não atrapalhar o lixo acumulado. Depois de algumas semanas, o lugar parecia mais simpático, um pouco mais claro, e os *chaverim* que chegavam com expressões preocupadas no rosto saíam com sorrisos.

Trabalhar na sapataria tinha uma grande vantagem para mim. Eu acordo tarde, e me levantar com o amanhecer às 5h30 da manhã, especialmente no inverno quando está escuro, é simplesmente uma tortura. As pessoas que trabalhavam na cozinha, na casa das crianças ou na fazenda com os animais, não podiam se atrasar para o trabalho. Mas os sapatos não estavam com fome nem choravam por mim, portanto, não importava se eu começasse a trabalhar as sete e meia ou oito. Com frequência eu ficava sozinha no fim do dia de trabalho para completar minhas oito horas e meia. Eu sabia que Yaacov não aprovava, mas ele tolerava em silêncio. As semanas passaram, e eu me senti mais acomodada. Yaacov me ensinou a consertar outras coisas além de saltos. Ele era um mestre sapateiro e havia aprendido a profissão quando era jovem, ainda na sua Hungria natal.

O mesmo não era verdade para seu assistente, meu colega Mimon, que Yaacov insistia em chamar de Maimon. Mimon era "de fora", ou seja, não era membro do kibutz, mas um empregado pago. Ele era uma exceção, porque originalmente o kibutz era completamente autossuficiente. Tudo era produzido pelos próprios membros. Nós cultivávamos nossos próprios vegetais e frutas, criávamos frangos, patos e gado, assávamos pão, construíamos nossa casa, produzíamos móveis, organizávamos a escola para as crianças do kibutz e até tínhamos o círculo de teatro e o coral para oferecer entretenimento.

Mimon não era sapateiro de profissão. Ele era uma dessas pessoas com mãos de ouro que conseguem fazer de tudo. Bastava olhar para uma ferramenta ou máquina e ele sabia imediatamente como ela funcionava; ele podia desmontá-la e montá-la de novo sem problemas. Ele era alto e magro, com músculos firmes, e seu pescoço parecia ter sido puxado para cima; tinha um enorme pomo de Adão que subia e descia por todo o pescoço. Ele era do Marrocos e incapaz de pronunciar o som "sh".

"Salom, Sosana", ele cumprimentava a professora do jardim de infância. "Seus sapatos estão prontos, na estante."

Mimon tinha mulher e filhos, mas raramente os mencionava em conversas. Nos três anos que nós dois passamos sentados à mesa de trabalho, sobre banquinhos de frente um para o outro, seis dias na semana, oito horas e meia por dia, ele falou sobre muitas coisas: seus muitos irmãos, sua casa antiga e o serviço militar. De passagem ele mencionava: "Nós temos um novo bebê".

"Eu sei", dizia eu, "você já me disse um tempo atrás."

"Esse foi o anterior", ele me corrigia, "o menino. Agora é uma menina de novo."

"*Mazal tov!* Então agora vocês têm três."

"Obrigado. Não, agora temos quatro."

No começo, Mimon costumava vir ao kibutz de ônibus. Mas, assim que ganhou algumas liras, comprou uma velha motocicleta. O problema era que a motocicleta quebrava no meio do caminho, e Mimon chegava ao trabalho empurrando o pesado veículo, ofegante e suado. Ele a deixava estacionada na frente da oficina, e no momento que Yaacov saía para resolver algo, Mimon se agachava ao lado da máquina e começava a consertá-la. Com frequência ele ficava por horas depois do trabalho, mexendo no motor e xingando baixinho. Às vezes ele conseguia uma carona para a cidade mais próxima para comprar uma peça extra. Ele era, contudo, um tipo alegre e otimista. Cada vez que o motor dava a partida e não morria, ele era tomado por uma alegria infantil e acreditava que então continuaria bem para sempre. Porém, a máquina o decepcionava de novo e de novo. Ele deve ter investido todo seu magro salário nesse sistema, até que ele finalmente desistiu e a vendeu com prejuízo.

No entanto, Mimon não era homem de viajar de ônibus como os meros mortais. Ele precisava da motocicleta para elevar seu ego, para se sentir o rei da estrada. Logo ele comprou outra moto: "Mas uma muito melhor, uma verdadeira barganha". Pobre Mimon; sua barganha se mostrou não mais confiável do que sua predecessora. Só que dessa vez Mimon ficou com vergonha de admitir outro fracasso. Ele manteve o veículo quebrado escondido atrás de um prédio abandonado e tentou consertá-lo depois do trabalho quando não havia ninguém em volta.

Nossos melhores dias eram quando Yaacov não estava e ficávamos livres para conversar. Mimon era um contador de histórias nato, mas na frente de Yaacov ele nunca falava muito para não parecer que estava negligenciando o trabalho. Ele conhecia vários contos de fadas, narrativas longas e cheias de reviravoltas sobre pássaros mágicos, sonhos proféticos e busca por vingança. Na maior parte das vezes eu não conseguia perceber nenhum sentido nas histórias: elas serpenteavam de forma que não havia nenhuma conexão entre o início, o meio e o fim. Era tudo muito envolvente e fascinante, mas suspeito que ele inventava as histórias enquanto as contava. Anos depois encontrei uma semelhança entre as histórias de Mimon e a forma como certas pessoas misturam realidade com imaginação, algo estranho à nossa forma moderna e racional de pensar.

Conforme os meses se passavam, eu aprendia cada vez mais sobre o conserto de sapatos. Eu sabia costurar tiras rasgadas em sandálias na máquina de costura e polir saltos prontos com cera rodando as escovas. Eu conseguia afiar minha longa faca de sapateiro sozinha, não precisava mais pedir a Yaacov ou Mimon que fizessem isso para mim. Era preciso afiar a faca muitas vezes por dia, para que ela pudesse cortar o couro duro como se fosse manteiga.

Uma vez por mês, um homem idoso aparecia para comprar sapatos velhos. Ele era um *oleh chadash*, um recém-chegado da Romênia que falava ídiche, mas não hebraico. Com Yaacov ele conseguia se comunicar, mas com

Mimon, que sabia árabe, francês e hebraico, a conversa era bem difícil. Por cima do ombro ele carregava um saco de juta vazio, que largava no chão com a expectativa alegre de uma conversa amigável. Eu, sendo mulher, não era considerada companhia. Yaacov não era do tipo que encorajava amizades. Só restava Mimon.

"Onde você aprendeu a fazer sapatos?", o homem começava.

"Yach nisst ferstayn" (eu não entendo) era tudo que Mimon tinha aprendido a dizer.

O homem ignorava a declaração de Mimon e embarcava em um longo relato de suas atribulações e sofrimentos, como ele havia sido enganado aqui e roubado lá, como o governo havia prometido todo tipo de ajuda e, no fim, ele não recebeu nada.

Mimon assentia simpático. Ele compreendia que o homem estava reclamando, embora ele não entendesse uma palavra.

"Você bom, bom. Você entende", o pobre homem conseguia dizer em hebraico. Depois, ele começava a separar os sapatos descartados da montanha no canto, primeiro formando duas pilhas e então checando cada sapato, bota ou sandália em busca dos artigos mais aceitáveis. No fim, ele os enfiava em seu saco e a barganha pelo preço começava. Yaacov não era um homem de negócios; ele sabia que os sapatos velhos não valiam nada, mas ele não podia desapontar o mascate, para quem a barganha era a alma da transação. Depois de uma negociação ritual, Yaacov concordava com a oferta inicial do homem e eles apertavam as mãos.

O romeno então colocava seu saco cheio perto da porta, dava a volta na mesa de trabalho, dava um tapinha nas costas de Mimon e apertava sua mão vigorosamente.

"Você bom, bom", ele elogiava; então jogava o saco sobre o ombro e ia embora.

Foram dias agradáveis na oficina de sapatos. Nos quase três anos que trabalhei lá, fui promovida a consertar sapatos de Shabat, e eu substituía solas gastas do jeito profissional, com costura invisível. Com a faca afiada se faz um corte diagonal no couro novo, com a chave de fenda se faz um pequeno buraco e nele se insere duas agulhas de lados opostos, com uma linha encerada, para grudar a nova sola. Quando está pronto, é preciso passar cola de sapateiro no corte e então fechar a dobra para que a costura se torne invisível. Às vezes eu até ajudava na fabricação de novos sapatos. Minhas mãos se tornaram calejadas e ásperas; nem passar sabão e esfregar, nem passar limão conseguia remover o marrom e o preto dos sulcos nas minhas mãos. O pior de tudo foram as sombras escuras que se acumularam em torno das minhas unhas e ficaram lá ainda muito tempo depois de termos deixado o kibutz.

Havia no kibutz um *chaver* importante, um político que com frequência viajava para fora em missões oficiais do estado. Ele considerava uma grande conquista o kibutz ter permitido que uma mulher se tornasse sapateira, o que era uma prova viva da igualdade entre homens e mulheres. Antes de uma das suas viagens para o exterior, ele decidiu me usar como peça de propaganda.

Uma manhã, ele convenceu o velho sr. Heller, o idoso pai de uma das *chaverot*, a tirar uma foto minha trabalhando. O velho tinha uma das duas câmeras no kibutz. Ele circulou pela mesa de trabalho, tentando achar o melhor ângulo e uma luz apropriada, nos disse para olhar para esse lado ou pro outro, dizer X, e então finalmente tirou algumas fotos.

Armado com essas fotos históricas, nosso proeminente *chaver* viajou para fora, convencido de que minhas fotos seriam uma apetitosa isca para que a diáspora judaica fizesse a Aliyah e se juntasse aos pioneiros no novo Estado de Israel. Ele acreditava que a foto de uma mulher sapateira faria todas as mulheres judias voarem para o kibutz.

Ele não recrutou um único novo membro. Suspeito que minhas fotos tenham surtido o efeito contrário. Acho que quando as ricas senhoras judias da Argentina me viram sentada com o tripé, consertando sapatos velhos, elas ficaram assustadas, pensando que, se viessem morar em um kibutz, também teriam que se tornar sapateiras.

37

Refeitório

O REFEITÓRIO DE UM KIBUTZ servia para vários propósitos. Primeiramente, é claro, servia as três refeições do dia: café da manhã, almoço e jantar. Nos aposentos de um quarto dos *chaverim* não havia cozinha nem qualquer utensílio para cozinhar; no máximo um fogareiro e uma chaleira. Eles podiam fazer chá ou café, talvez cozinhar um ovo se tivessem boas relações com o homem do galinheiro, ou com Chava, a supervisora do depósito de comida. A única refeição que se fazia normalmente em casa era o lanche da tarde com as crianças. Nós levávamos algumas fatias de pão do refeitório e as servíamos com geleia, que não faltava, graças a fábrica Pri-Gat. Também era possível tomar o chá da tarde no refeitório. Nas mesas havia jarras com chá, pão e latas cujos rótulos diziam: "sardinhas e outros peixes". As pessoas desdenhavam: sim, uma sardinha e um tubarão. No entanto, o refeitório também era o lugar em que aconteciam nossas assembleias gerais semanais. O secretário do kibutz — um cargo que também era rotativo — anunciava a agenda do dia, e os membros votavam a favor ou contra cada item. Podia ser a compra de um novo trator, o pedido de alguém para ter aulas de direção, ou o anúncio de que Eva e Arieh passaram a ser um casal e querem morar juntos. Enquanto a discussão acontecia, muitas *chaverot* tricotavam e outras conversavam aos sussurros. Quando chegava a hora de votar, todo mundo participava: alguns erguiam a mão para sim e outros para não, e não tenho certeza de que eles sempre sabiam com o que estavam concordando ou discordando.

Era preciso ler as várias notas importantes na entrada do refeitório. Havia, por exemplo, a lista dos três *chaverim* de quem era a vez de ser vigia noturno da semana, ou o anúncio de dois lugares vagos em um carro que iria para Tel Aviv na semana seguinte, ou uma nota ao público avisando que Efra e Gerti Schalinger tinham hebraizado o nome e partir de então se chamavam Shalev, ou o alerta de que a partir das oito da noite até a manhã seguinte o registro de água seria fechado por causa de uma limpeza na caixa d'água, onde areia acumulada estava bloqueando o fluxo.

Depois do jantar, as mesas eram ocupadas pelos diversos comitês. A *chavera* responsável por questões de saúde distribuía o dinheiro para pessoas que precisavam pegar o ônibus para ver um especialista na cidade. Ela sabia o preço exato de uma passagem para Tel Aviv, ou para a vizinha Hadera. Quando eu precisava ir ao ginecologista ou fazer raio X, eu costumava ir até uma parada de carros e, com o dinheiro da passagem que eu havia economizado, comprava doces para as crianças. Naquela época, a maioria dos motoristas em Israel dava carona, ainda mais se você fosse uma jovem bonita.

Ali, em outra mesa, sentava-se Ayko, o homem que distribuía lâminas de barbear e camisinhas. A cota semanal era dois de cada. Ele era pão-duro com seu estoque; se alguém pedisse uma terceira camisinha, Ayko o acusava de desperdiçar. "Não pode reciclá-las?", resmungava. Ele próprio era solteiro, tinha o cabelo grisalho cortado uma vez no ano e andava por aí sem blusa ou jaqueta em todas as estações, expondo seu peito marrom e enrugado, com uma moita de pelos brancos. Ele também era fanático por esportes e campeão nas barras paralelas.

A mesa mais movimentada era a do *sadran avoda*. Era o trabalho mais desagradável. Ele ou ela precisava encontrar trabalhadores para substituir alguém que estivesse doente, ou que, por algum outro bom motivo, não pudesse trabalhar no dia seguinte. Se fosse o eletricista, o sapateiro ou o contador que faltasse não importava tanto. Mas e as vacas, as galinhas ou as crianças, que precisavam ser alimentadas? As únicas pessoas que estavam liberadas eram as que estavam tirando o Shabat, ou seja, que haviam trabalhado no Shabat e ganhado um dia livre durante a semana para compensar. Mas quem estaria disposto a abrir mão de seu dia livre? Mesmo com todo o seu ardor sionista, os kibutzniks queriam seu Shabat. Depois de usar todo seu esforço de persuasão, o pobre *sadran avoda* com frequência precisava fazer o trabalho ele mesmo.

Nas outras mesas se sentavam grupos que discutiam vários planos. Por exemplo, havia a questão das férias, às quais todo membro tinha direito, dez dias por ano. Ir para um hotel estava fora de questão; o dinheiro das férias não comprava sequer uma noite em um hotel de terceira linha. Muitas pessoas tinham famílias em Haifa, Tel Aviv ou nas vilas, mas a maioria não queria incomodá-las. A melhor opção era pegar uma barraca e ir acampar. A discussão era a respeito do lugar. Com frequência um *chaver* era encarregado de encontrar um lugar adequado.

Eu me lembro com nostalgia da semana na vila árabe abandonada de Ein Hod, no monte Carmel. Ela estava completamente vazia exceto por um casal judeu com uma criança que havia aberto um quiosque rudimentar em uma das casas abandonadas para vender cigarros e bebidas para as pessoas que passavam por ali a caminho dos assentamentos no alto.

As casas estavam vazias; em vez de janelas e portas elas tinham só buracos. Nós escolhemos uma que era atravessada pelo vento e nos instalamos. As pessoas de férias, assim como todo o equipamento, eram trazidas no caminhão do kibutz. Carregamos camas de metal com colchões, panelas, potes, fogareiros a óleo, pratos e talheres, comida para uma semana, repelente, papel higiênico, kit de primeiros socorros, mochilas, chapéus de palha e roupas de banho para dentro da casa e começamos a planejar nosso itinerário. Apesar da brisa que refrescava o prédio, preferimos dormir no telhado plano. Uma das minhas melhores lembranças é dessas noites quentes em que eu observava as estrelas e a lua acima de mim e ouvia os sons, o uivo lamentoso das corujas e a música das cigarras.

Estávamos em dez — homens e mulheres em números iguais. Todos nós éramos metade de um casal cuja outra metade tinha ficado para trás para cuidar das crianças. Eles teriam sua vez com o grupo seguinte.

A organizadora do nosso grupo, Efra, já tinha checado a área em volta em busca de lugares que pudessem ser interessantes. Então, no dia seguinte, andamos até o antigo forte em Atlit, e no outro dia por uma trilha no monte

Carmel, e depois Haifa e o templo Bahai, e a seguir tivemos um dia na praia em Tantura; em resumo, um passeio completo para cada dia da semana. Quando voltávamos à base no fim da tarde, nós todos preparávamos o jantar, normalmente sopa, salada, ovo, pão, queijo, iogurte, azeitonas e às vezes batatas cozidas ou espaguete.

Fui a duas dessas férias de acampamento. A segunda foi no oeste da Galileia, perto do kibutz Gesher HaZiv, onde ficamos em uma antiga fábrica de cítricos vazia no meio dos pomares de laranja. Dessa vez estive com pessoas diferentes do grupo anterior, mas havia uma coisa em comum entre os dois: muitas metades de um casal tinham se arranjado para se divertirem um pouco com a metade do sexo oposto de outro casal.

Entre os muitos trabalhos que fiz nos nossos sete anos no kibutz, um deles foi um período no refeitório. Era um trabalho em turnos, ou das seis até as duas e meia, ou das onze e meia até as oito da noite. Quando chegamos pela primeira vez no kibutz, havia longas mesas com bancos para quatro pessoas de cada lado. Era fácil para as duas pessoas nas pontas, mas as duas no meio precisavam passar por cima do banco segurando o ombro do vizinho, que com frequência estava erguendo sua colher com sopa e a derramava, é claro. Ou se três pessoas terminavam e se levantavam e você estivesse sentado na ponta do banco, seu peso o inclinaria e você caía no chão. Mais tarde, o kibutz comprou mesas quadradas com duas cadeiras de cada lado. Como nunca havia facas suficientes, porque os *chaverim* as roubavam para usar em casa, cada mesa tinha duas facas que deviam ser revezadas. Não ajudava quando o "economista" do depósito comprava novas facas. Em algumas semanas elas também sumiam.

A comida vinha da cozinha em carrinhos com prateleiras, e o prato principal, fosse carne ou peixe, já vinha nos pratos — pratos de sopa. Comia-se a sopa depois do prato principal, para evitar lavar mais um prato. Os acompanhamentos, batatas, macarrão ou arroz, ficavam em quantidades ilimitadas na mesa. Para os vegetarianos havia uma porção de quiche ou couve-flor empanada. Os vegetarianos gritavam *"Bimkom"*, que em hebraico quer dizer "substituto", e recebiam o prato sem carne.

Depois da refeição eu precisava limpar as mesas, erguer as cadeiras e lavar o chão. E sempre havia alguns atrasados que precisavam ser servidos. Depois as mesas eram preparadas para a próxima refeição.

Na sexta à noite o refeitório era transformado em um salão de festas. Toalhas brancas cobriam as mesas, com flores por toda parte. Os *chaverim* entravam, recém-banhados, vestindo camisas brancas bem passadas, as mulheres com seus melhores vestidos dizendo *"Shabbat shalom"* uns para os outros. A comida também era preparada com cuidado especial e servida nas melhores louças. Havia com frequência um programa cultural depois da refeição.

Eu não era a única garçonete, é claro; havia vários de nós trabalhando em cada turno. Um dia, o comitê do kibutz decidiu contratar um especialista em fluxo de trabalho para nos ensinar a sermos mais eficientes a fim de reduzir a equipe. Ele acompanhou nosso trabalho no refeitório por mais de uma semana, tomando notas. Então ele propôs um novo cronograma.

Não funcionou. O problema foi que ele havia modelado seu novo arranjo com base na minha performance. E acabou que meus colegas não eram tão rápidos quanto eu e não conseguiam dar conta de algumas tarefas no cálculo do especialista em fluxo de trabalho. O resultado era que agora duas pessoas precisavam ser empregadas para fazer o que eu vinha fazendo sozinha. Ninguém disse isso em voz alta, mas eu sei que todos ficaram irritados comigo.

38

UM NOVO TRABALHO PARA OTTO

DEPOIS DA EXPERIÊNCIA DE OTTO como ajudante de cozinha, ele se tornou *sanitar*, junto com nosso vizinho de porta Chanan. O trabalho deles era manter os chuveiros e os vasos sanitários comuns limpos, esvaziar as latas de lixo, exterminar ratos, baratas e outras pestes e desentupir canos obstruídos. Eles ficavam lisonjeados por serem tão indispensáveis. Os *chaverim* sempre precisavam dos serviços deles com urgência, imploravam para que eles não demorassem e fossem imediatamente, a pia estava transbordando, as formigas tinham invadido a despensa, uma barata havia sido vista na casa dos bebês. E os dois *sanitars*, em seu carro com o equipamento puxado pela mula do kibutz, respondiam com uma expressão séria que primeiro eles precisavam terminar as tarefas mais importantes, como limpar os banheiros e esvaziar os lixos. Eles com frequência recebiam propinas na forma de ovos — do chefe do galinheiro — ou uma xícara do verdadeiro café brasileiro de Anita, a recém-chegada da América Latina, que ficou histérica porque tinha visto um rato embaixo da sua cama.

O trabalho, por mais desagradável que fosse, tinha uma grande vantagem: eles eram os próprios chefes — ninguém interferia no horário deles, e o *sadran avoda* não podia chamá-los para substituir outro trabalhador que faltasse. Otto estava muito feliz com seu trabalho e se tornou muito entendido de encanamentos. Ele não era uma pessoa hábil por natureza, mas seu lema era "se um encanador burro pode fazer, eu certamente também posso".

Às vezes o trabalho exigia uma discrição delicada. Em uma ocasião certo *chaver* o puxou de lado, para que ninguém ouvisse, e perguntou a Otto se ele tinha algo para se livrar de piolhos. "Não nos cabelos, mas piolho no corpo." Alguns dias depois, outro *chaver* veio com a mesma queixa. E, quando o número subiu, Otto começou a fazer perguntas discretas e conseguiu achar a fonte da epidemia que se espalhava. Era uma recém-chegada jovem, bonita e solteira que havia se juntado ao kibutz fazia pouco tempo. Com um pouco de loção secretamente dada a ela, o problema foi resolvido.

Todavia ele não foi *sanitar* por muito tempo, e a culpa foi minha.

Uma tarde, o então *sadran avoda* foi até o nosso quarto em busca de Otto. Ele tinha saído para alguma coisa, então ele se virou para mim, perguntando se era verdade que Otto havia estudado inglês na universidade em Praga. "É verdade", respondi orgulhosa.

"Você acha que ele poderia ensinar inglês para as crianças na escola?"

"Claro que poderia", respondi sem hesitar.

"Diga a ele para me encontrar amanhã pela manhã."

Eu pude ler o alívio no rosto do *sadran avoda*.

E assim, de um dia para o outro, Otto foi do trabalho prosaico de *sanitar* para a posição elevada de professor de inglês. Ele recebeu duas camisas respeitáveis do depósito de roupas para substituir sua roupa azul de trabalhador e começou sua nova carreira.

Na verdade, não era de um professor de inglês que nosso kibutz precisava, mas de um professor de literatura hebraica. O kibutz vizinho, Ein Hachoresh, tinha um maravilhoso professor de literatura: o escritor Hanoch Bartov. O diretor da escola estava disposto a emprestá-lo para nós, mas sua condição era que nós arranjássemos um professor de inglês para a escola de Ein Hachoresh. Os dois lados concordaram e a troca foi aprovada. Assim, várias vezes na semana os professores cruzavam os campos e pomares que separavam os dois assentamentos e ensinavam no kibutz um do outro. Pela manhã e de novo à tarde eles se encontravam no meio do caminho, desviando por lados opostos da grande poça que se formava na trilha no inverno. Mas a questão não era tão simples.

O Ministério da Educação em Jerusalém foi informado de quem deveria ser o professor de inglês do sexto ao nono ano na escola de ensino fundamental de Givat Chaim. Ele, porém, não era Otto Kraus, mas Chaver Yaacov. Chaver Yaacov era um professor licenciado com anos de experiência que odiava dar aula e trabalhava no sistema de aquecimento. Sem surpresa nenhuma: inglês era a matéria mais impopular das escolas israelenses por conta da ocupação britânica. Recusar-se a aprender inglês havia sido uma forma de demonstrar a resistência judaica. Muitos professores fugiram das classes rebeldes e havia uma falta permanente de professores de inglês. Por exemplo, o professor antes de Otto tinha pedido demissão depois de ter sido trancado no armário de vassouras por seus alunos.

Essa atitude permaneceu por um bom tempo depois que os britânicos foram embora, e só gradualmente os israelenses perceberam que existe um mundo lá fora com pessoas que não entendem hebraico. O kibutz, é claro, preferia receber o salário do professor sênior Yaacov ao do novato Otto, que sequer tinha licença de professor. Porém o arranjo só durou um ano. Quando o diretor da escola de Givat Chaim ficou sabendo quão popular Otto tinha se tornado em Ein Hachoresh, decidiu não perder a chance e optou por manter Otto na escola de Givat Chaim.

Como não tinha se formado em nenhuma faculdade de educação e não havia sido doutrinado com teorias a respeito de como ensinar uma língua estrangeira a crianças resistentes, Otto inventou seu próprio currículo. Ele usava músicas e piadas e em pouco tempo as crianças começaram a ficar ansiosas pela aula de inglês. Os pais ficaram surpresos com a popularidade de Otto, lembrando-se dos muitos professores que haviam fugido depois da primeira semana de aula. O auge do sucesso dele foi a peça no fim do ano escolar chamada *Como o elefante ganhou sua tromba*, de Rudyard Kipling, que as crianças apresentaram em inglês. A peça era a história de um elefantinho curioso que queria saber o que o crocodilo havia comido no jantar. "Chegue mais perto, elefantinho, e eu vou lhe dizer", disse o crocodilo e, quando ele se aproximou mais e mais, o crocodilo pegou o nariz dele e puxou e puxou e,

A verdadeira história da Bibliotecária de Auschwitz 297

como o elefante puxou para trás, seu nariz ficou cada vez mais comprido, e foi assim que o elefante ganhou sua tromba.

Mesmo hoje, sessenta anos depois, se você perguntar aos avôs e avós do kibutz, eles vão lhe contar como o elefante ganhou sua tromba. Em inglês.

39

GAFANHOTOS

NAQUELE TEMPO NÃO HAVIA COMO fazer um anúncio público no kibutz. Ninguém tinha telefone e não havia interfones; a televisão ainda não tinha chegado em Israel. Em vez de um sistema público de alto-falantes, havia um cano de metal que ficava pendurado em um poste por uma corrente, na frente do refeitório. Em caso de incêndio ou outra emergência, a pessoa mais próxima batia no cano com um martelo, ou qualquer coisa que estivesse à mão; o som era ouvido até no canto mais remoto do kibutz e todo mundo vinha correndo.

Um dia o alarme soou e o grito era "gafanhotos!".

De fato, ouvimos o zumbido que se aproximava como se fosse um milhão de enxames, e logo o céu ficou escuro com uma enorme nuvem de gafanhotos. Era crucial que eles não pousassem nos nossos campos e pomares. Alguns *chaverim* já tinham passado por invasões de gafanhotos antes e ordenaram: "Peguem potes, panelas e tampas na cozinha e façam o máximo de barulho que puderem".

Nós nos dispersamos por toda a área, gritando, berrando, batendo nas tampas de metal com conchas. Todo mundo estava ali, as crianças, os pequenos, homens e mulheres; todos largaram o que estavam fazendo para salvar nossas colheitas e jardins: O plano era deixar que os gafanhotos pousassem tarde da noite, pois quando está frio eles não comem e podem ser exterminados com veneno. Levou a tarde toda, mas fomos bem-sucedidos. Houve uma nuvem menor no dia seguinte, que foi repelida sem muito dano.

Entre os recém-chegados ao nosso kibutz havia alguns marroquinos que ficaram felizes quando viram os gafanhotos. Eles pegaram os insetos, os enfiaram em potes e rapidamente colocaram uma tampa sobre eles. Segundo eles, eram uma iguaria.

Um deles, Shoshana, mãe do menino que morava na casa das crianças com nosso Shimon, nos convidou para ir ao quarto dela compartilhar o banquete. Eu me arrepiei com a ideia, mas Otto foi. Ele disse que gafanhotos assados são uma das comidas mais deliciosas que já provou.

Eu já mencionei alguns dos locais que ofereciam serviços essenciais para os kibutzniks, como a padaria e a oficina de costura. Nós também tínhamos nossa própria lavanderia, com enormes máquinas que lavavam todas as nossas roupas. Havia latas separadas para toalhas brancas e roupa de cama, para macacões sujos, meias comuns e meias de seda e para blusas e camisas mais delicadas. No início da semana era preciso separar as roupas sujas nas latas, cada item marcado com um número pessoal, e na sexta pegava-se a pilha limpa e dobrada nas prateleiras do depósito de roupas.

Havia um eletricista, Hans, que não só cuidava de tudo que fosse relacionado à eletricidade, como consertava tomadas quebradas ou curtos-circuitos nos quartos e reparava os fogareiros. Tínhamos uma oficina de carpintaria, onde três ou quatro *chaverim* produziam pequenas cadeiras para o jardim de infância, construíam cercas de madeira e prendiam as pernas de cadeiras quebradas. Uma pessoa habilidosa poderia ir lá, pegar um pedaço de madeira descartada e fazer um brinquedo para seus filhos ou uma prateleira para seu quarto. Otto fez uma linda caixa de giz de cera para o aniversário de Shimon e um quadro com letras em tijolinhos para jogarmos Scrabble, o mais novo jogo da moda.

Havia a sapataria, que já descrevi em um capítulo anterior, e a garagem para conserto de tratores. Em anos posteriores, quando fui visitar velhos amigos no kibutz, ouvi que eles tinham um dentista residente e até mesmo uma esteticista e uma cabeleireira.

Tínhamos mais sorte que muitos outros kibutzim por termos nosso próprio médico, dr. Ebl, que vivia em Givat Chaim com sua família. Ele era um personagem exuberante, cujas histórias rodavam o kibutz. Suspeito que elas fossem exageradas a cada novo relato.

Ele era de Viena, um veterano da Primeira Guerra, algo que ele lembrava repetidamente aos seus pacientes. Se você reclamasse de uma dor no ombro, ele imediatamente lhe contava que, quando ele servira no front sob o Kaiser Franz-Josef, ele tinha uma dor tão forte nos ombros que o que você estava descrevendo não era nada em comparação àquilo. Qualquer doença de um paciente, ele tinha também. A única exceção era Fruma, que reclamava que não conseguia ficar grávida. Mas ele a consolou dizendo:

"Você tem sorte por não ser uma vaca."

"Por quê?", pergunto ela, perplexa.

"Uma vaca que não engravida é morta para usarmos a carne."

Era esse o seu tipo de humor. Uma outra *chavera* contou a seguinte conversa:

"Doutor, eu tenho tanta dor nas costas que não consigo me deitar."

"Você precisa se sentar em uma cadeira com as costas retas."

"Mas a dor continua mesmo quando eu sento."

"Então recomendo que você ande ou fique em pé."

"Quando eu ando ou fico em pé a dor é ainda mais insuportável."

"Se você não pode deitar, sentar, andar ou ficar em pé, a única coisa que resta é se enforcar."

Não tenho certeza se foi exatamente isso que o dr. Ebl disse, mas eu não duvidaria. Ainda assim, ele era um médico dedicado com muito bom senso.

O dr. Ebl gostava de Otto, e eles conversavam com frequência, o médico feliz por poder falar com ele em alemão. Em uma ocasião, Otto falou sobre minhas enxaquecas recorrentes e problemas de estômago.

"Herr Otto", o dr. Ebl disse, "pegue sua mulher e filhos e saia do kibutz. Quando for viver lá fora, ela ficará bem."

Fazia sentido. Depois de sete anos eu ainda não me sentia em casa. Para mim a vida no kibutz era algo impermanente; uma espécie de período de transição. Não seria razoável esperarmos mais na expectativa de que eu me acostumasse a Givat Chaim. Precisávamos admitir: eu não era o tipo de pessoa para um kibutz.

Contudo, essa não foi a única razão para Otto decidir procurar outro lugar adequado para nós. Ele também tinha um dilema com o movimento do kibutz e dizia respeito à sua escrita.

Mais ou menos um ano depois que chegamos ao kibutz, ele começou a escrever um romance chamado *Vento da montanha*. Era sobre um kibutz fictício em algum lugar da Galileia, povoado com personagens, cada um com seus problemas. Dentre eles havia uma criança: um solitário antissocial que não se encaixava em seu grupo. A causa para esse comportamento quase autista, isso era indicado sutilmente pelo autor, era que a criança passava apenas poucas horas do dia com seus pais e dormia em uma casa para crianças separada. Era uma questão sobre a qual havia diferentes opiniões dentro do kibutz, alguns *chaverim* afirmavam que não era natural que crianças crescessem em um coletivo, longe dos pais desde o dia em que nasciam. Contudo, os ideólogos do movimento kibutzista e seus aderentes acreditavam que não apenas não era danoso, mas, na verdade, criava indivíduos saudáveis, não mimados e integrados socialmente.

Quando Otto mandou o livro para a editora Hakibbutz Hameuchad, os editores não ficaram felizes com o que entenderam como uma crítica aos princípios educacionais do movimento. Eles tiveram uma reunião com Otto e tentaram persuadi-lo a fazer mudanças no livro. Eles queriam publicá-lo, mas ficaram apreensivos com o que isso poderia causar à reputação dos kibutzim de Israel. Eles mandaram um dos editores, o escritor Alexander Sened, conversar com Otto.

Alexander era alto e magro, com cabelo ruivo e óculos grossos. Quando ele chegou em Givat Chaim, achei que seu rosto parecia familiar. De repente, eu me lembrei de onde o havia visto. Peguei nosso álbum de fotografias e mostrei a ele uma foto de Otto e seu amigo Metek tirada por um fotógrafo de rua em Praga pouco antes da nossa Aliyah. O homem andando atrás deles era Alexander. Era verdade; ele tinha estado em Praga, para uma missão, naquela época. Que coincidência incrível.

Os dois tiveram uma longa discussão sobre o livro, mas Otto não cederia. Alexander ofereceu a ele uma proposta atraente como incentivo. A editora permitiria que Otto passasse um ano estudando na universidade que quisesse. Isso parecia muito atraente, e eles decidiram discutir de novo. Dessa vez deveríamos ir a Revivim, o kibutz no deserto do Negev, onde Alexander vivia com sua mulher Yonat. Alexander e Yonat não eram apenas um casal, eram uma equipe e escreviam livros juntos.

Nunca vou me esquecer do lugar. Era um assentamento verde com plantações irrigadas por água salina, e para todos os lados não havia nada além do deserto seco e marrom até onde a vista alcançava. Os moradores bebiam essa mesma água, então seu café era salgado. Eles dependiam do poço porque a Rede Nacional de Água que estava sendo construída chegaria ao sul só mais tarde. "Mas estamos acostumados com isso", diziam sorrindo.

No entanto, por mais memorável que tenha sido a visita, ela não chegou ao resultado esperado. A Hakibbutz Hameuchad decidiu não publicar o romance de Otto.

Ele o ofereceu a uma editora particular, a Hadar, e um contrato foi assinado. Otto precisava decidir de quais dos sonhos da sua vida ele deveria abrir mão: o sonho sionista de ser um pioneiro da Terra de Israel; ou o sonho de ser escritor e publicar livros. Publicar o livro contra os desejos do kibutz significava que não podíamos mais ficar em Givat Chaim.

Não era difícil achar trabalho como professor de inglês. Houve várias ofertas, mas no fim decidimos nos mudar para Hadassim, uma vila para crianças com uma escola de ensino médio.

Na maioria dos casos, quando as pessoas decidiam deixar o kibutz, isso era considerado uma espécie de traição. Os veteranos as acusavam de usar o kibutz como trampolim, só para aprender hebraico, se acostumar à vida em Israel ou adquirir uma habilidade, então ser egoísta e abandonar a comunidade.

Ficamos surpresos com as expressões de simpatia e pena por nos perderem quando os membros ficaram sabendo da nossa decisão de ir embora. O que mais lisonjeou Otto foi o elogio de uma das mais antigas e estimadas mulheres do kibutz, que disse a ele: "Eu o respeito, não apenas porque você foi um bom professor, mas principalmente porque foi um bom trabalhador".

40

HADASSIM

AVI FISCHER, NOSSO AMIGO DE Praga e do Kinderblock de Auschwitz ficou sabendo que queríamos deixar o kibutz. Ele foi a Givat Chaim contar a Otto que sua escola estava procurando por um professor de inglês. O próprio Avi era professor na Vila da Juventude de Hadassim, onde ele também morava com sua mulher, Hanna, e seus três filhos.

Hadassim era uma instituição peculiar. Ela havia sido estabelecida pouco tempo depois do fim da Segunda Guerra, para absorver as crianças sobreviventes europeias. Localizada em meio a pomares de cítricos, perto de Netanya, o campus consistia em dormitórios, prédios da escola, instalações esportivas, um grande refeitório com cozinha, parques com gramados e árvores, uma piscina e vários bangalôs geminados para os professores e a equipe. O lugar era financiado pela Wizo* canadense.

Para integrar os órfãos sobreviventes, a instituição havia aceitado um número aproximadamente igual de estudantes israelenses. Eles viviam juntos, aprendiam a nova língua e faziam amizades. Anos mais tarde, quando

---

* Sigla em inglês da *Women's International Zionist Organization* — Organização Sionista Feminina Mundial. (N. T.)

os primeiros alunos se formaram e foram embora, Hadassim aceitou muitos filhos de diplomatas que não queriam arrastar seus filhos de país em país. Mas havia também algumas crianças de lares desfeitos e casos de assistência social.

Os diretores, Yeremiahu e Reachel Shapira, aceitaram Otto com alegria. Professores de inglês eram um recurso raro devido ao fato de que os alunos israelenses ainda odiavam a língua. Quando nossos dois filhos, Shimon e Michaela, ficaram sabendo que sua rotina não seria muito diferente da do kibutz e que além disso eles morariam conosco e teriam seu próprio quarto, ficaram felizes da vida. Nós ganhamos um bangalô de três quartos com um pequeno jardim em volta. E acabou que era ao lado do de Avi.

Mas o que eu faria? Eu não era professora. Não trabalhar não era uma opção; o salário de professor era baixo demais para manter uma família, mesmo que não pagássemos aluguel. Aceitei um trabalho no refeitório da escola. Minha chefe era Malvina, uma mal-humorada polonesa sobrevivente do Holocausto, que não sorria e nunca estava satisfeita comigo. Mas do meu trabalho com Yaacov, o sapateiro, eu tinha ganhado experiência com chefes difíceis, então eu evitava conflitos.

Depois de um tempo, contudo, subi de status e me tornei tutora dos alunos que precisavam de ajuda com o inglês. No meio do ano letivo, o professor me pediu para substituir uma professora que tinha saído de licença-maternidade. Fiquei com medo. Eu nunca tinha tido autoconfiança o suficiente para falar em público, mas Otto insistiu para que eu aceitasse. Ele prometeu me preparar para cada aula. Com apreensão, eu comecei, mas descobri que não era tão difícil, e no fim do ano já me sentia muito confiante. Durante os anos seguintes, frequentei cursos noturnos e seminários intensivos durante as férias escolares, e no fim passei nos exames da faculdade de educação e tirei minha licença.

Eu era uma professora dedicada, mas pouco inspiradora. Nas turmas de Otto sempre se ouvia gargalhadas; ele era divertido e os alunos amavam suas aulas. Mesmo hoje, quando eles são avôs e avós e se espalharam por todos os continentes, eles se lembram dele com nostalgia. Ele tinha talento para fazer comentários espertos e engraçados; ele contava piadas ou encenava cenas de *Júlio César*, de Shakespeare, que fazia parte do currículo. Ele tomava posse de uma vassoura, citava César — *et tu Brute?* — e deixava a vassoura cair com um estrondo no chão.

Em uma das turmas, ele tinha um aluno persa bagunceiro, que constantemente interrompia a aula para perguntar o que significava essa ou aquela palavra. Uma vez, quando Otto estava gripado e espirrando bastante, Farshit indagou: "Em inglês o que se deseja para alguém que espirra?". Com uma expressão séria, Otto disse: "Se diz *drop dead* [caia morto]". A turma sorriu, mas ficou quieta. Otto espirrou mais algumas vezes e em todas elas Farshit desejou "*Drop dead*, professor". Subitamente, ele parou e gritou "Mas *dead* quer dizer morto!". Só então a classe riu alto. Em particular, Otto comentou "melhor *Farshit* do que *near shit*".*

Eu invejava a capacidade de Otto para ser tão interessante e popular com seus alunos. Fui professora por vinte e oito anos. Nos últimos, eu preparava os estudantes dos anos finais para os exames de admissão na faculdade. Meus alunos passavam muito bem nas provas, mas nas brochuras comemorativas, com fotos de todos os formandos e seus professores, eles esqueciam de me incluir.

Não muito tempo depois que fomos viver em Hadassim, houve uma exposição das pinturas feitas pelas crianças de Theresienstadt no Museu do Holocausto Yad VaShem, em Jerusalém. Fui convidada para a cerimônia de abertura. Os organizadores tinham me localizado graças à minha assinatura em uma das imagens. Peguei o ônibus para Jerusalém. Houve discursos do diretor do Yad VaShem, dr. Kubovy e de outros oficiais. Ao seguir as paredes da sala de exposição, reconheci o nome de crianças que eu tinha conhecido. Elas haviam pintado o que viam à sua volta, os beliches de três andares, os carros funerários puxados por homens, o transporte de pães para os galpões, os homens enforcados. Mas havia também locomotivas, aviões, crianças brincando e borboletas pousadas em flores. Sob cada pintura havia o nome da criança, sua idade e as palavras: não sobreviveu. Eu conhecia muitas delas; algumas tinham sido minhas amigas. Eu me senti em um funeral.

De repente, vi um desenho em preto e branco. Ele representava uma igreja e uma fileira de telhados e estava assinado: Dita Polachová. Eu tinha

---

* Trocadilho com o sobrenome do menino e as palavras inglesas *far* [longe] e *shit* [merda]. A tradução literal seria "melhor longe da merda que perto". (N. T.)

me esquecido, mas depois lembrei do que tinha me feito desenhar isso. Eu estava tentando representar o momento depois do pôr do sol, quando todas as cores sumiam e os telhados pretos ficavam delineados em alto contraste contra o céu luminoso. No meu desenho, porém, os contornos não estavam firmes porque eu tinha desenhado com giz preto, que borra fácil.

Foi um momento ruim. Percebi, nervosa, que o meu desenho era o único na exposição que não tinha a palavra "falecida" embaixo.

Minha admiração pelo intelecto de Otto, sua habilidade de analisar temas difíceis e expressá-los com clareza, seu conhecimento enciclopédico de tantos assuntos, começou no dia em que nos encontramos em Praga depois da guerra. Eu era tão inexperiente, tão inadequada ao lado dele! Eu ainda me sentia uma criança, enquanto ele era um adulto.

Otto era abençoado com um maravilhoso senso de humor. Com suas piadas e observações sagazes, ele era sempre o centro das atenções. Ele uma vez admitiu para mim que, quando jovem, tinha vergonha por estar acima do peso e que seu talento para divertir era uma tentativa de compensar essa falha. Quando Otto e Pat'a estavam juntos, a conversa deles era um show de espirituosidade e ideias criativas; eles se inspiravam mutuamente. Outro de seus amigos talentosos e brilhantes era Rejšík, do kibutz Naot Mordecai. Quando os três estavam juntos, nós, esposas, apenas escutávamos e ríamos. Eu admirava não apenas o senso de humor de Otto, mas seu talento para observar tendências globais. Ele sentia crises políticas e mudanças econômicas se desenrolando. Por exemplo, quando seus formandos lhe perguntavam o que ele recomendava que estudassem, ele os aconselhava a aprender chinês. Ele já previa nos anos setenta a ascensão da China como uma potência global.

Por muitos anos o relacionamento entre nós foi desigual: ele era o macho dominante, eu a esposa dócil. Até um dia em Hadassim, quando eu tinha uns quarenta anos.

Nós estávamos a caminho de algum lugar e eu estava dirigindo. Eu já dirigia havia vários anos. Com frequência eu fazia nossas compras em Netanya, já que em Hadassim havia apenas uma pequena mercearia que não tinha muitas opções e era mais cara. Enquanto eu trocava de marcha para subir uma ladeira, houve um som estridente, e Otto exclamou "oy!" e fechou os olhos como se estivesse com dor. Até então, eu teria pedido desculpas, ou tentado justificar meu erro. Mas dessa vez explodi. "Pare de me criticar e me ensinar coisas o tempo todo. Quando você sobe ladeiras, isso também acontece com você e eu não comento nem o corrijo. Eu dirijo há tempo suficiente e não preciso mais dos seus conselhos."

Otto ficou chocado; ele não conseguia entender o que estava acontecendo. Esse foi o início do meu processo de amadurecimento e de me tornar adulta. Meu ataque foi infantil, mas o fato de eu exigir ser tratada como igual... isso era novo. Nas semanas que se seguiram, nosso casamento entrou em crise. De repente, eu tinha minhas próprias opiniões e não aceitava mais tudo que ele dizia sem pensar. Otto até pensou que devíamos nos separar. Mas nosso laço era forte e sobreviveu à crise. Acho que anos mais tarde ele ficou muito feliz por eu ter mudado. Não muito depois de um infarto, Otto teve câncer de estômago. Ficou muito doente e, durante os últimos anos de vida, foi grato por eu ter assumido as responsabilidades e por ele poder confiar em mim. Ele se incomodava por eu ficar com ele o tempo todo, sem nunca o deixar sozinho. Ele me dizia: "Saia, se divirta e me esqueça". Ele se ressentia de ser um fardo, certo de que eu começaria a odiá-lo se a dependência dele limitasse minha liberdade. Eu o abraçava, mas ele insistia: "Vá, vá, eu vou ficar bem".

Os alunos internos de Hadassim tinham um fim de semana livre duas vezes por mês. Eles iam para casa na sexta depois da escola e voltavam no sábado à noite ou domingo cedo. Os professores que moravam no campus deviam oferecer um lar substituto para os alunos que não tinham para onde ir. Nós recebíamos Annie, uma menina bonita de quinze anos, cuja mãe estava em um hospital psiquiátrico e o pai não podia cuidar de seus três filhos.

Por um semestre, recebemos Shulamit, da África do Sul, que tinha acabado de perder a mãe; o pai a tinha mandado para o colégio interno depois que se casou de novo. Também recebemos o menino tcheco chamado Honza Rohan, que tinha os dois pais, mas eles moravam na Alemanha. Todos seguiram nossos amigos pela vida toda, embora agora estejam espalhados por diferentes partes do mundo.

Os pais também vinham a Hadassim visitar seus filhos e conhecer os professores. Os novos perguntavam como se achar entre os dormitórios e salas de aula. Com frequência, quando um pai via Otto vindo, ele perguntava: "Você também tem um filho aqui?". Ele explicava educadamente que era professor. Mas um dia aconteceu de uma pessoa perguntar: "Você tem um neto aqui?".

Quando Otto chegou em casa, ele me disse: "Enquanto eles achavam que eu era pai, tudo bem. Mas ser considerado avô me diz que é hora de deixar de ensinar. Vou estudar grafologia".

Ele se matriculou na universidade de Tel Aviv e em dois anos se tornou grafólogo. A universidade não dava diplomas aos formandos, só um certificado reconhecendo que o aluno havia completado um curso de grafologia. Otto podia então fazer parte da Associação de Grafólogos, e em pouco tempo se tornou um membro respeitado.

Ele parou de dar aula e logo os clientes começaram a chegar. Otto adorava sua nova profissão. Ele brincava, dizendo: "Se ninguém quer ler o que escrevo, pelo menos eu posso ler o que eles escrevem". Quem eram os clientes que queriam ter sua caligrafia analisada? Para começar, empresas antes de aceitarem novos empregados; também kibutzim selecionando novos membros; jovens que não conseguiam decidir o que estudar ou que queriam saber mais sobre seu namorado ou namorada; e pais, que queriam saber se o homem com quem sua filha ia se casar não era um canalha.

A grafologia foi uma boa escolha, não apenas porque Otto adorava, mas porque ele pôde continuar trabalhando quando já estava com câncer no estômago. Às vezes ele se sentava ao microscópio, estudando um pedaço de papel por horas, e então exclamava: "Eureka! Descobri a charada!". Ele explicava que seu trabalho era muito parecido com o de um detetive.

41

Rosh Pinna

Otto amava a Galileia porque lá ele podia pescar no rio Jordão ou no lago Kineret. Em quase todos os feriados prolongados ou nas férias de verão pegávamos nosso carro e viajávamos para o Norte. No início tínhamos um jipe. Nós o compramos quando recebemos dinheiro do governo alemão, uma compensação pelos trabalhos forçados a que fomos submetidos durante a guerra. Era um veículo usado, que havia sido usado no norte da África na Segunda Guerra e não dava a partida, a menos que o empurrássemos ladeira abaixo.

Alguns anos mais tarde, compramos um carro melhor. Ele era produzido em Israel e se chamava Susita, por causa de uma montanha nas colinas de Golan. Era uma van feia e sem janelas, mas espaçosa e confiável. Costumávamos nos hospedar no albergue da juventude em Rosh Pinna, um agradável vilarejo no norte de Israel com vista para o monte Hermon, cuja pico fica coberto de neve no inverno. Acima da vila fica uma nascente cujas águas límpidas descem em cascata, passando pelas primeiras casas, e então desaparecem embaixo da terra. Rosh Pinna fica na encosta oriental do monte Canaã, em cujo lado ocidental está localizada a famosa cidade cabalista de Safed.

Em hebraico, *rosh* significa cabeça, e *pinna* é esquina. Mas, juntas, elas formam a expressão pedra da fundação. A cidade foi fundada pelo Barão de Rothschild por volta do fim do século XIX, início do XX, para os pioneiros judeus da Romênia. A ideia era que ganhassem a vida produzindo seda. Eles plantaram árvores de amora e criaram bichos-da-seda. O projeto, contudo, não deu certo. As árvores ficaram, mas os moradores aos poucos foram embora, e muitas das pitorescas casas de pedra ficaram vazias.

Com o estabelecimento do Estado de Israel em 1948, uma nova onda de moradores chegou. As casas logo fora reocupadas e novas foram construídas com pressa. Elas não eram tão bonitas quanto as primeiras, que tinham grossas paredes de pedra e telhados vermelhos. As novas eram geminadas, e cada unidade consistia em um quarto, uma pequena cozinha e um banheiro.

Certa vez, quando chegamos ao albergue da juventude de Rosh Pinna, o gerente quis saber: "Quantos jovens vocês estão trazendo?".

Ao que Otto respondeu: "Só nós dois".

O homem olhou para o cabelo grisalho de Otto e comentou educadamente que não parecíamos jovens.

Foi necessário procurar uma acomodação diferente. Tsippi, nossa colega em Hadassim, era dona de uma das novas casas de Rosh Pinna e foi generosa de nos deixar ficar lá. Ao mesmo tempo, ela sugeriu que poderíamos comprar uma para nós; havia algumas à venda.

Dirigimos até Safed, para o escritório do distrito que cuidava das casas sem dono. Eles ficaram muito surpresos ao saber que alguém queria comprar uma cabana pobre daquelas quando na cidade vizinha de Chatzor era possível comprar uma casa de verdade, com dois quartos, por quase o mesmo preço. Eles apontaram para umas chaves enferrujadas na parede e disseram: "Fiquem à vontade".

Voltamos para Rosh Pinna e tentamos achar as casas pelos números nas chaves. As ruas não tinham nome. Os locais nos diziam: "Ah, essa deve ser a embaixo da escola"; ou "provavelmente na frente dos Shlomoviches". Então vi uma casa abandonada com buracos em vez de janelas e porta, mas ela estava lindamente aninhada entre altos eucaliptos. Eu me apaixonei à primeira vista e torci para que que pertencesse a uma das nossas chaves.

Na varanda da segunda metade da casa, vimos uma mulher idosa. "Sim", ela confirmou, "esse é o número 16 B, eu sou a sra. Ungar, quem são vocês?" Ela sorriu alegre quando ouviu que nós talvez comprássemos a outra metade do imóvel.

"Ah, então terei vizinhos agradáveis", disse ela. "O velho sapateiro morreu cinco anos atrás e desde então estou aqui sozinha."

Nós espiamos lá dentro. O quarto dava sinais não apenas da profissão do antigo proprietário, mas também do seu vício. Todo o chão estava coberto de sapatos velhos e garrafas vazias.

Quando Tsippi soube que compraríamos a casa ao lado da sra. Ungar e quanto custaria, ela disse, decidida: "Não é assim que se faz. Vocês precisam barganhar. Devem dizer a eles que não há janelas ou porta, o degrau da frente está faltando, o telhado tem um buraco, no banheiro não há nada além de um cano saindo da janela e não tem pia na cozinha".

Em Safed, eles assentiram e prometeram mandar um avaliador. Algumas semanas depois, o veredito chegou, e o preço foi reduzido em 25%.

Cada viagem a Safed precisava ser cuidadosamente calculada, porque só estávamos livres nos feriados escolares, e, como todo mundo sabe, escritórios também não abrem nos feriados. De casa até Safed era uma distância de 150 quilômetros, e com as estradas estreitas e esburacadas daqueles tempos, cada perna levava três horas.

Claro que a casa em ruínas precisava de muitos reparos antes de se tornar habitável. Encontramos um arquiteto jovem e bem-disposto em Safed, que tinha acabado de terminar seus estudos. Marcamos com ele no meio do caminho entre Safed e Hadassim e discutimos o plano na mesa de um posto de gasolina. Meu sonho era uma casa com um quintal fechado, como na Grécia, onde uvas se penduram nas pérgolas. Ele desenhou um esboço em um pedaço de papel e se ofereceu para supervisionar pessoalmente os trabalhadores. Contatamos um empreiteiro, Shimon Azrad, que veio de Safed de terno e gravata, com uma pasta sob o braço para nos impressionar. Ele sabia pouco sobre construção, porque era na verdade um assistente de pintor. Mas só descobrimos isso algumas semanas mais tarde. O arquiteto não devia ter supervisionado muito bem o trabalho. Havia uma nova porta de entrada, mas ela não cabia bem e não podia ser trancada; o quarto extra, desenhado pelo arquiteto, tinha uma parede torta, então o teto não podia ser colocado, e assim por diante. No fim, tudo de alguma forma se encaixou e viajamos a Rosh Pinna para ver nossa casa nova. A essa altura, o ano letivo tinha terminado e estávamos de férias.

O arquiteto sorriu, mas nós sentíamos que algo o incomodava. Depois de um tempo, ele admitiu, culpado, que tinha esquecido de desenhar uma drenagem para o banheiro. O resultado foi que precisamos contratar um encanador local, que veio com um ajudante trazendo picaretas e pás. Eles cavaram um buraco profundo no chão de pedra e fizeram um poço para o cano. Os eucaliptos adoraram. Eles envolveram a tubulação com raízes finas e nem se importavam que a água vinha da privada.

A conta final das melhorias foi mais alta do que o preço da casa. Mas não nos arrependemos. Passamos todas as nossas férias e feriados lá com nossos filhos (infelizmente Michaela já não estava viva), e mais tarde com nossos netos. As pessoas nos perguntavam: "O que atrai vocês em Rosh Pinna? Vocês têm raízes aqui?".

E Otto respondia: "Sim, e elas entopem nosso cano de descarga".

42

Sobre os amigos

Algumas pessoas com quem viajamos para Israel eram amigos ou conhecidos; fizemos alguns novos no trem. Pat'a, por exemplo, já era amigo de Otto de Terezín. De início, ele também morava no kibutz Givat Chaim, mas logo saiu para se juntar a uma companhia de teatro, já que era ator. Porém, na meia-idade, decidiu se tornar psicólogo. Ele e sua esposa Betty foram para os Estados Unidos. Quando Pa'ta terminou os estudos, voltaram com seu filho americano Mike, e ele trabalhou na clínica psicológica do movimento kibutzista em Tel Aviv. Nós nos visitávamos com frequência. Otto e Pat'a morreram com poucos anos de diferença, mas Betty e eu ainda temos contato.

Annetta e sua irmã Stěpa são gêmeas e, em Auschwitz, elas estiveram entre os "objetos de estudo" de Mengele. Annetta e seu marido Jirka também viveram em Givat Chaim por vários anos, mas depois se mudaram para a Austrália. Annetta agora é uma jovial viúva de noventa e tantos anos, tem três filhos e vários netos e bisnetos. Sua irmã gêmea Stěpa mora perto dela.

Eva Weissová não ficou em Israel. Ela se casou com Karel Gross, que foi uma das crianças mandadas da Tchecoslováquia para a Inglaterra no início da guerra. Ele amava o Reino Unido e não queria morar em Israel. Ela se mudou para Londres com Karel. Eles tiveram duas filhas e um filho, e nós os visitamos muitas vezes. Eva e eu éramos amigas desde Auschwitz. Ela morreu dois anos atrás e sinto muitas saudades dela.

Eva e Pavel Lukeš ficaram em Shaar Chefer. Eles foram nossos amigos mais próximos ao longo dos anos. Quando eu e Otto nos aposentamos, jogávamos bridge com eles duas vezes por semana. Em 2017, perdemos Eva e, infelizmente, Pavel morreu em 2019. Eles tiveram um filho, três netos e dois bisnetos.

A única que ficou em Givat Chaim foi Eva Schlachetová, que mudou seu nome para o hebraico Michal Efrat. Eu e ela fomos colegas de quarto em Hamburgo e em Bergen-Belsen, onde nossas mães morreram. Em Praga, ela estudou design gráfico, e em Israel, se tornou uma conhecida ilustradora de livros infantis. Ela tem um filho, três netos e dois bisnetos. Nós nos encontramos bastante e sempre tivemos muito para conversar. Infelizmente, quando eu estava escrevendo esta história, em 2018, recebi a notícia de que Michal havia morrido enquanto dormia.

Os amigos descritos aqui são apenas aqueles com os quais viemos para Israel, no mesmo trem e navio. Houve muitos outros com quem mantivemos contato, mas a maioria deles são amigos de antes da guerra, ou de Terezín e Auschwitz.

43

OS ÚLTIMOS ANOS

QUANDO SE TORNOU UM ESTADO independente, Israel recebeu apoio da Tchecoslováquia. Nossos pilotos foram treinados lá e os tchecos nos venderam armas. Mas isso mudou drasticamente quando os tchecos perceberam que Israel não tinha caído sob a influência da União Soviética, como esperado, mas havia se aliado aos Estados Unidos. Israel foi visto como inimigo da República Socialista da Tchecoslováquia. Sionismo se tornou um palavrão. O embaixador tcheco foi retirado de Tel Aviv, e os israelenses não conseguiam vistos para visitar a Tchecoslováquia.

Apenas alguns corajosos amigos seguiram escrevendo para a gente em Israel. Sabia-se que qualquer um que se correspondesse com o "Ocidente" era suspeito de espionagem, e suas cartas eram lidas pelos censores. Tia Manya não escrevia; só recebemos notícias dela algumas vezes de sua irmã Zdenka. Margit, é claro, escrevia com frequência e mandava fotos de suas filhas e depois de seus netos. Vala e Véna, de Náchod, mantiveram contato conosco o tempo todo e, quando eles morreram, Věra continuou escrevendo sem medo. Mas muitos amigos desapareceram das nossas vidas.

Na verdade fomos banidos de nossa terra natal, algo parecido com o que nossos patriarcas fizeram com Moisés, que foi condenado a vagar pelo deserto por quarenta anos. Figurativamente, é claro, porque Israel hoje em dia está longe de ser um deserto.

Quando viemos para Israel em 1949, apenas um ano depois do estabelecimento e independência do Estado de Israel, o país era, se não realmente um deserto, pelo menos muito pouco desenvolvido e retrógrado. Ao longo da estrada estreita e esburacada que usávamos para ir do acampamento a Tel Aviv, víamos terra abandonada cheia de mato e espinhos. Eu me lembro da minha decepção quando tio Ernst-Benjamin orgulhosamente nos levou para dar uma caminhada e nos mostrar Tel Aviv. A costa estava cheia de lixo; quiosques vagabundos vendiam limonada. Na rua Allenby as janelas das lojas estavam sujas, as vitrines eram um conjunto de tralhas pouco atrativas.

Alguém que tenha visto isso antigamente e voltasse hoje pensaria que chegou a outro país. Em vez das casas feias, há prédios modernos e ruas arborizadas. O calçadão de Tel Aviv é uma joia com praias de areia fina, hotéis chiques e restaurantes que podem competir com os melhores do mundo. Todos os antigos pântanos viraram terra cultivável; há autoestradas de quatro e seis pistas com trânsito intenso... realmente um país forte e vibrante.

Em março de 1989, exatamente quarenta anos depois da nossa partida, eu e Otto viajamos para Praga. A Tchecoslováquia ainda estava sob o regime comunista. Otto e Ruth Bondy foram convidados para um simpósio que aconteceria em Terezín relembrando o campo familiar de Auschwitz. Obtive permissão para acompanhá-los como fotógrafa da delegação.

Foi uma experiência estranha. No aeroporto, fomos recebidos por um funcionário comunista, que nos levou para seu escritório. O oficial nos recebeu com floreadas frases do partido e, com uma piscadela, nos ofereceu os vistos de entrada em uma folha separada, para que não fossem vistos nos nossos passaportes. O pobre homem pensou que teríamos problemas na volta se o controle de passaportes israelense descobrisse que tínhamos estado na Tchecoslováquia.

O dia seguinte foi livre, e caminhamos pela rua da nossa Praga natal, visitando os lugares em que tínhamos crescido, nossas escolas e parques favoritos. Passamos pelo Teatro Nacional, que ficava na ponte Legii, e Otto disse: "Olhe, o Vltava ainda corre...".

Tínhamos apagado por completo nosso antigo país da memória. Era como se a Tchecoslováquia tivesse deixado de existir por quarenta anos.

Apenas alguns meses depois dessa visita memorável, o regime comunista caiu com a famosa "Revolução de Veludo", e o país se tornou uma democracia de novo. Agora poderíamos visitá-lo quando quiséssemos. Retomamos o contato com velhos amigos: Otto com seus literatos — Joska Hiršál, Urbánek — e com antigos colegas de campo, Pavel Stránský, Jirka Franěk e outros; e eu também encontrei minhas amigas de infância Raja e Gerta, e mais algumas meninas do Heim L410 de Terezín e do Kinderblock. Fiquei sabendo que elas se encontravam regularmente, uma vez no ano, nas montanhas Krkonoše. Eu queria muito vê-las, e em setembro do ano seguinte tivemos uma alegre reunião.

Gerta Altschul, 1945.

Foi um evento memorável, e desde 2006 me juntei a elas todos os anos por alguns dias. De Israel vieram outras sobreviventes de Terezín, algumas com maridos ou filhos adultos. Uma das participantes regulares era Ella Weissberger, dos Estados Unidos. De Praga vinha Helga Hošková e de Brno, Anna Flachová (Flaška). Até duas de nossas antigas professoras no Heim participaram uma vez: Eva Weissová da Inglaterra e uma outra, cujo nome eu esqueci, da Suécia.

Normalmente ficávamos no Hotel Horal, em Špindlerův Mlýn. Todos os dias pegávamos o teleférico até o topo da montanha, ou saíamos em caminhadas, ou nadávamos na piscina. Cantamos canções da ópera *Brundibár* e músicas de Voskovec e Werich. Mas o que fazíamos na maior parte do tempo era conversar, lembrando o passado e os muitos amigos perdidos. Infelizmente, a cada ano havia menos participantes, e da última vez fomos apenas três.

Mas, por um golpe de sorte, descobri outra pessoa dos meus anos pré-guerra. Aconteceu em uma das minhas estadias em Praga. Minha amiga Flaška me convidou para um concerto que seu talentoso filho, Tomáš Hanus, regeria em uma das pitorescas igrejas antigas de Praga. O programa incluía a estreia de uma obra do compositor contemporâneo Jan Klusák. Depois do concerto, Flaška me levou ao camarim para me apresentar seu filho. Havia vários outros homens esperando que o maestro trocasse de roupa para que fossem celebrar com o compositor.

Durante todo o concerto, fiquei pensando no nome Klusák. Antes da guerra, meus pais eram amigos de um casal de nome Porges. Eu me lembro que o nome de solteira da mulher havia sido Klusáková. Frequentemente fazíamos passeios com eles e seu filho, Honzík. Em 1937, a sra. Porgesová, com Honzík e minha mãe, alugaram uma casa de veraneio em Senohraby, perto de Praga. Fomos nadar juntos no rio Sázava e caminhar no bosque. Mas não brinquei com Honzík porque ele era cinco anos mais novo do que eu.

Eu não ousava abordar o famoso compositor. Mas enquanto estávamos lá esperando, criei coragem e perguntei:

"Com licença, por acaso você foi a Senohraby quando criança?"

"Sim, estive lá", ele respondeu, confirmando com a cabeça.

Eu ainda não tinha certeza, então perguntei: "O primeiro nome do seu pai era Otto?".

"Sim", disse ele, surpreso, e me olhou com curiosidade.

"Eu estava lá com você", disparei.

As outras pessoas ficaram interessadas, pararam de falar e nos observaram. Com surpresa na voz, ele disse: "Você é Edith Polachová?".

Eu só consegui assentir e sussurrar: "... e você é o pequeno Honzíček".

A sala ficou em silêncio; Flaška secou as lágrimas e eu fiquei tomada pela emoção.

Então Honzík disse: "Eu e mamãe pensamos que você não tinha voltado. Nós procuramos por você. Meu pai morreu na guerra. Eu ainda tenho a régua especial que você me deu quando nos despedimos antes de deportarem vocês. Eu a uso para as linhas quando componho".

Flaška queria que eu fosse comemorar com eles, mas eu estava emocionada demais e precisava ficar sozinha.

No entanto, na manhã seguinte Honzík veio me visitar, segurando uma grande pasta. Ele tirou a régua, que estava gasta pelos anos de uso. Então ele abriu seu álbum de família. Havia fotos de viagem com meus pais e os dele, além de fotos de Senohraby. Eu tenho as mesmas fotos no meu álbum.

Depois do nosso reencontro, passamos a nos ver uma vez por ano. Um tempo atrás, Honzík me convidou para a estreia de sua ópera *Filoktetes*, que foi montada no Teatro Nacional. Somos bons amigos agora, e a diferença de idade não importa mais.

44

Os escritos de Otto

QUANDO PERGUNTAVAM A OTTO qual era sua profissão, ele respondia: "Minha verdadeira vocação na vida é escrever, mas ganho a vida como professor". De fato, ele nunca parou de escrever. Depois que corrigia os trabalhos dos alunos e preparava as aulas do dia seguinte, ele se sentava à escrivaninha, ou sob uma árvore no jardim, e escrevia. Às vezes, ficava sentado por um bom tempo só olhando ao longe. Ele explicava: "Não pense que estou enrolando. Na verdade, estou trabalhando duro — estou pensando". Ainda assim, publicar seguiu sendo uma dolorosa decepção. Depois da tradução para o hebraico do seu primeiro romance, *Terra sem Deus*,* e do seguinte, que resultou na nossa saída do kibutz, nenhum editor ficou interessado. O problema principal era a língua. Não havia tradutores do tcheco para o hebraico em Israel, exceto por Ruth Bondy, mas ela estava ocupada com a própria escrita.

Otto começou então a escrever em inglês. Ele sentia que seu tcheco estava "enferrujando" e, de qualquer forma, ele passava o dia todo imerso no inglês, então se sentia em casa. Os computadores ainda não existiam; Otto escrevia

---

* Tradução de *Země bez Boha,* publicado em Praga em 1947.

em um grande caderno com uma caneta Parker, doada por um tio rico. Eu então datilografava em nossa máquina de escrever Olivetti e fazia três cópias com folhas azuis de carbono por entre as páginas. Mas igualmente, ninguém queria publicar livros em inglês em Israel. Ele mandou seus manuscritos para fora, para a Inglaterra e os Estados Unidos. Contudo, também foram recusados: "Desculpe, mas o assunto não nos interessa". Às vezes, nenhum motivo era dado. Isso o frustrava, e ele começou a duvidar do seu talento: "Talvez eu não seja um bom escritor". Mas depois de um tempo ele recuperava a confiança e seguia criando. Otto simplesmente não conseguia desistir.

E finalmente o reconhecimento chegou. Quando o regime comunista caiu na Tchecoslováquia e a democracia foi restabelecida, vários de seus manuscritos em inglês foram traduzidos para o tcheco e publicados rapidamente. Mesmo depois da sua morte, alguns de seus trabalhos inéditos foram publicados.

45

No Museu Imperial

Nos primeiros anos depois da minha volta dos campos de concentração, eu me lembrava das experiências com muitos detalhes. Quando encontrava pessoas que eram sobreviventes como eu, falávamos sobre Auschwitz, Terezín e Bergen-Belsen. Mas não nos abríamos facilmente diante dos outros, dos não iniciados, que pareciam incapazes de compreender.

Anos depois, quando já tínhamos filhos, eu e Otto falávamos abertamente sobre os anos do Holocausto. Não nos importávamos que as crianças ouvissem. E então, entre outras coisas, meu filho mais novo, Ronny, se lembrou que eu havia contado a ele que, depois da liberação de Bergen-Belsen pelo exército britânico, acabei sendo filmada pelos fotógrafos do exército que estavam documentando o campo.

Em 2002, Ronny fez uma pesquisa na internet e descobriu que os documentários estavam guardados no Museu Imperial da Guerra na Inglaterra. Ele entrou em contato com o museu e foi informado que qualquer um que quisesse vê-los poderia fazê-lo com hora marcada. Ronny insistiu para que eu viajasse a Londres, e, depois de alguma hesitação, decidi ir e aproveitar a ocasião para visitar minha boa amiga Eva Gross, que havia saído da capital e vivia no sul da Inglaterra.

No fim de maio de 2002, passei dois dias em um pequeno estúdio do Museu Imperial da Guerra, cercada por pilhas de latas redondas que continham rolos de filme, e assisti em uma pequena tela aos horrores de Bergen-Belsen. As caixas tinham etiquetas com datas e descrições das cenas, assim como os nomes da equipe de filmagem. Isso me permitiu escolher as partes em que eu poderia estar e eliminar outras, onde era menos provável.

A experiência foi assombrosa. Eu assisti às escavadeiras tirando terra para as valas comuns, o enterro de milhares de corpos, a maior parte deles nus, alguns já em estado de decomposição, os sobreviventes esqueléticos enrolados em cobertores, encarando a câmera com seus olhos fundos. Rolos e mais rolos, horas e mais horas.

Perto do meio-dia do segundo dia, subitamente reconheci Eva Kraus, a prima de Otto. Ela foi filmada conversando com algum oficial, sorrindo e usando um lenço na cabeça que me era familiar. Tínhamos encontrado dois lenços idênticos no bolso de um casaco, quando nós, junto com outros prisioneiros, saqueamos os depósitos alemães no campo alguns dias depois da liberação. Os lenços eram azuis com bolinhas brancas, e cada uma de nós pegou um.

O filme segue e de repente me vejo.

Estou usando uma jaqueta e o lenço de bolinhas amarrado sob o queixo, parada ao lado de um soldado sentado em um jipe. Ele me oferece um cigarro e o acende para mim. No meu braço esquerdo está a faixa branca com a letra "i", que significava "intérprete".

Dita Polach e Leslie em Bergen-Belsen, 1945.

Eu parei o rolo como me tinha sido instruído. Estava tão animada que não conseguia falar e fiquei sentada imóvel por um tempo, tentando me acalmar. Quando comecei minha busca, realmente não esperava encontrar nada. Fazia tanto tempo, era uma ideia tão louca e improvável! E agora havia uma prova de que tinha acontecido, de que eu de fato tinha estado lá. Subitamente, não era mais uma memória vaga, algo que talvez nem fosse verdadeiro. Isso se ergueu do passado distante e se tornou um fato concreto.

Até a equipe do museu ficou animada com a minha descoberta. Eles tinham visto apenas casos raros em que os sobreviventes se reconhecem com certeza nesses documentários. As pessoas do museu fizeram uma cópia do vídeo e me mandaram. Chegou em alguns dias na casa da minha amiga Eva e nós assistimos juntas.

É uma cena muito curta, que dura só meio minuto. Mas para mim é um documento imensamente importante. Eventos de que eu me lembro dos campos de concentração podem estar distorcidos, ou talvez nem serem reais, já que aconteceram tanto tempo atrás. Mas ali estava uma evidência tangível, uma verdade histórica; isso foi filmado em Bergen-Belsen e essa sou eu, de jaqueta e lenço na cabeça. E agora eu também me lembro do soldado. Ele era ruivo e seu nome era Leslie.

46

Viagens e retornos: jornada para o Japão

Certo dia, na primavera de 1996, recebi uma ligação de Aliza Schiller, a administradora de Beit Terezín — um memorial estabelecido no kibutz Givat Chaim que também serve como biblioteca, museu e arquivo. Aliza me disse que uma jornalista do Japão gostaria de falar comigo. Um encontro foi marcado na minha casa em Netanya, e foi assim que conheci a sra. Michiko Nomura.

Ela estava interessada em saber sobre a vida das garotas no Heim L410, sobre nossas aulas de desenho com Friedl Brandeis e também sobre mim. Antes de nos despedirmos, Michiko perguntou casualmente: "Você iria ao Japão se fosse convidada?".

Sem hesitar, respondi: "É claro".

Não a levei a sério; soava tão surreal. Mas eu não conhecia a determinação da sra. Nomura.

Em maio eu recebi um convite para ir ao Japão, assinado por Michiko Nomura, para comparecer à Exposição de Desenhos das Crianças de Terezín. Fiquei muito entusiasmada.

Meu voo pela All Nippon Airways começou em Paris em um sábado de manhã. Precisei sair um dia antes porque em Israel não há voos no Shabat. Foi um bônus maravilhoso. Eu não conhecia Paris e tive a chance de ver a Champs-Élysées, o Arco do Triunfo, a Catedral de Notre-Dame, além de vários turistas boquiabertos falantes de tcheco que estavam lá durante o fim de semana. A passagem de avião estava me esperando em Paris. Eu não tinha certeza se eles reembolsariam o voo Israel-Paris e o hotel, portanto, reservei um barato para a noite da ida e da volta, o que depois me arrependi de ter feito. Quando eu dormi lá na volta, caí do colchão que sobrava na cama estreita e bati o queixo com tanta força que metade do meu rosto ficou roxo. Otto quase não me reconheceu.

Eu usei um dia e meio para ver o máximo possível de Paris. No domingo fui para o aeroporto, onde encontrei a sra. Anděla Bartošova, a curadora dos desenhos no Museu Judaico de Praga, que também havia sido convidada. Nós voamos perto do Polo Norte, e fiquei impressionada pela vista lá de baixo. Em certos momentos, parecia que eu estava olhando para um mapa num atlas, com manchas de verde, marrom e azul e nenhum sinal de habitação humana. A maior parte dos passageiros era de japoneses, e eles eram muito quietos e disciplinados, bem diferentes dos nossos barulhentos, conversadores e inquietos israelenses.

O voo aterrissou no dia seguinte por volta do meio-dia e, na saída do avião, fomos paradas por algumas pessoas que traziam uma cadeira de rodas e gritavam: "Mistel Klaus, Mistel Klaus". Garanti a eles que eu era a sra. Kraus e que não precisava de uma cadeira de rodas; eles devem ter pensado que ser uma sobrevivente do Holocausto queria dizer que eu era uma inválida. O grupo era de pessoas da filmagem. Eles me fizeram andar até a ponta do avião para me filmarem andando na direção deles, com o cinegrafista caminhando em marcha à ré, puxado por um ajudante. Foi muito esquisito e eu não sabia para onde olhar. Fiquei feliz por pelo menos ter pensado em pentear meu cabelo e passar um batom antes de aterrissarmos. Finalmente, chegamos ao corredor do aeroporto, onde Michiko e sua filha Aki nos cumprimentaram com abraços, beijos e grandes sorrisos.

Todos os dias, de manhã cedo até tarde da noite, eu visitava museus, comparecia a recepções de governadores e prefeitos, respondia perguntas e explicava, falava e falava, como nunca antes na minha vida. A sra. Bartošová ajudou pouco; ela não entendia as questões e não conseguia responder em inglês. Fomos levadas de cidade em cidade e dormíamos cada noite em um hotel diferente. Quando eu finalmente ia para cama, não conseguia dizer mais nem uma palavra, mas sentia a satisfação de poder contar ao grande público japonês sobre nossa vida no gueto de Terezín e Auschwitz, sobre as câmaras de gás e o sofrimento. Fiquei feliz por ter me tornado a voz daquelas crianças cujos desenhos são a única prova de que um dia viveram.

Depois de uma noite no luxuoso hotel Fujiya, viajamos com Michiko e Aki para Osaka. Pegamos o famoso trem Shinkansen, que levita acima de um campo magnético e chega a mais de trezentos quilômetros por hora.

Três horas depois, chegamos a Osaka. Como Tóquio, Osaka não parecia notável; a arquitetura não parecia japonesa. Havia arranha-céus, como em qualquer outra metrópole.

Mas espere aí!, eu pensei. Há um lindo castelo cercado por um parque. Ele fica no alto de uma colina, e cada um de seus cinco andares tem um telhado verde com as pontas viradas para cima como dedos.

Em seguida houve um jantar festivo. A comida era japonesa tradicional e veio em pequenas tigelas, cada uma com duas ou três peças, lindamente apresentadas em formato de flores ou folhas, em rosa, amarelo, verde, vermelho ou preto. As coisas que pareciam doces eram na verdade picles, o chá tinha gosto de sopa e o macarrão eram fatias finas de rabanete. A refeição foi cheia de surpresas, e eu tentei usar os palitinhos, para a diversão de todos.

Houve discursos de boas-vindas e me fizeram muitas perguntas, é claro. Como muitas vezes antes, e muitas vezes depois disso, as pessoas ali tinham uma ideia errada de como era um gueto; e a maioria não sabe o que aconteceu depois. Eu fiz o meu melhor para explicar, esclarecendo que as crianças, cujos desenhos estavam expostos, não sabiam o que aconteceria com elas, e seus desenhos não eram atos de heroísmo. Elas eram crianças, só estavam sendo crianças. Ao mesmo tempo, tomei cuidado para não minimizar o horror da situação delas. Meu público era de ouvintes muito atentos.

Na manhã seguinte, dormimos até tarde por conta da exaustão do dia anterior e fomos apressadas para o Saty Shopping Center, na cidade de Izumi. No segundo andar, havia um hall no qual estava nossa exposição. No foyer havia filas de cadeiras e um piano. Nas paredes estavam quatro grandes molduras com fotografias de Helga Hošková, Raja Žádníková, Willy Groag e eu, com amostras de nossas pinturas e explicações em japonês. O hall principal abrigava a exposição em si, e tive que posar embaixo da minha foto para a imprensa. No dia seguinte, as fotos apareceram em vários jornais.

Em seguida, houve a coletiva de imprensa. Foram muitas horas de perguntas e respostas, com traduções de um lado para o outro. Depois, o público foi substituído por pessoas que haviam visto a exposição no passado. Seus rostos expressavam muita preocupação e atenção; algumas estavam secando as lágrimas.

Exaustos, nosso pequeno grupo foi tomar café no andar de baixo. Subitamente, surgiu uma estudante de rosto vermelho. Michiko explicou que ela tinha ficado tão impressionada com os desenhos das crianças do gueto que queria me conhecer. Seu nome era Yuriko e ela tinha vindo correndo da escola com sua bolsa. Ela estava tão emocionada que caiu em lágrimas. Eu me prontifiquei a lhe mostrar minhas fotos de família se ela parasse de chorar.

À noite experimentamos um dos pontos altos da viagem ao Japão. Um membro do comitê que vivia em uma "casa tradicional" nos convidou para jantar. Parecia uma cena de filme. Deixamos nossos sapatos sob os três degraus de madeira e pisamos em belas esteiras. Os cômodos eram pequenos, com finas porta de correr e continham apenas alguns móveis. No centro da sala principal havia uma mesa baixa e redonda; acredita-se que o teto de cedro tenha mil anos de idade. Andĕla e eu nos sentamos com as pernas esticadas sob a mesa, enquanto os japoneses se sentavam de pernas cruzadas. Eles nos ofereceram uma refeição realmente tradicional: sukiyaki, chá verde e muitas coisas que eram cozidas no meio da mesa, em um grande prato. Mulheres em lindos quimonos nos serviram. Algumas eram parte da família; outras apenas vizinhas. A atmosfera era serena, com muitas mesuras e sorrisos.

Ao longo da casa havia um minijardim, com árvores baixas, arbustos e pedras, e, acima de tudo, uma lua cheia que parecia uma lanterna no céu.

Na quinta-feira visitamos um museu muito peculiar. Ele exibia as pinturas do sr. e da sra. Maruki, que estavam em Hiroshima imediatamente depois da bomba atômica. Eles ajudaram a enterrar os mortos e eles mesmos foram expostos à radiação. O sr. Maruki continuou a pintar até os noventa anos. Havia quatro telas enormes em preto e branco no museu, cada uma representando uma das quatro grandes catástrofes do nosso século: Hiroshima, Auschwitz,

Okinawa e Nanquim. Elas me causaram um forte impacto, e eu fiquei feliz quando seguimos para a próxima sala, onde havia pinturas mais alegres.

Alguém disse a Michiko que o velho casal gostaria de nos conhecer. Ficamos muito animadas, era uma grande honra.

A casa Maruki ficava em frente ao museu e havia uma espécie de palco de madeira na frente da entrada. Fomos convidadas a nos sentarmos em almofadas, e o sr. e a sra. Maruki se juntaram a nós. O marido se sentou com as pernas no chão, mas a senhora se sentou sobre os calcanhares, à moda japonesa. O rosto dela era como o de uma boneca de porcelana, com olhos vivos e brilhantes.

O sr. Maruki estava um pouco curvado e não parecia estar ouvindo. Ele não falou conosco. Sentimos que devíamos tomar um pouco de suco de laranja e provar os biscoitos que tinham sido trazidos por um parente ou criado que se curvava e sorria. Logo depois nos despedimos; eu também me curvei, ao estilo japonês. Enquanto andávamos até o carro, ouvi um sino soar. Quando me virei, tive uma visão maravilhosa. O sr. Maruki estava em pé sobre suas pernas curvadas, sua barba branca e óculos escuros escondendo parcialmente seu rosto azulado e marcado, e lentamente ele puxou a corda de um pequeno sino que estava pendurado sobre a porta do museu. Era seu jeito de se despedir. Fiquei tão tocada que chorei.

Outro encontro adorável aconteceu mais tarde na prefeitura de Saitama. Claro que primeiro houve a parte oficial, a recepção e a apresentação do prédio e da sua função. Mas depois fomos convidadas para uma refeição em volta de uma mesa baixa muito longa. O tom foi dado por um conselho do anfitrião: "É melhor esticarem as pernas sob a mesa; nós sabemos que vocês — pessoas que se sentam em cadeiras — têm dificuldade para sentar nos calcanhares". A comida era japonesa, e tentei mais uma vez usar os palitinhos. O item mais saboroso foi a carne de caranguejo, que era servida na concha do animal (judeus não podem comer isso, mas eu não sou *kosher*).

Depois da refeição foi lido um longo poema em japonês. Eu disse que gostaria de ouvir uma canção, e com isso os honoráveis oficiais começaram a bater palmas e cantar com entusiasmo, sacudindo-se de um lado para o outro no ritmo. Então ofereci uma canção em hebraico: "Haveinu shalom aleichem". Eles pegaram o jeito e me ajudaram batendo palmas. Depois disso eles pediram uma música em tcheco. Anděla balançou a cabeça — ela era tímida —, mas quando comecei *"Na tom pražském mostě"* ela me acompanhou. Foi um banquete adorável e informal, e é minha segunda memória preferida do Japão.

Havia outra coisa impressionante nas paisagens pelas quais passamos: campos de arroz. Cada pedacinho de terra no Japão é cultivado; a falta de terra arável é bem evidente. Até mesmo um pequeno trecho entre um prédio industrial e o outro se torna um campo. Eu tinha lido sobre o arroz, como é plantado na água, e eu tinha visto as costas curvadas e os grandes chapéus dos plantadores nos filmes. Mas eu não sabia que o azul do céu se reflete na água e que as nuvens nadam em meio aos brotos verdes.

Outra novidade para mim foram as faixas verde-escuras que pareciam tinta tirada de um tubo em linhas paralelas que subiam as encostas ou seguiam as colinas arredondadas. Eram plantações de chá. Por algum tempo, a paisagem consistiu em pequenos montes totalmente cobertos de árvores, especialmente bambu. As colinas cônicas deviam ter cem metros de altura e pareciam um desenho de criança. Poucas das casas que vimos eram tradicionalmente japonesas; elas ficavam bem juntas e muitas tinham telhados azuis. Às vezes a passagem entre elas não era maior do que uma dezena de centímetros, então só uma pessoa conseguia passar apertada por ali.

Mais uma vez chegamos a Tóquio, com seus altos prédios de escritório, e o mais grandioso deles parecia ser o das empresas Yasuda. Subimos em um elevador rápido até o 42º andar, que ainda não era o topo. É onde fica o Museu de Arte Yasuda.

Depois da recepção no escritório luxuoso, fomos acompanhadas até o salão de exposição. Além dos grandes pintores europeus, dois artistas eram as estrelas da coleção: a americana Grandma Moses e o famoso Seiji Togo. As pinturas dele são grandes, mas o que chamou minha atenção foram alguns desenhos a lápis de cabeças de meninas. Acabou que uma delas era tcheca e o outra israelense; que coincidência...

Há bons motivos para as regras rígidas do Museu Yasuda. Eles possuem um dos famosos girassóis de Van Gogh, comprado anos antes da minha viagem, por uma enorme soma. Eu fiquei em frente ao glorioso original e me lembrei da primeira vez que o vira.

Mais uma vez me lembrei de Friedl e a lição que ensinou a nós três no pequeno dormitório. As cenas voltaram à minha memória: como ela nos guiou ao olhar os girassóis, as cores e as pinceladas ousadas. Foi Friedl que não apenas me incentivou a seguir pintando, mas também a apreciar arte.

Sábado era o último dia antes da nossa partida. Um táxi nos levou do hotel para Urawa, onde deveríamos encontrar Michiko. Levamos um bom tempo no trânsito eternamente congestionado, mas finalmente chegamos, e na hora.

Então se seguiu uma sessão de duas horas e meia. Nós nos sentamos com o grande grupo de oficiais em volta de mesas arrumadas em um quadrado. Michiko fez uma longa introdução sobre o gueto de Terezín e os desenhos das crianças, e pensei em como ela teria ficado sabendo deles. Falei a Norie que ela não precisava traduzir, já que eu podia imaginar o que Michiko estava descrevendo. Isso tornou as coisas mais fáceis para nós duas.

Depois disso, como nas reuniões anteriores, vieram muitas perguntas. Como as crianças, que sabiam que iam morrer, puderam pintar imagens tão alegres? Como foi possível que os desenhos tenham permanecido? A que você atribui sua própria sobrevivência? O que você fez para conseguir sorrir de novo? Você pode descrever o momento mais triste e o mais feliz que viveu no gueto?

O mais triste eu sei; eu tinha contado essa história várias vezes antes. Ela se tornou um símbolo — a essência — do luto por tudo que perdi. Foi a morte de Marta Pereles, minha amiga com quem compartilhava o beliche no quarto 23. O pai dela, que tinha uma corcunda protuberante, continuou a visitar nosso quarto mesmo quando a filha já não estava viva. Ficávamos em silêncio, incapazes de olhar para ele. Ele se sentava na janela, silenciosamente imerso na sua dor.

Levei um tempo para recordar de algum momento feliz. Então me lembrei de algo inusitado que aconteceu logo depois que chegamos a Terezín. Já contei do incidente com o termômetro no quarto vazio no galpão Magdeburg. Quando olharam o termômetro e viram a temperatura de quarenta graus, eles cortaram nosso nome da lista do transporte, e mamãe e eu ficamos no gueto, o que me deixou muito feliz. Ainda hoje não tenho uma explicação lógica para como isso pode ter acontecido.

Depois, naquela tarde, de volta a Tóquio, tínhamos algumas horas livres, e Michiko aproveitou para nos mostrar seu "quartel-general" em Omyia. Era um apartamento alugado, e fiquei surpresa com o quanto era pequeno. Consistia em dois quartos e conveniências enfiados em não mais do que 25 metros quadrados. Disseram que esse era o tamanho normal para uma família com duas crianças. Isso me deu uma ideia do que queriam dizer quando falavam que o país não era grande o suficiente para sua enorme população.

Cinco ou seis voluntárias nos esperavam com chá e bolo. Nós nos sentamos em esteiras, sentindo muito calor. Duas das mulheres ficaram por perto abanando leques de papel para criar alguma ventilação. Essas mulheres prestativas eram tão gentis que fiquei apaixonada por elas. Durante toda nossa estadia, elas sempre estavam em algum lugar ao fundo, silenciosamente cuidando do nosso conforto e garantindo que as coisas corressem bem, sorrindo e assentindo o tempo todo, em vez de falarem em inglês.

O táxi chegou e nos levou de volta a Tóquio. Estávamos a caminho do nosso último compromisso, que seria na rede de televisão japonesa NHK, o canal nacional; os que tinham coberto a viagem até então eram os canais regionais. A jornada até lá levou muito tempo, embora fosse fim de semana e o fluxo do trânsito devesse estar saindo da cidade. Em vez da uma hora programada, levamos duas horas e meia. Ao avistar um telefone público, Michiko parou o carro para ligar para a rede de televisão.

Às oito horas finalmente chegamos, descabeladas e famintas. Como eu vou falar de forma coerente em frente às câmeras nesse estado?, me perguntei. Eles nos prometeram uma refeição imediatamente após a transmissão; Anděla e eu só tínhamos tempo suficiente para pentear o cabelo e empoar nossos narizes brilhosos. O nome do produtor era sr. Toda, um bom sinal (em hebraico *toda* quer dizer obrigado). Nossa entrevistadora era uma garota japonesa absurdamente bonita que falava inglês como uma norte-americana nativa. Ela tinha uma folha com as perguntas preparadas e nos deu alguns minutos para estudá-las.

Mas, ah! Eram todas perguntas equivocadas, baseadas na ideia enganosa de que as crianças de Terezín sabiam que sua morte estava próxima e que seus desenhos eram, portanto, sua última expressão de heroísmo. Mas nossa entrevistadora talentosa me garantiu que mudaria as perguntas.

Ela compôs as novas enquanto subíamos as escadas para o estúdio. Em segundos ela captou a abordagem correta e, quando estávamos sentadas, com as câmeras e as luzes sobre nós, ela conduziu a conversa com um profissionalismo absoluto.

Eu me recompus, sabendo que era o momento mais importante de toda nossa jornada japonesa. Falei não só de Terezín, mas também de Auschwitz, da engenhosa farsa dos alemães quando houve a inspeção de uma comissão da Cruz Vermelha e a justificativa para o campo familiar, onde homens, mulheres e crianças eram mantidos vivos como um álibi e exterminados nas câmaras de gás quando já não eram úteis...

Ah, foi exaustivo! Eu senti um tremor nas mãos e nas pernas. No escritório eles nos deram café e uma lancheira de dois andares com comidas japonesas, envolta por um grande guardanapo violeta.

A viagem acabou e eu senti que tinha cumprido uma missão.

Eu notei mais duas úteis e educadas tradições japonesas. Uma é a troca de cartões de visitas. Sempre que estranhos se encontram, eles puxam suas carteiras e dão para a outra pessoa um cartão. Dessa maneira, eu recebi 31 cartões; em alguns deles os nomes estavam em inglês e alguns têm até uma pequena foto. Na última noite, antes de adormecer depois de um dia cansativo, tentei resumir o significado dessa jornada ao Japão. Eu me perguntei por que aqueles desenhos infantis de um país distante e um tempo passado teriam despertado tantas reações e interesse do outro lado do mundo.

A maior parte das pessoas que eu tinha conhecido era jovem: os jornalistas; o comitê executivo; a própria Michiko e suas moças gentis; até mesmo os oficiais. Todos eles deviam ter nascido depois da guerra, ou eram pequenos demais para se lembrarem. O que foi que causou a simpatia dos japoneses em relação ao nosso destino? O papel que o Japão teve na Segunda Guerra ainda devia assombrar suas mentes. Uma pergunta recorrente foi: qual a sua atitude em relação ao Japão, considerando que ele foi aliado da Alemanha?

Talvez a resposta esteja no fato de que os dois povos foram expostos a grandes traumas, Hiroshima e Auschwitz. Como me disse uma senhora com o braço quebrado em Sapporo: "Compartilho de seu sentimento porque eu tenho a sua idade e sei o que é o sofrimento. É possível que sobreviver a uma catástrofe crie uma irmandade entre os povos".

No domingo de manhã, no aeroporto de Narita, lá estava Michiko com suas moças gentis. Cada uma delas tinha um presente de despedida para nós. Tantos presentes, tantos souvenirs! Nós sorrimos e nos curvamos. Também apertamos as mãos. O jovem sr. Hiroshi apareceu, pois tinha tirado mais uma manhã de folga do trabalho. Eles todos foram muito amáveis, era difícil ir embora.

Eles acenaram para nós enquanto passávamos pela alfândega, pelo controle de passaporte; eles até acharam mais uma janela para acenar quando já estávamos na escada rolante.

Adeus. Adeus, Japão. *Arigato!*

47

Uma jornada nostálgica

Em uma das minhas idas a Praga, senti vontade de dar uma volta na Cidade Velha de novo. O dia estava fresco e com vento; embora quando o sol apareceu por trás das espessas nuvens, o tempo tenha ficado bem agradável. Andei ao longo do rio e depois atravessei a secular Ponte Carlos, com suas estátuas escurecidas de santos sofredores castigadas pelo tempo.

Na Malostranské náměstí peguei o bonde número 22, sabendo que ele passava pela Náměstí Míru, de onde eu podia trocar para os meus habituais número 10 ou 16. Eu estava entrando, quando ouvi um anúncio gravado que o bonde faria um desvio. Várias pessoas desceram e correram para a entrada do metrô. Embora eu não tenha entendido exatamente o que o alto-falante havia dito, reconheci o nome da rua Vinohradská, que é perto da minha casa, então fiquei no bonde. Não me importo, pensei, vai levar mais tempo, mas não estou com pressa.

Eu não sabia que viagem nostálgica ao passado estava fazendo.

O bonde passou pelo bairro de Nusle e por uma longa rua, chamada avenida snb no passado. À minha esquerda estava a antiga fábrica Koh-i--noor, que produziu lápis para gerações de crianças da República. E logo vislumbrei a pequena ruazinha lateral onde Otto e eu tínhamos vivido quando éramos um jovem casal. Nosso apartamento ficava na última construção da viela sem calçamento; atrás dela havia os pequenos jardins fechados com cercas de madeira, cada um com um pequeno depósito de ferramentas no canto chamado *Schrebergarten* em alemão. As pessoas da cidade os alugavam para cultivar vegetais e flores, ou até mesmo uma ou duas árvores frutíferas. Logo depois do fim da guerra, ainda havia uma séria escassez de comida, então as hortas foram mais uma necessidade que um hobby. Além delas começava o bairro vizinho de Vinohrady com seus grandes galpões, onde Otto havia feito o serviço militar nos meses que antecederam o nosso casamento. Da janela, eu o via andando para casa por entre os jardins, quando ele tinha dispensa.

Os jardins se foram; no lugar deles há impessoais prédios de apartamentos da era comunista, chamados de *paneláky*, porque foram construídos com painéis pré-fabricados.

Duas paradas adiante, o bonde parou perto da rua V Olšanech, onde o amigo de infância de Otto, Mirek, morava. Durante a ocupação nazista, o contato entre cristãos e judeus havia sido proibido, mas Mirek não abandonou seu amigo. Os dois tiveram um reencontro emocionante depois de terem passado quarenta anos sem se ver. Mirek ainda morava na mesma casa na rua V Olšanech em que tinha nascido e onde ele tinha criado os filhos e netos.

Virando a esquina estava a mansão da família Kraus. Não há mais sinal dela; nem a cabine do guarda nem a entrada com sua orgulhosa placa que dizia: Richard Kraus, *Továrna dámskeho prádla* (fábrica de lingeries). No lugar há um prédio de apartamentos com cinco andares e duas entradas.

Logo em frente, do outro lado da rua, vivia o médico que fez a cirurgia de emergência no meu seio infeccionado. É claro que a placa com seu nome não está mais na casa. Ele deve ter morrido muito tempo atrás; muitos anos se passaram desde então.

Perto do fim da rua, antes de o bonde virar à esquerda, ficava o cinema Vesna. Quando Otto era criança, ele costumava ir até lá nas manhãs de domingo, junto com Mirek e outros meninos do bairro, para ver faroestes. Naquele tempo, os filmes ainda eram mudos; o som vinha de um homem que sentava embaixo da tela e acompanhava a ação com seu piano. Ele tocava marchas ou galopes quando havia uma perseguição e uma romântica música melosa quando os amantes se beijavam. Seu repertório era limitado, e os meninos sabiam exatamente que melodia ele tocaria em seguida.

Onde ficava a estação final do bonde, passou a existir um moderno prédio de escritórios. Não muito longe dali havia uma clínica pediátrica na qual eu levava o bebê Peter toda semana para ser pesado e examinado. A dra. Březovská lhe dava atenção especial, tanto porque eu era uma mãe de dezoito anos, quanto porque o marido dela, Bohumil, o famoso escritor, estava no mesmo círculo literário ao qual Otto pertencia.

Quando o bonde virou a esquina, vi um prédio baixo com um telhado pontudo e uma larga porta de madeira. Antes da guerra, ali ficava uma empresa de mudanças que pertencia a uma família judia cuja filha, Hana, era colega de Otto. Naqueles tempos as mudanças eram feitas com cavalos e carroças, e a porta larga levava ao pátio onde ficavam os estábulos e os galpões para os veículos. Os proprietários morreram nos campos de concentração.

Depois da guerra, quando havia uma falta catastrófica de habitação, na casa com o telhado pontudo foi onde encontramos um pequeno quarto no sótão para a minha avó. Só se podia chegar até lá pelo pátio, por uma escada instável, mas a proprietária, a sra. Adamová, era uma alma muito gentil e deixou vovó o mais confortável que pôde. Todos os dias, vovó descia as escadas para andar até a casa dos Kraus e me ajudar com o bebê, pois seu pequeno bisneto era um consolo para a perda de toda sua família.

Todas as vezes que visitei Praga depois da Revolução de Veludo, passei pela casa e fiquei triste ao vê-la negligenciada, com a pintura descascando. Mas dessa vez eu a encontrei muito bem reformada, com um novo restaurante instalado no térreo.

A parada seguinte do bonde foi perto do campo de esportes de Hagibor. O pequeno portão de ferro está escondido por entre os arbustos e da janela do bonde mal se consegue ler o nome acima dele. Nos anos da ocupação nazista, esse era o único lugar em que as crianças e os jovens judeus podiam se reunir para brincar e praticar esportes. No verão, antes da nossa deportação, ali foi instalada a colônia de férias que frequentei. Hagibor era um mundo em si, e nós, os poucos que voltaram do Holocausto, lembramos de lá com carinho.

Quase ao lado do campo esportivo fica o novo cemitério judaico. Depois da guerra, minha avó colocou os nomes dos meus pais e do meu avô na lápide do irmão do meu pai, Fritz. Eu sempre visito o lugar para honrar minha família e minha avó, mas ela própria está enterrada em sua cidade natal, Brno.

A essa altura eu já estava quase no fim do meu desvio. Desci do bonde e comecei a andar, deixando o passado para trás e começando a fazer novos planos para o dia seguinte.

A previsão do tempo dizia que não ia chover, e eu poderia dar outra caminhada, mas, de preferência, no presente.

48

PETER — SHIMON

CADA UM DOS NOSSOS TRÊS FILHOS nasceu em um lugar diferente. Peter Martin (Shimon) nasceu em Praga; Michaela, no kibutz Givat Chaim; e Ronny, em Hadassim. Ronny seria nosso consolo quando descobrimos que Michaela não sobreviveria. Na verdade, ele nos deu apenas alegrias; nunca houve problema algum com ele. Ele era uma criança alegre e encantadora e se tornou talvez um pouco menos alegre, mas certamente encantador, quando adulto.

Infelizmente, as coisas não deram tão certo para Shimon. Na escola ele era um bom aluno e foi para o exército como todos os garotos e garotas em Israel. Nessa época, Otto e eu já tínhamos começado a notar padrões estranhos de comportamento. Ele nos contava de como seu comandante o perseguia; ele tinha arroubos de paranoia ou hiperatividade. Mas ele terminou o serviço militar e se mudou para Jerusalém para estudar sociologia na Universidade Hebraica.

Shimon era um homem excepcionalmente bonito. Alto, com um corpo bem-proporcionado, como uma estátua grega clássica. Na verdade, um dos nossos amigos o chamava de "um verdadeiro Adonis". Ele próprio não parecia ciente de sua aparência. Ele era inteligente, divertido, simpático. Mas, estranhamente, escolhia como amigos meninos com alguma infelicidade: um tinha um braço atrofiado; outro tinha acabado de perder o pai.

Shimon já tinha catorze anos quando seu irmãozinho Ronny nasceu. Nessa época eu estava tendo aulas de direção na cidade vizinha de Netanya. Otto me levava até lá às seis da manhã para que eu pudesse voltar a tempo para o trabalho. Shimon era uma babá competente e dedicada. Ele não se importava de trocar as fraldas quando o bebê chorava.

A doença de Michaela havia piorado, e com frequência ela precisava ser hospitalizada. Vê-la sofrer se tornou insuportável, e um dia Otto sofreu um infarto (coincidentemente, Abdul Nasser do Egito teve um ataque cardíaco na mesma noite. Mais tarde, Otto brincaria: Nasser saiu deitado, e eu saí de pé).

Em Jerusalém, Shimon estudava durante o dia e trabalhava à noite em um hospital psiquiátrico. Lá ele conheceu Miriam, uma enfermeira que se tornou sua namorada. O relacionamento deles era bastante desequilibrado; ele nos dizia que não estava apaixonado por ela, mas Miriam estava louca por ele. Quando ela descobriu que estava grávida, ele concordou em se casar. Contudo, ele implorou para que não fôssemos ao casamento. Nós ficamos confusos e ofendidos, mas respeitamos o desejo dele.

Foi só onze meses mais tarde que a criança nasceu. Eles chamaram o doce menininho de Ehud. Shimon parou de estudar sociologia e se matriculou em um curso de dois anos de hotelaria. Ele encontrou emprego em um albergue da juventude onde era bem-sucedido e adorado, mas tinha problemas pessoais com a equipe, e depois de um tempo foi demitido. O mesmo aconteceu no hotel seguinte. Repetidas vezes ele era prontamente aceito e então se via desempregado de novo. Era como se fosse levado a sabotar sua posição, como se não se permitisse prosperar. A jovem família estava constantemente sem dinheiro, não conseguia pagar o aluguel, devia na mercearia e nós estávamos sempre os salvando de uma catástrofe.

Ficou claro que Shimon precisava de ajuda psiquiátrica. Ele começou um tratamento com um professor de psiquiatria muito caro e prosseguiu por muitos anos. Felizmente, nessa época eu e Otto começamos a receber uma pensão dos alemães como compensação pelos anos que havíamos passado nos campos de concentração. Com isso podíamos pagar o professor, que trabalhava tanto que muitas vezes pegava no sono enquanto Shimon falava. O professor não ajudou. Nem o psiquiatra seguinte, pois Shimon precisava viajar duas vezes na semana de Jerusalém a Tel Aviv para as consultas. A psicologia não adiantava, o que ele precisava era de medicação. Enquanto isso, eles tiveram um segundo filho, mais uma vez um menino, chamado Assaf.

O casamento estava ficando insuportável, com uma atmosfera explosiva. Shimon queria o divórcio. Foi uma época ruim, cheia de ódio e acusações. Ambos afirmavam que estávamos incitando um contra o outro e tivemos noites insones de preocupação.

Depois da separação, Shimon deixou Jerusalém e se mudou para nossa casa de campo em Rosh Pinna. Os meninos ficaram com a mãe. Para ser justa, é preciso dizer que ela foi uma mãe exemplar. Ela trabalhava em dois turnos, aceitou um emprego noturno com um paciente particular, fez tudo que podia para sustentar as crianças. Shimon tentava achar trabalho aqui e ali e no fim acabou em Netanya. Nós conseguimos comprar para ele um apartamento a uma pequena distância da nossa casa. Por muitos anos ele trabalhou como cuidador de homens idosos, mas de vez em quando ele precisava ser hospitalizado em alas psiquiátricas. Ele parou de trabalhar quando tinha cerca de sessenta anos e passou a viver com uma minúscula pensão por invalidez. Na verdade era quase totalmente dependente de nós. Ele tomava uma grande quantidade de medicamentos que eu comprava semanalmente para ele.

Quando Ehud ia se casar, ele foi a Netanya para comprar um terno elegante para o pai. Ele o queria na sua melhor aparência no casamento. Nas fotos o pai e a mãe estão presentes, um de cada lado do casal.

Então chegou a época em que não só a saúde mental de Shimon, mas a física começou a se deteriorar. Ele não podia mais cuidar de si mesmo, estava fraco demais para andar, tinha as costas curvadas e a mente confusa. Ele não gostava mais de música; não demonstrou felicidade nem quando seu primeiro neto nasceu.

Eu fiquei feliz por Otto não estar mais vivo para testemunhar a triste deterioração de Shimon. Encontrei um cuidador que morava com ele, cozinhava, lhe dava banho e o levava para passear em uma cadeira de rodas. Seus filhos eram então homens adultos. Eles o amavam e se revezavam para visitá-lo, vindo de Jerusalém sempre que podiam. Claro que eles também passavam para me dar um oi, mas depois de ver Shimon eles se sentiam tristes e deprimidos.

Em julho de 2016, Shimon entrou em coma. De início, ficou no hospital de Netanya, onde eu o visitava diariamente, embora ele não soubesse. Mais tarde seus filhos o levaram para uma clínica especial em Jerusalém para que estivesse mais perto deles. Ehud ia quase diariamente se sentar com ele, falar com ele e acariciá-lo, acreditando que ele podia ouvi-lo e senti-lo. Assaf também ia, mas para ele a visão do corpo do pai sem sinal de vida era insuportável. Miriam, que tinha superado sua raiva de Shimon havia muito tempo, também foi prestativa e gentil. Sendo ela mesma enfermeira, conhecia os médicos em Jerusalém, e por meio dos contatos dela Shimon ficou o mais confortável possível no hospital. Depois de passar quase meio ano em coma, Shimon morreu no dia 8 de dezembro de 2016 às 8h15, apenas alguns dias antes de seu aniversário de sessenta e nove anos. Ele está enterrado no cemitério de Har Hamenuchot, em Jerusalém.

Um ano depois, a filha de Assaf nasceu. Era 8 de dezembro de 2017, às 8h15 no mesmo hospital em que Shimon morreu.

49

Ronny

Ronny, meu filho mais novo e único restante, vive com sua família a apenas alguns minutos de caminhada da minha casa. Ele é treze anos mais novo que Shimon. Ele e Michaela nasceram no mesmo hospital e, na verdade, na mesma cama, mas com dez anos de diferença. Ele era uma criança adorável e feliz. Quando ia para o jardim de infância de manhã, ele cantava sozinho. Era seguro deixá-lo ir sozinho porque no campus de Hadassim não havia carros ou outros perigos.

Nosso amigo Pat'a, o antigo ator que virou psicólogo, perguntaria dez anos mais tarde: "Que sintomas de adolescência você observa em Ronny?". E Otto e eu olhávamos um para o outro e sacudíamos a cabeça: "Nenhum".

Na verdade, embora Ronny tenha evitado a fase de rebeldia adolescente, uma espécie de revolta veio muito mais tarde. Quando terminou o exército, ele comprou uma moto, apesar dos protestos do pai. Nem persuasão nem ameaças podiam fazê-lo mudar de ideia. Ele mesmo afirmava: "Se eu não passar pela esperada fase de revolta adolescente contra os meus pais agora, quando vai ser?".

Otto ficava desesperado; ele entrava em pânico sempre que Ronny voltava tarde. No fim, ele resolveu a questão, ao menos parcialmente, comprando para Ronny um carro de segunda mão. Mesmo assim, Otto não conseguia dormir enquanto não ouvisse o carro voltar.

Ronny morou conosco até terminar o ensino médio e entrar no exército. Ele serviu por três anos, se tornou oficial e comandante de tanque. Ele participou da guerra do Líbano e felizmente sobreviveu a ela em segurança. Aqui está sua descrição:

A guerra começou no dia 6 de junho de 1982. Fui chamado de volta das minhas férias para a base. Nós nos organizamos durante a sexta à noite e dirigimos até a fronteira no sábado à noite, dia 5 de junho. No domingo, 6 de junho, chegamos ao Líbano pelo norte de Nahariya.

Avançamos pela estrada costeira do Líbano, passando pelas cidades de Tsor, Sidon e Damour. Uma trégua foi declarada ao meio-dia da quinta-feira, mas ainda fomos bombardeados com foguetes Katyusha outras vezes, até que a calma chegasse por volta das 13h30.

Tomamos posições nas colinas a sudeste de Beirute, permitimos que centenas de milhares fugissem da cidade sitiada e nos preparamos para invadi-la, mas felizmente a ordem nunca veio. Voltamos para a base 28 dias depois do início da guerra.

Desde criança ele queria estudar psicologia. Seus amigos de escola discutiam seus problemas pessoais com ele, e Ronny sentia que era sua vocação. Primeiro, cursou sociologia e trabalhou na área por dois anos. Ele tinha uma namorada, Orna, e visitava o kibutz dela todo fim de semana. Mas ele foi para os Estados Unidos estudar psicologia e eles se separaram. Um ano depois, ele veio para casa durante as férias de verão e decidiu encontrar Orna. Ela estudava dança em Jerusalém. Otto daria uma palestra na cidade naquele dia, então fomos juntos. Como Otto estaria ocupado por muitas horas, eu estava livre para levar Ronny à universidade. Ele foi procurar o departamento de dança, e eu fiquei em um banco sob uma árvore. Depois de um tempo, eu os vi andando na minha direção, abraçados, sorrindo felizes.

Isso foi quase trinta anos atrás, mas eles ainda são tão fortemente ligados hoje quanto naquele dia.

No mesmo ano, Orna se juntou a ele em Nova Jersey. Ela trocou a dança pela fisioterapia. Ambos são doutores hoje, cada um na sua área.

Ronny começou a tocar trompete ainda adolescente, em Hadassim. Por muitos anos ele foi membro da Orquestra Jovem de Tel Aviv. Nos Estados Unidos, ele se juntou a um grupo de médicos aposentados que tocavam jazz por hobby. Depois de um tempo, ele decidiu que "era uma perda de tempo tocar sem público", e juntos começaram uma verdadeira banda de jazz. Eles se chamavam Jazz Doctors e tocaram por muitos anos, várias noites por semana, no Cafe Angelique, em Tenafly.

Ronny e sua família moraram nos Estados Unidos por vinte e cinco anos, e seus filhos Gabriella — cujo apelido é Gabby — e Daniel nasceram lá.

Alguns anos atrás, eles voltaram para Israel. Ronny se sentiu obrigado a estar perto de mim na minha velhice e também queria que seus filhos conhecessem os avós: os pais de Orna e eu. Infelizmente, o avô Otto só conheceu sua neta de dois anos Gabby; Daniel ainda não tinha nascido quando Otto faleceu em 2000.

50

MICHAELA

QUANDO OTTO E EU ÉRAMOS namorados, ele me disse: "Eu sonho em ter uma filha que seja como você".

Michaela veio ao mundo um ano depois de termos nos juntado ao kibutz. Eu tive uma gravidez tranquila e quase não senti desconforto. Isso foi num tempo em que as mães não sabiam se o bebê que carregavam era menino ou menina.

Eu precisei me registrar com antecedência no hospital, que ficava em Hadera, a uns quinze quilômetros de distância de Givat Chaim. Ninguém tinha carro no kibutz. Chamar uma ambulância cara só para levar uma mãe saudável até a maternidade para dar à luz era inconcebível.

Quando chegou a minha hora, no dia 17 de setembro de 1951, por volta das quatro da manhã, Otto foi acordar o motorista de caminhão que tinha concordado em me levar ao hospital. Seu nome era Arnošt, um tcheco de Náchod — um homem amável que tinha se tornado um bom amigo. Eu subi o alto degrau para a cabine, me sentei ao lado dele e fomos. Ainda não era hábito que os pais estivessem presentes no parto de seus bebês. Durante todo o caminho, Arnošt só estava preocupado que eu desse à luz no seu caminhão. A cada poucos minutos ele me olhava e perguntava: "Você ainda aguenta?".

A enfermeira na sala de parto me olhou em dúvida. "Você tem certeza?", perguntou ela. "Você não me parece pronta."

Eu estava, e ao meio-dia daquele dia, Michaela deslizou para fora de mim com um empurrão. Ela era pequena, pesava 2,6 quilos, mas estava plenamente desenvolvida e era muito bonita. Otto chegou à tarde, e eles deixaram que ele olhasse pela porta de vidro a filha que ele tanto queria.

Três dias depois nós recebemos alta. Perto da saída havia um pequeno cartório de registros onde me perguntaram: "Qual será o nome da sua filha?".

Sem hesitar, respondi: "Michaela". Era o nome que eu tinha escolhido para minha futura filha quando eu tinha treze anos.

Foi no gueto de Theresienstadt, onde eu e minha mãe vivemos por um tempo curto em um quarto cheio de outras mulheres, uma das quais tinha uma filha de uns cinco anos chamada Michaela, uma doce criança que ela chamava de Misha. "Se eu um dia tiver uma filha, vou chamá-la de Michaela", decidi ali.

Minha pequena Misha tinha uma qualidade especial. Ela era tão suave, carinhosa e sedosa que, quando eu a segurava, ela de alguma forma se fundia ao meu corpo, como se fosse parte de mim. Ela era extremamente flexível, sem cotovelos ou joelhos que se prendessem em mangas e calças.

Misha era a preferida de Rachel, a enfermeira encarregada dos seis bebês no quarto. Ela era uma mulher gorda que amava crianças, e sempre que eu vinha buscar a bebê ela a estava segurando e não queria soltá-la. Ela mesma tinha dois filhos maiores, e, em um dia que ela faltou, a substituta disse que Rachel tinha dado à luz. Ninguém notou que ela estava grávida. Ela estava tão obesa depois do parto quanto antes.

Amamentei Misha por apenas seis semanas; depois eu não tinha mais leite. Foi exatamente o que o cirurgião havia previsto depois do nascimento de Shimon. Ele me disse que os dutos tinham sido danificados pela incisão, e que mesmo o outro seio não produziria leite suficiente para o próximo filho.

Entretanto, Misha se deu bem com a mamadeira, e a vantagem era que Otto podia me substituir quando eu estava cansada demais ou quando fazia frio. Ele gostava da oportunidade de segurar a bebê, enquanto as outras mães do berçário que Misha frequentava amamentavam seus filhos de costas para ele. Elas gostavam de tê-lo por lá, porque ele as divertia com suas piadas e histórias engraçadas.

Do berçário, Misha seguiu para a creche, mais uma vez com seis crianças por turma, com uma professora e uma ajudante. Lá Misha se apaixonou por Amalia, a filha loira de mãe síria e morena e pai húngaro. As duas menininhas estavam sempre juntas, normalmente caminhando abraçadas. Pobre Amalia; dois ou três anos depois ela teve um acidente grave que deixou seu rosto com terríveis cicatrizes de queimadura. Várias operações melhoraram sua aparência, mas algumas lesões ficaram para sempre.

Misha era uma criança amorosa, e isso ficou claro quando ela ainda era muito pequena. Adorava dar presentes aos amigos. Quando ficou mais velha, desenhava ou fazia pequenos presentes com muita imaginação e talento. Ela ficou de coração partido por causa do acidente com sua adorada Amalia.

Michaela tinha seis anos quando deixamos o kibutz. No caminhão que nos foi fornecido carregamos nossas coisas, incluindo o gato Tonda, e dirigimos para nosso novo lar, a vila da juventude de Hadassim. As crianças ficaram maravilhadas, elas corriam para dentro e para fora dos três quartos, da cozinha, da varanda e do jardim. Eles só ficaram tristes porque no meio do caminho o gato pulou para fora do caminhão. Para nossa surpresa, ele encontrou o caminho de volta para o kibutz, e alguns dias depois Otto o trouxe para nós.

Naquele mês de setembro, Michaela — que agora era chamada pelo nome completo — começou o primeiro ano. Havia poucas crianças de seis anos em Hadassim, então o primeiro e o segundo anos foram fundidos e tinham uma professora e uma assistente. Poucos alunos tão pequenos eram mandados para um colégio interno, então a maioria das crianças nessa turma era de filhos dos funcionários. Eles tinham uma excelente professora, Hadassa, que era mais do que isso; era uma educadora inspirada, que as crianças adoravam e que, eu acredito, os influenciaria para a vida inteira.

Nossos filhos também ficaram amigos dos meninos Meyer, Dany de Shimon e Michaela de Gaby. O pai deles era o professor de desenho e artesanato, e a esposa era coordenadora de um dos dormitórios.

Hadassim, de certa forma, não era muito diferente do kibutz. Os alunos e funcionários comiam em um refeitório comunitário, e os dormitórios eram bem parecidos com os do kibutz. Nossos filhos tinham a vantagem de ter também uma casa deles. Nós usávamos o refeitório só para o almoço; café da manhã e jantar eram em casa.

Todas as semanas passavam um filme. Um dia foi *Lago dos cisnes*. Michaela ficou fascinada pelo maravilhoso balé. Por algum motivo as crianças pequenas só podiam assistir até as oito horas e precisavam ir embora, mesmo que o filme não tivesse acabado. Ela não conseguia tirar os olhos da tela e andou de costas enquanto eu a levava embora. Até hoje sinto a dor dela, chorando por não poder ficar até o fim.

Um ano mais tarde, nós ouvimos que havia um circo em Tel Aviv. Eu levei as crianças para ver o espetáculo. Enquanto voltávamos no ônibus, notei dois carrapatos na orelha esquerda de Michaela. Eu tinha experiência com carrapatos e sabia tirá-los. Eu os removi e não pensei mais nisso.

Três dias depois, Michaela ficou doente. Nosso médico, dr. Matatias, veio examiná-la. O diagnóstico foi categórico: tifo. Otto e eu ficamos terrivelmente assustados; tínhamos visto centenas de prisioneiros morrerem da doença nos campos de concentração. Mas o dr. Matatias nos garantiu: "Hoje em dia o tifo está sendo tratado com penicilina e pode ser curado". Ele nem mandou Michaela para o hospital. Levou só alguns dias para ela melhorar.

Em um Shabat, algumas semanas depois, fomos para Cesareia ver os sítios arqueológicos. Mas Michaela se sentiu tão fraca que não conseguia andar, e Otto precisou carregá-la nos ombros todo o caminho de volta. O dr. Matatias suspeitou de uma infecção de ouvido e nos mandou para um especialista.

Levamos Michaela a Ramat Gan para ver o dr. Kraus, um amigo e colega de campo de Otto. Ele também tinha tratado as frequentes infecções de ouvido de Shimon. A primeira coisa que ele pediu foi um exame de sangue. O resultado foi preocupante; ela tinha uma taxa de sedimentação extremamente baixa. Um exame profundo seria necessário para descobrir o que estava errado. Nós a levamos ao hospital Tel Hashomer. Pelas seis semanas seguintes o renomado dr. Rotem tentou diagnosticar a doença de Michaela. A pobre criança passou por exames dolorosos; eles picaram suas veias para exames de sangue quase todos os dias e ela não tinha apetite e perdeu peso. Michaela ficou chocada quando um menino árabe com uma doença cardíaca morreu na sua ala. Uma noite ela se sujou na cama, e isso acabou com seu ânimo.

Então veio um especialista dos Estados Unidos para prestar consultoria e ele imediatamente soube do que Michaela sofria: cirrose infantil.

Não há cura para essa doença. Quando voltamos para casa naquela noite, depois da nossa visita diária, nós desabamos e choramos. Quando Shimon viu seus pais aos prantos, ele também chorou. Nós queríamos consolá-lo, dissemos que para ele seria mais fácil de aceitar que para nós, pai e mãe. Ele nunca nos perdoou, nos culpando por excluí-lo de compartilhar a dor.

O especialista norte-americano sugeriu dar a Michaela uma grande dose de cortisona em uma tentativa de frear o progresso da doença. Ela pôde voltar para casa e retomar a escola. O efeito colateral do tratamento era um inchaço no rosto, a famosa "cara de lua". Mas ela parecia melhor, estava mais forte, recuperou o apetite, e apesar dos check-ups regulares no Tel Hashomer, levava uma vida normal.

Ainda assim, nós continuamos a buscar uma cura, em casa e no exterior, sabendo que o estado atual dela era só uma trégua. Nós a levamos a um especialista em Haifa que tratava muitos jovens árabes com a doença e tinha muita experiência. Contatamos hospitais nos Estados Unidos e na Suíça. Em todo lugar havia experimentos, mas ninguém tinha achado uma cura.

Otto decidiu que devíamos ter outro filho, e um dia eu descobri que estava grávida. Nós não contamos às crianças até o quinto mês da gestação para retardar a expectativa. Na manhã em que contei a elas sobre o bebê que ia chegar, elas ficaram tão felizes que não conseguiam parar de bater palmas, dar pulinhos e gritar de alegria. Quando Ronny nasceu, Michaela tinha dez anos e Shimon treze, foi alguns meses depois do seu *bar-mitzvá*.

Durante os anos seguintes, a doença de Michaela não piorou; os exames mostraram até uma leve melhora. Ela frequentava a escola regularmente, aprendia bem e até participava de viagens no fim do ano letivo. Suas melhores amigas eram suas colegas de classe Bettina e Zehava, que com frequência dormia em nossa casa. As duas vinham de famílias problemáticas, como a maioria dos alunos mandados a Hadassim. Um ano eu fiz fantasias idênticas para Zehava e Michaela no Purim: elas vestiram alvos, com círculos em preto e branco na frente, atrás e em suas cabeças. Foi um grande sucesso.

Quando Michaela tinha dezesseis anos, tia Ella nos convidou para ir a Londres. As férias foram um verdadeiro sucesso. Ella nos mandou para passeios em Oxford, Hampton Court, no Castelo de Berkeley e no Palácio de Blenheim, para a reserva ecológica de Cotswolds e outras atrações turísticas. Claro que fomos com ela ver os Kew Gardens, a Torre de Londres e o Kenwood Park. Fomos também ao teatro a céu aberto no Regent's Park onde vimos *Cyrano de Bergerac* e *Sonho de uma noite de verão.*

Ella era uma pessoa muito generosa e amorosa, mas exigia que a obedecessem e não tolerava que a contradissessem. Um dia, quando Michaela não acordou na hora para um passeio, Ella puxou seu cobertor e exclamou em voz alta: "Levante! Levante! Levante!". Michaela caiu no choro e se encolheu em posição fetal. Ella ficou chocada. Não esperava uma reação dessas, e eu pude ver a dor no seu rosto. Depois disso ela foi muito mais gentil com Michaela e lhe comprou vários presentes.

Porém, quando voltamos de Londres, houve uma mudança súbita. O exame de sangue seguinte de Michaela foi preocupantemente ruim. Eu me lembro do momento em que a secretária do laboratório me entregou os resultados. Pelo seu olhar preocupado eu entendi que meu rosto devia ter ficado branco. Eu sentia meu coração batendo forte, mas torcia para que minha expressão parecesse calma. Fui tomada pela ansiedade de que perderia o controle e mostraria o meu medo na frente da criança.

Esse tinha sido meu maior temor durante os anos da doença de Michaela. Eu temia o momento em que ela tomaria consciência daquilo que seu pai e sua mãe já sabiam: ela iria morrer. Não que fôssemos contar a ela, de jeito nenhum, mas que ela lesse em nossos rostos, em nossos gestos. Quando comprava sapatos novos para ela, ou quando lhe fazia um novo vestido ou blusa, eu não conseguia afastar o pensamento de que poderia ser seu último vestido, seu último par de sapatos. Ela vai viver tempo suficiente para usá-los? Ela consegue captar a ansiedade nos meus olhos? Eu me forçava a parecer alegre, ou pelo menos controlada, para sorrir quando meu coração se apertava de medo por sua jovem vida. Eu não sabia quanto tempo a doença dela duraria. Diferentemente de Otto, não fui atrás de informações sobre a expectativa média dos pacientes de cirrose ou como morriam. Pelo contrário, evitei descobrir os detalhes e possíveis complicações da doença. Eu achava que era melhor; me dava mais força para fingir para minha filha que ela logo ficaria bem.

Após nossa volta de Londres não houve mais respiro. Michaela se tornou irritável e havia conflitos constantes entre ela e Otto. Ela andava de mau humor e com frequência era desagradável e irritante. Otto não tinha paciência. Ela queria ir embora e viver em um kibutz.

Otto consultou Ephraim no Ein Hachoresh e ele propôs que Michaela fosse morar no kibutz como uma estudante "de fora". Ela se juntaria ao grupo de jovens da idade dela, moraria no dormitório e estudaria com eles. Ephraim e a mulher se ofereceram para serem seus responsáveis e cuidarem dela. Foi uma oferta generosa; os dois sabiam da doença de Michaela e suas dificuldades, e ainda assim estavam dispostos a assumir a responsabilidade. Michaela ficou animada. Ela tinha sido uma criança de kibutz até os seis anos, e para ela isso significava um retorno a tempos melhores. Ein Hachoresh fica ao lado de Givat Chaim e não muito longe de Hadassim.

O plano não funcionou. Michaela se mudou para um quarto com mais três meninas no dormitório para sua idade. O ano letivo começou; ela estava no segundo ano do ensino médio. Mas logo houve problemas. Ela não se sentia bem, e seus responsáveis ficaram preocupados. Nós a visitávamos uma ou duas vezes na semana. Logo ficou claro que ela não poderia ficar lá. O relacionamento dela com suas colegas de quarto não melhorava a situação: ela era de fora, e as crianças de kibutz são conhecidas por serem uma sociedade fechada que não recebe bem membros externos.

Em menos de três meses a levamos para casa de novo. Ela não podia se juntar à sua antiga classe; tinha perdido aulas demais devido às crises em que ficara de cama se sentindo mal e não tinha ido à escola. Assim, ficou decidido que ela repetiria o primeiro ano. Michaela não ficou muito chateada com isso, pois também tinha amigos na nova turma e os professores eram os mesmos. Todos sabiam de sua doença e a tratavam com consideração, embora ela não pedisse privilégio algum.

O tratamento com cortisona tinha sido abandonado havia muito tempo, já que não trouxe nenhuma melhora. Ela só tomava remédios para os sintomas, e quando sua contagem de células sanguíneas caía, ela recebia transfusões que a fortaleciam rapidamente, embora não por muito tempo. O que mais a incomodava eram as dolorosas câimbras nas pernas que tinha com frequência, especialmente quando estava na cama.

Recebemos conselhos de que uma dieta orgânica melhoraria o estado dela, e um especialista nesse tipo de alimentação, Yitzhak Ben-Uri, nos foi recomendado. Ele vivia nos arredores de Netanya, onde cultivava vários tipos de vegetais e ervas sem nenhum tipo de agrotóxico. Ele havia construído um anexo onde os pacientes podiam ficar sob sua supervisão constante. Ele analisou Michaela examinando suas íris. Ele tinha uma tabela com explicações, e era incrível que até nós podíamos ver onde o fígado doente estava indicado. Ele sabia que não podia curá-la e nos disse isso, mas prometeu que ela se sentiria muito melhor se seguisse a dieta prescrita por ele.

Michaela estava disposta a cooperar e concordou em ficar na pequena cabana no jardim, mas com frequência se juntava à família na casa deles, onde era bem-vinda e tratada com gentileza. Nos primeiros dias, ela precisou jejuar, mas Ben-Uri não ousou deixá-la completamente sem comida. Em poucos dias, Michaela já estava se sentindo melhor; não havia dúvidas de que a dieta era benéfica. Em uma semana ela voltou para casa, muito melhor; sua pele tinha uma aparência mais saudável e ela estava alegre.

Contudo, manter a dieta era uma tarefa complicada. Primeiro, ela não podia comer nada que tivesse sal, o que significava que eu precisava ir a uma loja de produtos saudáveis para comprar pão sem sal e outros itens que até então nunca tinha imaginado que tivessem essa substância, como iogurte, por exemplo. Nenhum produto de origem animal era permitido, nem leite, nem queijo, ovos ou doces que tivessem ovos. Apenas vegetais sem agrotóxicos e frutas, que comprávamos de um fazendeiro perto de Netanya ou em uma loja de produtos saudáveis em Tel Aviv. Muitos vegetais e frutas também eram proibidos, como tomate, berinjela, laranja e outros. A alimentação se tornou uma tarefa que demandava muito tempo — e dinheiro —, mas claro que fiz o melhor que pude.

Acontece que Michaela estava trapaceando. Ela se esgueirava para a geladeira e pegava um pedaço de queijo ou picles. Ela tinha um desejo obsessivo por sal e não hesitava em abrir os armários de outras pessoas e pegar as coisas que ela estava proibida de comer. Vizinhos me contaram em segredo, não porque se importassem, mas porque se preocupavam com ela, pois sabiam que ela estava em uma dieta restritiva.

Nesses tempos, quando ela tinha dezesseis, dezessete e dezoito anos, ela amava roupas novas, e eu costurava vestidos, saias e blusas e tricotava suéteres e pulôveres para ela. Ela ficava impaciente e gemia para mim quando eu precisava que ela os experimentasse, o que causava conflitos familiares. Otto ficava bravo quando ela erguia a voz para mim e gritava que ela deveria ser grata por eu costurar para ela; para mim, ele gritava que eu deveria parar de fazer vestidos para nossa filha, que era uma mimada e não os valorizava. Era difícil evitar os conflitos entre eles.

Michaela tinha cerca de dezoito anos quando seu amigo de infância Gaby reapareceu. Ele já estava no exército; servindo em uma base perto de Hadassim e começou a visitá-la com bastante frequência. Ela gostava das suas visitas. Quando ele e Michaela estavam sozinhos no quarto dela, eu podia ouvi-los rindo; ele era engraçado e divertido. Com o tempo, eu entendi que eles tinham se tornado namorados. Ela me confidenciou quando percebeu que poderia ficar grávida sem saber. Havia muitos anos que ela não menstruava.

Marquei uma consulta com a ginecologista dra. Gross, em Netanya. Ela a examinou e então olhou para mim com uma expressão preocupada. "Não consigo achar o útero dela; ele não se desenvolveu", disse. Contei a ela da doença de Michaela, o que explicava a situação. Por um lado, fiquei feliz que não havia perigo de ela ficar grávida sem querer; por outro lado, lamentei o fato de que ela nunca seria mãe. Por mais improvável que fosse, meu coração se apertou com a certeza.

Michaela estava no último ano do ensino médio. Ficou claro que ela não poderia fazer todos os exames de final de curso; sua frequência havia sido irregular e sua capacidade mental também estava afetada. Eu não sabia na época, mas depois entendi que o cérebro dela não estava recebendo oxigênio suficiente por causa da baixa contagem de células sanguíneas. O diretor da escola, Zeev Alon, falou com Michaela e gentilmente explicou que em vez de um diploma, ela receberia um certificado, que provaria que ela tinha completado os anos de ensino médio.

A questão passou a ser o que ela deveria fazer. Seus colegas todos foram para o exército, então ela não tinha mais amigos na cidade. Achamos que ela poderia aprender alguma habilidade manual. Ela era talentosa nessa área; produzia belas tapeçarias, objetos de cerâmica e também desenhava modelos de bom gosto para roupas. Havia uma oficina de trabalhos manuais em Hadassim, liderada por Fili, a esposa artista do diretor. Ela incentivou Michaela e lhe deu uma atenção especial. Na época, bijuterias esmaltadas entraram na moda, e Michaela decidiu que era isso que aprenderia a fazer.

Havia uma loja que vendia todas as ferramentas e materiais necessários para essas bijuterias na rua Sheinkin, em Tel Aviv. Os proprietários, marido e mulher, importavam as mercadorias de uma empresa alemã, e a mulher também dava aulas para iniciantes. Michaela começou a ter aulas lá duas vezes na semana.

Eu a levava a Tel Aviv de carro. Às vezes eu ficava com ela e a observava, ajudando-a a entender as instruções e assim aprendendo eu mesma; outras vezes eu esperava por ela em um café. Ela adorava, e resolvemos criar um pequeno espaço de trabalho no quarto dela, para que pudesse começar a fazer as bijuterias em casa. Comprei uma robusta mesa de trabalho (as bases de metal das peças precisavam ser marteladas para ganhar formas), um forno, ferramentas e tintas, fechos, correntes, tarraxas e muito mais. Mas, depois de algumas semanas, viajar para Tel Aviv cansou Michaela, e nós paramos o curso. Ela também não conseguia entender os procedimentos mais complicados; sua memória não retinha o que era ensinado. A partir de então, ela só trabalhou em casa.

A doença de Michaela não lhe causava dores; o fígado em si não dói. Como eu disse antes, ela tinha câimbras muito dolorosas nas pernas, que podiam durar até meia hora. Ajudava um pouco quando eu massageava os músculos. Outro problema era que seus braços e pernas, e até mesmo seu abdômen, ficaram inchados, e ela ganhou muitos quilos. Para resolver isso, ela tomou diuréticos, que expeliam a água, mas deixavam sua pele ressecada e descascando. Ela também tinha secura na boca, e havia uma espécie de cheiro alcoólico em seu hálito.

Ainda assim, ela tinha um namorado novo, Avi. Ele era um menino bonito de Kfar Netter, uma vila vizinha. Um tipo legal, normal, pé no chão e simpático, que prestava o serviço militar. Em seus dias livres, ele pegava emprestado o carro dos pais e vinha visitar Michaela. Às vezes, a levava para sair. Quando estava com ele, minha filha de alguma forma revivia, se arrumava, colocava maquiagem e parecia encantadora. Avi provavelmente não sabia quão séria era a situação dela.

A doença tinha ficado latente entre o décimo e o décimo sexto anos da vida de Michaela, mas se tornou ativa mais uma vez depois da nossa viagem para Londres. Ela progrediu lenta, mas constantemente, e a necessidade de transfusões de sangue aumentou. Cada um de nós doou sangue para o banco de sangue para que ela tivesse um fornecimento garantido. Desde que tinha doze anos, Michaela não era mais tratada no departamento de pediatria do Tel Hashomer, mas no departamento de doenças internas do Hospital Meir em Kfar Saba.

Uma noite, em setembro de 1970, Otto teve um ataque cardíaco. Ele foi posto na ala de cardiologia, onde ficou internado por 21 dias. Ao mesmo tempo, Michaela foi hospitalizada dois andares abaixo, sendo tratada para edemas e recebendo transfusão de sangue.

O estresse por que passei foi quase insuportável. Ali estava meu marido, sua vida em perigo imediato; ali estava minha filha, com seu sofrimento. Além disso, dessa vez ela estava mais confusa do que nunca, repetindo sem parar alguma frase tola e rindo incontrolavelmente. Eu fiquei histérica de preocupação. O pequeno Ronny, de nove anos, estava em casa, sendo cuidado por nossa amiga Lea e vizinhos. Shimon já estava no exército.

Depois de alguns dias, Michaela ficou bem o suficiente para ir para casa. A transfusão de sangue tinha ajudado. Otto voltou três semanas mais tarde. Ele não podia voltar a trabalhar e precisou ir com calma. Mas ele se sentia bem e em pouco tempo voltou a ser a pessoa de sempre.

Manter a dieta sem sal foi sempre um grande problema para Michaela. Eu cozinhava todo tipo de comida apetitosa sem sal, usando folhas secas de aipo que parecem ter um gosto salgado, mas não fazem mal. Ela tinha um desejo que a fazia buscar a comida mais salgada que pudesse conseguir. Nenhum conselho, nenhuma conversa ajudava. Suas pernas e pés ficavam inchados constantemente. Ela mesma os testava, pressionando um dedo na pele e criando uma depressão que não desaparecia quando ela tirava o dedo. De alguma forma, ela conseguia diuréticos, que ela escondia na gaveta de sua mesinha de cabeceira. Eu era discreta e nunca abria seus esconderijos, mas Otto, sim. Ele viu as pílulas e as confiscou. Mas, depois de um tempo, ela conseguia outras. Ficou claro que ela as comprava com frequência e sem receita em alguma farmácia de Netanya, onde ela às vezes ia para cortar o cabelo ou para passear com Avi.

O verão veio com o começo das férias escolares. Nós costumávamos ir nadar na piscina, que era aberta para todos os residentes de Hadassim. Às vezes Michaela também ia, mas ela estava ficando cada vez mais cansada. Ainda assim, ela foi com Otto a Netanya comprar um presente para meu aniversário, que estava chegando. Otto escolheu uma cesta de piquenique, e Michaela, uma pequena panela com tampa.

Nosso apartamento precisava ser reformado, e eu arranjei com um pintor para que fizesse o quarto de Michaela primeiro. Como ela queria dormir de manhã, Ora Goren, a enfermeira da vila, a convidou para descansar em seu quarto de hóspedes. À tarde, Ora veio dizer que Michaela não tinha se levantado desde a manhã, e que ela não conseguia acordá-la.

Eu voltei com ela e, juntas, nós a fizemos se sentar. Ela estava estranhamente sonolenta, e precisamos carregá-la para que vencesse a curta distância até nossa casa. Seu quarto ainda não tinha sido terminado, os móveis estavam do lado de fora. Nós deitamos Michaela em sua cama colocada no gramado, a cobrimos com um lençol fino e ela imediatamente adormeceu de novo. À noite, quando o quarto foi terminado e os móveis postos no lugar, conseguimos levá-la de volta para dentro. Mas ela estava quase inconsciente. Durante a madrugada, eu e Otto a verificamos várias vezes, mas ela não acordava e não se movia. Ela também não tinha urinado desde a manhã anterior.

Bem cedo eu pedi a Ami, nosso vizinho, que me ajudasse a colocá-la no carro, já que Otto não podia carregar peso. Dobrei o banco de trás e fiz uma espécie de cama para que ela se deitasse confortavelmente, e fomos ao hospital Meir. Otto, que tinha examinado a gaveta dela e encontrado um vidro vazio de diurético, contou isso ao médico. Em sua ficha estava escrito: "Suicídio?".

Algumas noites antes eu tinha tido uma longa conversa com Michaela. Ela estava desanimada, reclamando das pernas e do abdômen inchados. Eu me sentei na cama dela e tentei ajudá-la a superar o mau humor falando sobre alimentação. Se ela voltasse a manter uma dieta restritiva, não teria os inchaços. "Você não se lembra de como se sentiu bem com Ben-Uri, quando só comia o que era permitido? Você poderia se sentir bem de novo se mantivesse a dieta sem sal."

Ela me olhou com esperança nos olhos e disse: "Você acha que mesmo agora…?".

Suas palavras me assustaram. Eu me perguntava se ela sabia que sua doença era incurável. Ao longo de todos aqueles anos, meu maior medo era que Michaela de alguma forma descobrisse que não havia esperanças. Com muito esforço, eu havia mantido a mentira de que ela ficaria bem. Era preciso força. Com frequência eu queria desistir e chorar, abraçá-la e prantear por sua jovem vida perdida. Mas era essencial nunca deixar que ela suspeitasse dos meus temores. Mais ainda, era minha responsabilidade segurar os ânimos também por Otto, que se apoiava em mim. A raiva dele por sua incapacidade de curá-la o enlouquecia; ele às vezes até agia de forma irracional.

Eu não podia permitir que ela desistisse. "Claro que sim", falei. "Só tente superar seu desejo por sal. Você vai ver como se sentirá bem." Isso pareceu convencê-la, e ela foi dormir com uma determinação renovada.

Michaela nunca mais acordou. Eles a colocaram na frente da sala das enfermeiras, para que ficassem de olho no monitor ao qual ela estava conectada. Eu me sentei com ela e observei seu rosto bonito e sereno, o contorno de seu corpo jovem e feminino sob o lençol e acompanhei sua respiração. As horas se passaram e ela não se movia. Eu parei uma jovem médica no corredor e lhe perguntei se havia chance de Michaela sair do coma. Ela me respondeu brevemente: "Já vi casos assim", e seguiu andando rápido. Quando fui embora, tarde da noite, não havia mudança.

O dia seguinte era quinta-feira. Naquele dia Avi voltaria dos Estados Unidos, onde estivera visitando o irmão. Ele tinha estado ausente muitas semanas, e Michaela o estava esperando ansiosa. Ele chegou de carro e buzinou sob a janela dela, como sempre fazia; seu rosto era todo sorriso. Shoshana, nossa vizinha da esquerda, saiu imediatamente e pediu a ele que não fizesse barulho. Ela lhe contou que Michaela estava no hospital e seu estado era muito grave. Ele ficou arrasado e foi embora em silêncio.

Eu o tinha visto e ouvido da janela, mas não falei com ele. Nós estávamos em casa naquela hora, já que Otto precisava descansar depois de ter passado a manhã sentado com Michaela.

Pouco depois, Shoshana veio nos dizer que havia uma ligação do hospital. Nessa época, não tínhamos telefone. A mensagem era que Michaela tinha parado de respirar. Um membro da família precisava ir ao hospital identificar o corpo.

Nem eu nem Otto tínhamos forças para isso. Nós convocamos Shimon, que estava em Eilat trabalhando em um acampamento de crianças. Ele chegou poucas horas depois e, junto com meu primo Doron, foi direto ao hospital. Os médicos pediram que autorizássemos uma necrópsia do fígado doente de Michaela por motivos médicos. Nós concordamos.

Ronny, então com dez anos, estava brincando em algum lugar lá fora quando a mensagem chegou. Ele ouviu a notícia de um dos vizinhos.

O funeral aconteceu no dia seguinte ao meio-dia. O cemitério é em Even Yehuda, a cidade ao lado de Hadassim. Amigos e parentes se reuniram no nosso quintal, onde Michaela tinha dormido apenas três dias antes. A lavagem ritual do corpo foi feita por Shulamit, uma mulher iemenita de uma vila vizinha, e Ein Yaacov, nossa babá muito tempo atrás. Perguntei a ela depois como ficou a cicatriz da autópsia, e ela me mostrou com o dedo quão pequena era a incisão. Ela disse que Michaela parecia linda e tranquila.

Eu ainda me pergunto: Michaela sabia o que estava fazendo quando engoliu um frasco inteiro de pílulas? Ela o fez na esperança de se livrar dos edemas antes que Avi voltasse dos Estados Unidos? A mente dela estava confusa, ou ela ainda conseguia pensar racionalmente? Da maneira como aconteceu, ela foi poupada de anos de sofrimento que inevitavelmente teriam terminado em morte de qualquer forma. Eu queria poder ter certeza de que ela só queria parecer magra para Avi, que ela não queria morrer.

51

Stolperstein

Não muito tempo atrás, recebi a notícia por Heiner Schultz que uma placa memorial — chamada *Stolperstein** em alemão — com o nome da minha mãe seria colocada na rua Falkenbergweg, em Hamburgo, no dia 29 de setembro de 2010.

Como eu estava em Praga na época, resolvi voar até Hamburgo para participar da cerimônia. Já havia umas 20 mil dessas placas na Alemanha como um todo e umas 3 mil ficavam apenas em Hamburgo. O artista Gunter Demnig as produz e insere cada uma com as próprias mãos.

Cheguei de manhã cedo, um dia antes da cerimônia, e fui recebida por Heiner e sua filha. No caminho passamos por vilas abastadas nos arredores da cidade. Tentei reconhecer locais em que tinha feito trabalhos forçados, mas tudo parecia completamente diferente dos lugares destroçados pela guerra do passado.

Depois do café da manhã, Heiner me levou de ônibus para ver o local onde nosso campo ficava. Agora só havia uma clareira na floresta. O único lembrete do campo são duas fundações de concreto onde ficavam os galpões.

---

* Algo como "pedra de tropeçar", em tradução literal. (N. T.)

Em uma grande pedra no canto houvera uma placa de bronze lembrando o campo de mulheres judias. Heiner me disse que vândalos a arrancaram várias vezes. Em vez da placa, o texto agora está gravado na pedra, pago por um patrocinador particular.

Não muito longe dali fica a Falkenberg Strasse, que na verdade é uma estrada estreita com casas de um lado e o pé do arborizado Falkenberg do outro. É o lugar onde uma das *Stolperstein* já tinha sido inserida, e a próxima seria a da minha mãe.

Pela manhã refizemos nossos passos com Karin, a esposa de Heiner. Uma mulher com uma câmera de vídeo foi na nossa frente e poliu a placa existente, passando na frente de Heiner, que queria fazê-lo com utensílios trazidos em sua mochila. Em pouco tempo uma pequena multidão se reuniu, alguns jornalistas, estudantes com um professor de história e membros da organização voluntária que começou esse projeto comemorativo.

O escultor chegou com alguns trabalhadores e um carrinho com as ferramentas. Enquanto ele se ajoelhava para remover algumas das pedras do calçamento para abrir espaço para a *Stolperstein*, repórteres me entrevistavam. Eles me pediram para segurar a pedra com a placa de bronze. O cubo de concreto era pesado, a parte superior de bronze, lisa e brilhante. Eles tiraram fotos enquanto eu lia o nome da minha mãe, Elisabeth Polach, suas datas de nascimento e de morte. Não queria ser fotografada chorando e criar um drama barato, mas meus olhos ardiam e com certeza estavam vermelhos.

O artista inseriu o cubo no buraco, colocando água sobre ele para que se assentasse, e os trabalhadores encheram os vãos com areia. Os grãos restantes foram varridos, e então Karin e outra pessoa colocaram duas rosas vermelhas, uma em cada lado da pedra.

A cerimônia terminou. Permaneci por mais um tempo ali para responder perguntas dos estudantes, que ficaram visivelmente tocados, e então nos dispersamos.

Depois, tivemos que correr para um encontro com os integrantes da organização em Hamburgo. Uma das senhoras nos levou de carro. Assistimos ao lado de vários outros membros a uma palestra em um salão e ouvimos explicações sobre a família judia que era dona da loja na agitada rua ali embaixo. Em seguida, o grupo desceu para ver as três pedras em memória daquelas pessoas e colocar rosas vermelhas ali. Mas nem todos os passantes sabiam o que estava acontecendo. Uma jovem com um carrinho de bebê passou correndo e espalhou as rosas.

No dia seguinte, tivemos um tour guiado pela cidade por conta dos meus simpáticos anfitriões. Andamos muito, mas o tempo estava agradável e a cidade é bonita, com seus muitos rios, canais e parques. Meu voo para Praga saía às sete e meia da noite, e em apenas três horas estou magicamente de volta na minha cama.

52

ONDE ME SINTO EM CASA?

EU E OTTO PASSAMOS a visitar Praga todos os anos desde 1990, até que ele ficou doente demais para seguir viajando. Quando meu marido morreu, usei o dinheiro que ele havia recebido como compensação pela propriedade do pai e comprei um pequeno apartamento em Praga. Duas vezes no ano, na primavera e no outono, passo várias semanas lá. Encontro velhos amigos e faço novos. Embora eu fale hebraico bem o suficiente, a língua e a cultura tcheca ainda me são mais próximas.

Quando as pessoas me perguntam "onde você realmente se sente em casa?", não sei o que responder. Minhas raízes não estão mais na República Tcheca, mas ao mesmo tempo não posso dizer que me sinta enraizada em Israel. Eu gosto do charme de Praga e da paisagem tcheca, mas em Israel eu amo o lago Kineret e o Mediterrâneo, onde nado todas as manhãs. Meus entes queridos estão enterrados em Israel, mas os nomes dos meus pais e do meu avô, que morreram na Shoá e não têm sepulturas, estão gravados em uma lápide de mármore no Novo Cemitério Judaico de Praga. Quando estou em Praga, fico relaxada e me sinto em casa. Mas, quando volto para Netanya, também estou em casa…

E, quando eu morrer, serei enterrada ao lado de Otto no kibutz Givat Chaim.

53

NÃO PRECISO MAIS ADIAR

UMA DAS MINHAS ATIVIDADES é dar palestras sobre o meu holocausto pessoal para estudantes de Israel e no exterior. Depois de uma palestra, normalmente respondo às perguntas do público. Para os jovens é uma experiência angustiante, e com frequência eles perguntam com esperança na voz: "Mas depois da guerra sua vida foi feliz?". Posso desapontá-los e dizer que não? Eu faço algum comentário engraçado para evitar uma resposta direta. Mas penso comigo mesma: se ao menos tivesse sido...

Caro leitor, não posso parar aqui e deixá-lo com pena das dores e perdas da minha vida. Coisas milagrosas acontecem com todo mundo, e comigo também, é claro. Aqui vai.

Tive a sorte de chegar à respeitável idade de 89 anos (no momento da escrita deste livro). Ainda estou razoavelmente saudável, apesar de ser meio surda. Eu posso viajar, ouvir música, dirigir meu carro, ler livros, pintar flores, jogar bridge, nadar no Mediterrâneo, encontrar antigos amigos e fazer novos. Recentemente até virei a heroína de um livro chamado *A bibliotecária de Auschwitz*.

Meu filho Ronny tem um casamento feliz e dois filhos adoráveis, minha linda neta Gabby, que terminou recentemente seu serviço militar e se matriculou na faculdade, e o charmoso Daniel, que terminou o último ano do ensino médio e logo servirá ao exército. A mulher de Ronny, Orna, é como uma filha para mim.

Os filhos de Shimon, Ehud e Assaf, se tornaram homens maravilhosos. Ambos são altos e bonitos, simpáticos e amorosos. Eles são bem-sucedidos profissionalmente e estão criando uma nova geração de crianças espertas. Meu relacionamento com eles e sua mãe, Miriam, não poderia ser melhor (lembranças antigas e amargas foram esquecidas). Eu amo passar os fins de semana com eles e brincar com os pequenos. Fico feliz com o fato de que, apesar dos esforços de Hitler para nos exterminar, existam hoje catorze descendentes dos Kraus — a mais nova, minha bisneta Michelle, tem apenas dez meses.

Não espero mais até que... até que a guerra acabe, até que sejamos libertados, até que eu me case, até que a criança nasça, até que tenhamos mais dinheiro, até que o ano letivo termine, até que a paz chegue...

Não preciso mais adiar. Hoje minha vida é no presente.

AGRADECIMENTOS

TENHO UMA DÍVIDA COM o editor da Akropolis, Filip Tomáš. Foi ideia dele transformar minhas reminiscências em um livro. Gostaria que a minha boa amiga, Dana Lieblová, estivesse viva para ver este livro publicado. Ela tinha acabado de terminar a tradução para o tcheco quando faleceu subitamente. Também sou grata a Hana Hříbková, a talentosa editora, por ter fundido as partes separadas em um todo.

Essas três pessoas foram as parteiras de *A verdadeira história da Bibliotecária de Auschwitz*.

ESTE LIVRO, COMPOSTO NA FONTE FAIRFIELD,
FOI IMPRESSO EM PAPEL PÓLEN SOFT 70 G/M² NA AR FERNANDEZ.
SÃO PAULO, FEVEREIRO DE 2022.